언어사용에서의 은유와 환유

언어사용에서의 은유와 환유

오 예 옥

역락

　사람들은 자기의 몸과 마음을 통해 끊임없이 변하는 다양한 바깥세상을 경험하고 판단하며, 이를 언어로 표현한다. 이러한 관점에서 인지언어학자들은 사람들이 어떤 마음의 경로를 거쳐서 자신들의 세상 경험을 구체적으로 언어로 표현하게 되는가 하는 점에 관심을 갖는다.

　사람들은 자기들의 사고를 언어로 표현할 때 단순히 사전적 어휘의 표현방식을 따르는 것을 넘어서서 광범위한 세상경험을 기반으로 한다. 이러한 입장에서 인지의미론자들에게 인간의 언어능력은 언어사용의 근간을 이루는 은유적 개념체계들과 환유적 개념체계들을 구축하는 인지능력으로 규정된다. 이에 의거하면 언어의 구조는 세상에 관한 인간의 인지과정을 고려하지 않고서는 설명되기 어려운 것이 된다. 이 책은 바로 이와 같은 인지의미론의 입장에 서서 한국어와 독일어의 관용어들, 시간표현 및 공간표현들 안에 숨어 있는 은유적 개념체계들과 환유적 개념체계들을 파헤쳐 내면서 한국인과 독일인의 인지론적 언어능력을 설명한다.

　관용어는 학자에 따라 조금씩 다르게 정의되지만, 이 책에서는 숙어, 속담 등을 포함하는 넓은 의미로 사용된다. 언어의 의미 분석에서 세상경험을 고려하지 않는 형식의미론자들에게 관용어는 은유성이 상실된 죽은 은유(dead metaphor)의 언어표현으로서 특정한 의미로 굳어져 버린 어휘로 간주된다. 그러므로 형식의미론자들에게 관용어는 연구의 관심

대상이 아니다. 그러나 세상 경험을 언어분석에 중요한 요인으로 간주하는 인지의미론자들은 관용어를 죽은 은유의 언어표현이 아닌 인간의 인지적 산물로 보고, 그들의 구성 성분들의 어휘적 의미들이 거치는 은유와 환유의 과정을 통해 그들의 의미를 설명한다. 관용어에 관한 이러한 인지의미론적인 입장에서 이 책은 분노, 기쁨, 슬픔 같은 감정을 표현하는 한국어와 독일어 관용어들의 의미를 분석한다. 아울러서, 금전으로 인한 희로애락의 감정들이 묻어나는 다양한 삶의 상황들을 나타내는 한국어와 독일어의 금전관용어의 의미, 하루의 시작과 마무리를 책임지는 신체명 손과 결합하는 한국어와 독일어의 손 관용어의 의미도 분석한다.

인간의 삶에서 시간개념과 공간개념은 떼어 놓을 수 없다. 시간은 추상적인 개념으로서 직접 이해되기보다 구체적인 공간개념을 통해 이해된다. 시간의 흐름 속에서 공간을 보면, 동일한 공간이라 할지라도 어제의 공간과 오늘 이 순간의 공간이 결코 동일할 수 없다. 이런 관점에서 이 책은 시간표현을 사용할 때 인간의 마음속에 들어 있는 시간은유, 그리고 시간개념과 공간개념 사이의 은유적 관계를 설명한다.

이 책은 모두 3부로 구성되어 있다. 제1부에서는 관용어, 그리고 시간표현과 공간표현의 근간을 이루는 개념체계들을 도출하기 위한 이론적 도구인 은유와 환유의 개념을 소개한다. 제2부에서는 두 가지 작업이 이루어진다. 하나는 분노, 기쁨, 슬픔 등의 감정을 표현하는 관용어, 금전관용어, 그리고 손 관용어의 의미를 은유적인 측면에서 분석하는 것이다. 다른 하나는 시간표현에서 시간은유가 어떻게 사용되고 있는지, 그리고 시간개념과 공간개념이 어떻게 은유적으로 동일한지를 설명하는 것이다. 제3부에서는 감정관용어와 손 관용어의 의미를 환유적인 측면에서 분석한다. 이 책에서 제시되는 독일어 예문들에는 독일어에 관한 언어느낌이 적은 독자들을 위해 우리말 해석을 달았다.

이 책은 내가 지난 10여 년 간 계속해 온 인지의미론 공부의 결산 같은 것으로, 인지의미론의 틀 안에서 집필한 나의 여러 연구논문들과 미발표 글들에서 다뤘던 것들을 재구성한 것이다.

세상에다 글을 발표할 때면 나는 늘 학자로서의 내 역량이 스스로 성에 차지 않아 부끄러워하곤 했다. 이번에도 어김없이 그런 느낌이 찾아왔지만, 그럼에도 또 이 책을 내기로 한 것은 이로써 학자로서의 내 이력의 한 단락을 매듭짓고, 남은 시간을 새로운 각오로 맞이해 보겠다는 내 나름의 결의의 표현이기도 하다.

마지막으로 책의 출판을 허락해 주신 역락의 이대현 사장님께 감사드린다.

2011년 7월 장맛비가 내리는 날
오예옥 씀

∥차 례∥

제1부 이론적 배경

01 인지의미론적 개념 : 은유와 환유

은유와 환유는 세상에 관한 경험을 바탕으로 삼는 인간의 행동이나 사고, 상상 등에 관한 체계들을 제공하는 인지의미론적인 개념들이다. 이 두 개념은 인간의 인지의미론적 언어사용과 세상과의 관계 속에서 관용어 그리고 시간과 공간표현의 근간을 이루는 개념체계들을 도출하기 위한 이론적 도구이다. 1.1에서는 은유의 개념에 관해 언급하고, 1.2 에서는 환유의 개념에 관해 언급한다.

1.1. 은유

1.1.1. 은유적 개념구조

은유는 서로 다른 두 영역의 개념들을 유사성의 관점에서 비유하는 인지적 표현방법이다. Lakoff/Johnson(1980 : 25ff.)은 은유를 서로 상이한 영역의 추상적인 목표개념과 구체적인 출발개념 간의 (부분적) 투사관계로 정의한다. 예를 들면 한국어 예문 (1가,나)와 독일어 예문 (2가,나)에서 한국인과 독일인들은 시간의 개념을 세상경험에서 얻어진 정보들, 예를 들면 시간은 돈과 같이 절약해야 하고, 절약하다 보면 저축할 수 있고, 계획 없이 쓰다보면 부족해지게 되고, 낭비될 수도 있다는 것을 기반으로 해서 청자에게 이해시킨다.

> (1가) 시간이 *빠듯하다*.
> (1나) 너는 시간을 *아껴 써야* 한다.
>
> (2가) Die Zeit ist *knapp*. '시간이 빠듯하다.'
> (2나) Du musst die Zeit *sparen*. '너는 시간을 아껴 써야 한다.'

즉, 시간과 돈 간의 은유관계를 유사성의 관점에서 설명하는 Lakoff/Johnson(1980)에 의하면 (1가,나)와 (2가,나)의 문장을 발화하는 독일인과 한국인의 마음속에는 목표개념을 시간으로 하고 출발개념을 돈으로 하는 은유적 개념구조 시간은 돈이다가 들어 있고, 바로 이 은유적 개념구조가 (1가,나)와 (2가,나)의 한국어와 독일어 문장에 적용된다.

언급한 시간과 돈의 은유적 관계는 독일어 합성어 (3가,나,다,라)에서도 나타난다.

> (3가) Zeitsparren '시간 절약'
> (3나) Zeitknappheit/Zeitmangel '시간 부족'
> (3다) Zeitverlust '시간 낭비'
> (3라) Zeitkonto[1] '근무시간 계좌'

---

1) *Zeitkonto*는 예를 들면 출퇴근이 자유로운 회사의 경우 매일 출퇴근시간을 기계에 찍어서 한 달간의 근무시간을 계산하는 계좌를 말함.

돈의 개념으로 은유되는 *Zeit*를 첫째 성분으로 하고, 돈의 속성과 관련된 *Sparen, Knappheit, Mangel, Verlust, Konto*를 둘째 성분으로 하는 (3가,나,다,라)의 독일어 합성어에서도 시간은 돈같이 아껴 써야 하고, 계획 없이 쓰다보면 부족할 수 있고, 낭비할 수 있고, 저축할 수 있다는 것을 표현한다. 그러므로 이 독일어 합성어에도 은유적 개념구조 시간은 돈이다가 적용된다.

은유적 개념구조 시간은 돈이다는 (4가,나)의 한국어 합성어에도 그리고 (5가,나)의 *시간을 투자하다, 시간을 낭비하다*의 한국어 표현에도 적용된다.

> (4가) 시간 투자
> (4나) 시간 낭비

> (5가) 시험에 떨어졌다고 실망하지 마라. 다시 *시간을 투자해서*, 반드시 너의 꿈을 이루어지게 해라.
> (5나) 너의 인생에서 최대의 손실은 *시간을 낭비하는* 것이었다.

(6가,나,다)의 독일어 합성어(Burger 2003 : 85f.)에서는 돈을 나타내는 첫째 성분 *Geld, Kapital*과 물과 관련되는 둘째 성분 *Quelle, Fluß, Regen*이 결합되어, 출발개념을 물의 흐름으로 그리고 목표개념을 돈의 흐름으로 표현한다.

> (6가) Geldquelle '돈줄'
> (6나) Kapitalfluß '자본의 흐름'
> (6다) Geldregen '돈벼락'

즉, 돈의 흐름을 (6가,나)의 합성어는 발원지에서 발원해서 흐르고 흘러 바다에 이르는 물의 흐름에 비유하고, (6다)의 합성어는 수증기로 증발한 후 다시 비로 내리는 물의 순환에 비유한다. 그러므로 (6가,나,다)의 독일어 합성어에는 돈의 흐름은 물의 흐름이다의 은유적 개념구조가 적용된다.

Lakoff/Johnson(1980/1998)은 세상에 관한 다양한 경험들의 기반위에서 용기은유, 방향은유, 실재물은유 등을 도출한다. 이 은유들은 앞으로 관용어의 의미와 시공간 개념들을 분석하는데 자주 사용된다. 먼저 용기은유에 관해 언급한다.

1.1.2. 용기은유

사람들은 자신의 몸과 마음을 통해 바깥세상을 경험한다. 예를 들어 누군가가 이 방에서 저 방으로 움직일 때, 사람들은 그가 이 용기에서 저 용기로 움직이는 것으로 인지한다. 이는 음식물이 우리의 몸 안, 즉 용기 안으로 섭취되고 그리고 음식물 찌꺼기가 우리의 몸 밖, 즉 용기 밖으로 배출되는 것과 동일하게 인지되며, 마음속의 걱정거리들이 마음 밖, 즉 용기 밖으로 쏟아져 나오고, 생활 속에서의 걱정거리들이 마음 안, 즉 용기 안으로 들어가는 것과도 동일하게 인지된다. 그러므로 인지의미론적 관점에서 볼 때 사람들은 자기의 몸과 마음을 바깥세상을 경험하는 출발도구로서 안과 밖의 방향을 지닌 용기로 인지한다. 그리하여 인지의미론자들은 은유적 개념구조 몸은 용기이다와 마음은 용기이다를 도출해 낸다.

실제로 인간의 언어사용에서 용기의 개념은 여러 표현에서 감지된다.[2] 예를 들면 한국어 예문 (7가,나)의 땅과 같은 2차원적인 평면과 한 달 같은 시간표현에도 용기의 개념이 적용된다.

　　(7가) 김씨는 전원주택을 지으려고, 공주에 150평의 땅을 샀다.
　　(7나) 이 원고를 한 달 안에 출판사로 보내야 한다.

　여기에서 (7가)의 땅은 전원주택을 지을 용기로 이해되고, (7나)의 한 달은 출판사로 원고를 보내야 할 시간의 용기로 인지된다. 이는 독일어 예문 (8가,나)에서 2차원적인 평면 표현 *Gelände* '땅'과 시간표현 *drei Tage* '3일'에도 마찬가지로 적용된다.

　　(8가) In Daejeon gibt es immer noch *Gelände*, wo viele Häuser gebaut
　　　　　werden können.
　　　　　'대전에는 많은 집을 지을 수 있는 땅이 더 있다.'
　　(8나) Innerhalb *drei Tage* musst du deine Dissertation abgeben.
　　　　　'3일 안에 너는 학위논문을 제출해야 한다.'

　우리는 잠을 잘 때를 제외하고는 매 순간 무언가를 쳐다본다. 그럴 때, 우리 시야에 들어오는 모든 장면들도 용기로 은유된다. 예를 들면 한국어 문장 (9가,나)에서 *시야*와 *감시*도 배의 출현 장면과 살인 혐의자를 경계하면서 살피는 장면으로서 하나의 용기로 인지된다.

　　(9가) 배가 서서히 *시야*에 나타난다.
　　(9나) 김선생이 살인 혐의자로 감시를 받고 있다.

---

2) 용기은유에 관해서는 Lakoff/Johnson(1980 : 29ff./1998 : 39ff.)를 참조할 것.

마찬가지로 (10가,나)의 독일어 문장 에서 *Sicht* '시야'와 *Auge* '눈'도 배가 들어오는 장면과 마리아를 시야에 두고 있는 장면으로서 용기로 인지된다.[3]

> (10가) Das Schiff kommt allmählich in *Sicht*.
> '배가 점점 시야에 들어온다'
> (10나) Peter hat Maria im *Auge*.
> '페터가 마리아를 시야에 두고 있다.'

한국어 예문 (11가,나)와 독일어 예문 (12가,나)에 *사랑*과 *어려움* 그리고 *Liebe* '사랑'과 *Schwierigkeit* '어려움'은 사랑에 사로잡혀 있는 상태와 모든 역경을 이겨낸 후의 상태로서 역시 하나의 용기로 은유된다.[4]

> (11가) 창수는 *사랑*에 빠졌다.
> (11나) 김과장은 이제 인생의 모든 *어려움*에서 벗어났다.

> (12가) Peter ist in *Liebe* entbrannt.
> '페터는 사랑에 사로 잡혔다.'
> (12나) Die Studentinnen sind jetzt aus allen *Schwierigkeiten* heraus.
> '여학생들은 이제 모든 어려움에서 벗어났다.'

용기들은 크기에 따라 제한된 사이즈를 갖는다. 예를 들면 누군가가 (13)을 발화한다면, 여기서 *30평, 40평형 아파트*는 상이한 사이즈의 용기로 인지된다.

---

3) (10가,나)의 예문은 Lakoff/Johnson(1998 : 41)에서 인용한 것임.
4) (11가,나)의 예문은 Lakoff/Johnson(1998 : 42)에서 참조한 것임.

(13) 대한민국 어디를 가나 *30평* 내지는 *40평*형대의 아파트가 제일 많다.

독일어 문장 (14가,나)에서 *300ml Bier Dose* '300ml짜리 맥주캔'과 *650ml Bier Flasche* '650ml짜리 맥주병'은 상이한 양의 맥주가 들어 있는 서로 다른 사이즈의 용기로 인지된다.

> (14가) Ich nehme eine *300ml Bier Dose*.
>   '난 300ml짜리 맥주캔 하나 살께.'
> (14나) Du nimmst eine *650ml Bier Flasche*.
>   '넌 650ml짜리 병맥주 하나 사라.'

Lakoff/Johnson(1980 : 30/1998 : 40)은 물질을 담고 있는 용기 이외에 용기 안에 들어 있는 물질도 용기로 은유한다. 예를 들어 누군가가 물로 채워진 욕조 안으로 들어간다면, 우리는 그가 물속으로 들어가는 것으로 인지한다. 이러한 인지의미론적인 관점에서 욕조와 물은 둘 다 용기로 인지되지만, 그러나 상이한 종류의 용기로 은유된다. 그래서 전자는 대상으로서의 용기로, 그리고 후자는 물질로서의 용기로 명명된다.

물질로서의 용기개념은 사람들이 실제로 행하는 행위에도 적용된다.

> (15) 어제 개최된 마라톤에서 바람직한 *레이스*를 볼 수 있었다.

> (16) Es gab viele gute *Laufabschnitte* im Rennen.
>   '마라톤에서 좋은 *레이스*가 많았다.'

한국어 예문 (15)에서 *레이스*와 독일어 예문 (16)에서 *Laufabschnitte* '레이스'는 용기로 은유되는 마라톤 안에서 실제로 행해졌던 행위, 즉

물질로서의 용기로 은유된다.[5]

1.1.3. 방향은유

몸의 자세를 보면 그 사람의 감정을 알 수 있다. 즉, 행복할 때나 기쁠 때 사람들은 하늘로 날아갈 것 같은 심정으로 환호를 하면서 팔을 하늘로 쳐들고 펄쩍 펄쩍 뛴다. 반면 슬플 때나 불행할 때 우리의 몸은 비참할 정도로 땅 쪽으로 처진다. 걸음걸이도 기쁠 때는 가볍지만, 슬플 때는 무겁다. 이러한 모습이 언어표현에 반영되어 인간의 다양한 감정들을 표현한다. 예를 들면 한국어 문장 (17가,나)에서 *최고조다*와 *하늘로 날아가다*와 독일어 문장 (18가,나)에서 *obenauf*와 *stieg*은 행복하고 기분 좋은 감정을 하늘 쪽으로 향하는 몸의 자세로 표현한다.[6] 그러므로 이 한국어와 독일어 언어표현들은 방향은유적 개념구조 **행복은 위다**에 의거하여 기뻐하는 감정상태를 표현한다.

> (17가) 나 오늘 너무 행복해서 기분이 *최고조야*.
> (17나) 봄이 되니 기분이 *하늘로 날아갈 것 같다*.
>
> (18가) Maria fühlt sich heute *obenauf*.
>   '마리아는 오늘 기분이 아주 좋은데.'
> (18나) Meine Stimmung *stieg*.
>   '내 기분이 고조됐었어.'

반대로 한국어 문장 (19가,나)에서 *땅으로 꺼지다*와 *바닥이다*, 그리고

---

5) (16)의 예문은 Lakoff/Johnson(1998 : 42)에서 인용한 것임.
6) (18)과 (20)의 예문은 Lakoff/Johnson(1998 : 23)에서 인용한 것임.

독일어 문장 (20가,나)에서 *niedergedrückt*와 *unten*은 슬픈 감정상태를 땅 쪽으로 축 처지는 몸의 자세로 표현한다. 그러므로 이 언어표현들은 방향은유적 개념구조 슬픔/불행은 아래다에 의거하여 슬픈 감정의 상태를 표현한다.[7]

> (19가) 나 오늘 너무 우울해. 땅으로 *꺼질 것 같아.*
> (19나) 나 오늘 기분이 *바닥이야.*
>
> (20가) Ich fühle mich *niedergedrückt.*
>   '나 기분이 저조해.'
> (20나) Hans ist zur Zeit wirklich *unten.*
>   '지금 한스는 정말로 우울해 하고 있어.'

사람들은 세상을 체현(體現), 즉 몸으로 실현(實現)하며, 이때 감정을 느낀다. 이에 따라 몸은 감정과 밀접하게 관련되게 되어 감정을 나타내는 수단이 된다. 그리하여 사람들은 자기 몸의 자세와 위치에 따라 주변 대상들과의 공간적 방위를 위/아래, 안/밖, 앞/뒤, 가운데/주변, 가까운/먼, 핵심/주변 등으로 개념화하고, 이를 근간으로 일상생활에서 일어나는 여러 가지 감정이나 기분, 사건이나 상황 등을 은유적으로 표현한다.

1.1.4. 실재물은유

1.1.2.와 1.1.3.에서 언급하였듯이, 인간과 가장 밀착된 존재론적 관계를 맺는 실재물(實在物)이 바로 자신의 몸이다. 사람들은 자기의 몸 말고도

---

7) 공간적 방향은유에 관해서는 Lakoff/Johnson(1980 : 14ff./1998 : 22ff.)를 참조할 것.

사건, 감정, 아이디어, 시간, 마음 등도 실재물로 은유한다. 예를 들면 한국어 문장 (21가,나)의 사건명사 축구와 추상명사 사랑, 그리고 독일어 문장 (22가,나)의 *Fussball*과 *Liebe*는 구체적인 형상의 실재물로 은유된다.

(21가) 너 어제 축구 봤니?
(21나) 너의 *사랑*이 나를 궁지로 몰아넣는다.

(22가) Hast du gestern *Fussball* gesehen?
'너 어제 축구 봤니?'
(22나) Deine *Liebe* treibt mich in die Enge.
'너의 사랑이 나를 궁지로 몬다.'

그러므로 (21가,나)의 축구와 사랑, 그리고 (22가,나)의 *Fussball*과 *Liebe*는 실재물은유에 의거한 개념구조 **축구/사랑은 실재물이다**의 적용을 받아 실재물로 은유된다.[8]
(23가,나)의 한국어 예문에서는 추상적인 개념 증오와 행복 그리고 (24가,나)의 독일어 예문에서는 추상적인 개념 *Inflation*과 *Angst*가 실재물은유적 개념구조 **증오는/행복은 실재물이다**에 의거하여 실재물로 은유된다.

(23가) 인간에 대한 증오 때문에 나는 삶을 포기하려고 했었다.
(23나) 행복이 나를 삶의 무대로 올려놓았다.

(24가) Die *Inflation* drängt sich heran.
'인플레이션이 몰려오고 있다.'

---

8) 실재물은유에 관해서는 Lakoff/Johnson(1980 : 30f.)을 참조할 것.

(24나) Die *Angst* vor Spinnen macht mich ganz verrückt.
'독거미에 대한 공포가 나를 완전히 돌게 한다.'

1.2. 환유

환유는 임의의 한 개체를 그것과 관련되는 다른 개체들을 통해 지시하는 인지적 표현방법이다. 환유는 한 영역 안의 개념들 간의 인접성을 근거로 목표개념을 좀 더 확실하게 표현하는 방법으로도 사용된다. 전자는 1.2.1에서 언급하는 환유의 지시기능이고, 후자는 1.2.2.에서 언급하는 환유의 이해기능이다.

1.2.1. 환유의 지시기능

예를 들면 (25가,나)의 한국어 예문에서 *젊은 피*와 *긴 생머리*는 환유적 개념구조 부분이 전체를 대신한다에 의거하여 각각 선수와 여자를 지시한다.

(25가) 우리나라 축구 국가 대표팀에는 *젊은 피*가 필요하다.
(25나) 요사이 남학생들은 *긴 생머리*를 좋아해.
(25다) 지난 주 할아버지 팔순 잔치에 손을 *치렀더니*, 몹시 피곤하다.

심지어 (25다)의 손 관용어 *손(을) 치르다/치다* '큰일에 여러 손님을 대접하다'에서도 신체명 손은 환유적 개념구조 부분이 전체를 대신한다에 의거하여 사람, 즉 손님을 지시한다. 그러므로 이 한국어 손 관용어는 집안의 관혼상제 같은 대소사에 많은 손님들을 치르는 것을 나타낸다. (26가)의 독일어 예문에서 *Kopf*도 환유적 개념구조 부분이 전체를 대신

한다에 의거하여 사람의 일부인 머리를 통해 사람 전체를 지시한다.9)

> (26가) Für unser Projekt werden etliche gute *Köpfe* gebraucht.
> '우리 프로젝트는 좋은 머리 몇 명이 필요해'.
> (26나) Er fühlt sich schon als die *rechte Hand* vom Chef.
> '그는 자기가 상사의 오른팔이라고 생각하고 있어'.

(26나)에서 *Hand*도 역시 환유적 개념구조 **부분이 전체를 대신한다**에 의거하여 신체의 일부인 손을 통해 사람을 지시한다.

그 이외에 일상적인 언어표현에서 많이 사용되는 환유적 개념구조는 (27), (28), (29), (30), (31)과 같다.10)

> (27) 생산자가 생산물을 대신한다
> (27가) 고기 먹을 때는 역시 *진로*가 최고야.
> (27나) 나 *현대* 샀어
> (27다) Ich hätte gerne ein *Becks*.
> '나 *벡스* 좋아해.'
> (27라) Ich kaufte mir einen *BMW*.
> '나 *비엠더블유* 샀어.'

한국어 예문 (27가,나)에서 *진로*와 *현대*는 각각 소주 생산회사와 자동차 생산회사이지만, 여기서는 그들의 생산물인 소주와 자동차를 지시한다. 독일어 예문 (27다,라)에서 맥주 생산회사 *Becks*와 자동차 생산회사 *BMW*는 그들이 생산하는 생산물, 즉 맥주와 자동차를 지시한다. 그러

---

9) 이에 관해서 Lakoff/Johnson(1980 : 36/1998 : 47)을 참조할 것.
10) 이에 관해서는 Lakoff/Johnson(1998 : 49f.)을 참조할 것.

므로 언급한 한국어와 독일어 언어표현에는 **생산자가 생산물을 대신한다**는 환유적 개념구조가 적용된다.

> (28) 사물이 사용자를 대신한다
> (28가) 서울은 지금 *지하철* 파업 때문에 교통 대란이야.
> (28나) Dieses *Schnitzel* bringt kaum Trinkgeld ein.
>   '이 *슈니첼*은 거의 팁을 주지 않아.'
> (28다) Die *Busse* streiken im Moment.
>   '*버스*들이 지금 파업하고 있어.'

한국어 예문 (28가)에서 *지하철*도 교통수단이지만, 여기서는 지하철 운전자들을 지시한다. 독일어 예문 (28나,다)에서 *Schnitzel*과 *Busse*는 먹는 음식과 교통수단이지만, 여기서는 각각 슈니첼 주문자와 버스 운전자를 지시한다. 그러므로 언급한 한국어와 독일어 언어표현에는 **사물이 사용자를 대신한다**는 환유적 개념구조가 적용된다.

> (29) 기관이 기관장을 대신한다
> (29가) *청와대*가 이라크 주가 파병을 추진하고 있어.
> (29나) *통일부*는 지금 남북한 문제로 고심하고 있어.
> (29다) *Esso* hat schon wieder die Benzinpreise erhöht.
>   '*에소*가 다시 휘발유가격을 올렸다.'
> (29라) Das *Verteidigungsministerium* möchte den Grundwehrdienst verkürzen.
>   '*국방부*가 기본 군사훈련기간을 줄이고 싶어 한다.'

한국어 예문 (29가,나)에서 기관을 나타내는 *청와대*와 *통일부*는 그 기관들의 결정권자 내지는 책임자를 지시한다. 독일어 예문 (29다,라)에서도 공공기관인 영국 석유회사 *Esso*와 국방부 *Verteidigungsministerium*은 각기관들의 결정권자 내지는 책임자를 지시한다. 그러므로 언급한 두 언어의 표현들에는 환유적 개념구조 기관이 기관장을 대신한다가 적용된다.

(30) 장소가 기관을 대신한다
(30가) 용산은 앞으로 생태문화의 장소가 될 것이다.
(30나) 모든 국민의 눈길은 지금 여의도로 쏠리고 있다.
(30다) *Washington* ist den Bedürfnissen der Menschen gegenüber wenig sensibel.
　　'워싱턴은 사람들의 요구에 대해 별로 예민하지 않다.'
(30라) *Hollywood* ist nicht mehr das, was es früher war.
　　'할리우드는 더 이상 옛날의 그곳이 아니다.'

한국어 예문 (30가,나)에서 장소를 나타내는 용산과 여의도는 각각 주한미군 본부가 들어 있는 미군기지와 국회의사당을 지시한다. 독일어 예문 (30다,라)에서 *Washington*과 *Hollywood*도 장소를 나타내지만, 여기서는 그곳에 있는 중요한 기관, 즉 워싱턴에 있는 백악관과 헐리우드의 영화산업체들을 지시한다. 그러므로 언급한 한국어와 독일어 표현에는 장소가 기관을 대신한다의 환유적 개념구조가 적용된다.

(31) 장소가 사건을 대신한다
(31가) 연평도가 군인을 아들로 둔 부모들의 마음을 쓸어 내렸다.
(31나) 사람들은 "끝나지 않은 용산"을 추모하기 위한 범국민 추모제를 추진 중이다.
(31다) Das wird noch unser *Waterloo* werden.
　　'이것은 워터루가 될 것이다.'
(31라) *Pearl Haber* hat immer noch Auswirkungen auf unsere Außenpolitik.
　　'펄하버는 여전히 우리의 외교정치에 영향을 주고 있다.'

연평도와 용산은 장소이지만, 한국어 예문 (31가,나)에서는 2010년 11월 23일에 있었던 북한군에 의한 연평도 포격사건과 2009년 1월 20일에 있었던 용산 참사를 지시한다. 독일어 예문 (31다,라)에서도 *Waterloo*와 *Pearl Harbor*는 장소를 나타내지만, 여기서는 1815년 나폴레옹이 패배한 워털루 전투와 1941년 12월 7일에 있었던 일본군의 진주만 기습공격을 지시한다.

1.2.2. 환유의 이해기능

Lakoff/Johnson(1980 : 36)도 주장하였듯이, 환유는 언급한 지시기능 이외에 이해의 기능으로도 사용된다. 이종열(2003 : 118ff./123ff.)에 의하면 환유는 한 영역 안의 개념들 간의 인접성에 근거하여 목표개념을 좀 더 확실하게 이해시키기 위한 방법으로도 사용된다. 이러한 이해의 관점에서 Barcelona(2003 : 37)의 관습적 환유에서 나온 개념구조 신체기관이 그것의 전형적인 기능적 속성을 대신한다에 따르면 (25가,나)의 한국어 문장 에서 *젊은 피*와 *긴 생머리*는 각각 투지와 움직임이 좋고 실력이 뛰어난 힘 있는 젊은 축구 선수와 파마하지 않은 긴 생머리를 한 젊고 청순한 여성으로 이해된다. 마찬가지로 독일어 문장 (26가)의 *gute Köpfe*는 머리의 기능적 속성과 관련하여 지적 능력이 뛰어난 사람, 즉 *intelligente Menschen*으로 이해된다.[11] 독일어 예문 (26나)의 *rechte Hand*는 누구의 신임을 받는 일 잘하는 동료 내지는 부하직원으로 이해된다.

Barcelona(2003 : 37)의 관습적 환유에서 나온 개념구조 신체기관이 그것의 전형적인 기능적 속성을 대신한다에 의거한 환유과정은 앞으로 자주 언

---

11) 이종열(2003 : 134ff.)는 환유의 이해의 기능을 서술적 환유라고 함.

급될 것인데, 앞으로는 그것을 편의상 "관습적 환유"로 간단히 줄여서 부르기로 한다. 이 관습적 환유에 의거하여 특정한 신체기관, 예를 들면 *가슴*이 마음으로 환유되는 과정도 간략하게 "마음(가슴)" 때로는 "가슴(마음)"으로 명명된다.

1.3. 몸과 신체기관의 은유와 환유

관용어에서 사람의 몸과 일부 신체기관 또는 내장기관들은 관습적 환유에 의거하여 다음과 같이 마음으로 환유된다.

첫째, 인간의 분노, 기쁨, 슬픔을 표현하는 감정관용어에서 *가슴, 눈, 얼굴, 어깨, 머리* 같은 신체기관과 *심장, 폐, 창자, 피부, 신장* 같은 내장기관은 감정기관으로 표현되며, 때로는 피부 역시 감정기관으로 표현된다.[12] 따라서 이 감정표현기관들은 감정관용어에서 언급한 Barcelona(2003)의 관습적 환유에 의거하여 기분, 감정, 느낌 등을 표출하는 근원, 즉 마음으로 환유된다.

둘째, 손 관용어에서는 신체기관 손이 마음 또는 마음씨로 환유된다.

셋째, 금전관용어에서는 몸 또는 신체기관 *입, 배, 허리* 등이 금전용기로 은유된다.

1.1∼1.3에서 언급한 은유와 환유의 범위 내에서 인간의 은유적 그리고 환유적 언어사용은 다음과 같은 다섯 가지의 한국어와 독일어 언어

---

12) 많은 언어들에서 인간의 감정은 몸으로, 때로는 신체기관이나 내장기관으로, 표현된다. 예를 들면 사랑이라는 감정은 독일, 미국 등 서구사회에서는 심장으로 표현된다. 이는 마치 현대사회에서는 사랑의 보편적인 표현방법으로 여겨질 정도이다. 오스트레일리아의 어느 종족의 언어(Yankunytjayjara)에서는 기분의 좋고 나쁨이 위로 표현하고, 말레이시아의 어느 지방(Chewong)의 언어에서는 간으로 표현된다 (Wierzbicka(1999 : 277ff.)).

표현들을 중심으로 설명된다.

첫째, 외부 사건이나 현상들에 대해 주관적으로 느끼는 분노, 기쁨, 슬픔의 감정을 나타내는 관용어들(이하 분노관용어, 기쁨관용어, 슬픔관용어로 칭함)에서 각 감정들이 어떻게 은유적으로, 그리고 환유적으로 표현되는가 하는 점이다.

둘째, 현대인의 삶의 희로애락과 관련된 다양한 금전상태를 나타내는 관용어(이하 금전관용어로 칭함)에서 다양한 금전상태가 어떻게 은유적으로, 그리고 환유적으로 표현되는가 하는 점이다.

셋째, 인간의 삶의 유지를 위한 도구인 신체명 손과 결합하는 관용어(이하 손 관용어로 칭함)의 의미가 어떻게 은유적으로, 그리고 환유적으로 표현되는가 하는 점이다.

이러한 설명 과정을 통해 동일한 관용어는 상이한 인지적 관점에서 서로 다른 은유적 개념구조들로 설명되기도 하고, 때로는 은유적, 그리고 환유적 개념구조들로 동시에 설명되기도 하고, 때로는 환유적 개념구조들로 설명되기도 할 것이다.[13]

넷째, 과거, 미래 같은 추상적인 시간개념이 <움직이는 관찰자 은유>와 <움직이는 시간 은유>에 따라 어떻게 상이하게 은유되는가 하는 점이다.

다섯째, 추상적인 시간개념이 어떻게 구체적인 공간개념과 은유적으로 동일한 개념으로 은유되는가 하는 점이다.

언급한 다섯 가지의 언어표현들은 은유적인 측면에서의 언어사용과

---

13) 여기서 다루는 관용어에 관한 한국어 자료는 주로 김향숙(2003), 박영준/최경봉(2005)을 참고하였으며, 독일어 자료는 김원식(1996), 정영호/김태숙(1985), Duden Band 11(1990), Lupson(1984)를 참고하였음.

환유적인 측면에서의 언어사용으로 나누어서 설명된다. 먼저 전자를 보기로 한다.

제2부 **인간의 은유적 언어사용**

02 감정관용어

2.1. 감정표현의 보편성과 이상적인 근원영역

감정은 외부 사건이나 현상들에 관해 주관적으로 느끼는 분노, 기쁨, 슬픔 등의 여러 가지 기분들을 통칭한다. 감정은 직접 표출되기 보다는 때로는 은유적으로, 때로는 환유적으로 표현된다.[1] Wierzbicka(1999 :

---

1) 감정표현뿐만이 아니라 육체적인 통증도 은유적으로 표현된다. 즉 통증은 한국어 사전에서는 '아픈 증세'로 정의되며, 독일어 사전에서는 'quälende körperliche oder seelische Empfindung'(고통스러운 신체적 또는 정신적 느낌)으로 정의된다. 그러나 실제로 언어사용에서 사람들은 통증을 언급한 사전적 의미로 표현하지 않고, 한국어 문장 (가)와 독일어 문장 (나)에서와 같이 은유적으로 표현한다.

　(가) 배가 *바늘로 콕콕 찌르듯이* 아프다.

　(나) Wegen des *stechenden* und *bohrenden* Schmerzes konnte ich gestern überhaupt nicht schlafen.

　　'바늘로 콕콕 찌르는 것 같고 드릴로 구멍 뚫는 것 같은 통증 때문에 나는 어제 한 잠도 못 잤다.'

(가)의 한국어 문장 에서는 통증을 *바늘로 콕콕 찌르듯이*를 통해 은유적으로 표현하고, (나)의 독일어 문장 에서는 형용사 *stechend* '바늘로 찌르는'과 *bohrend* '드릴로 구멍을 뚫는'을 통해 은유적으로 표현한다. 이처럼 한국인과 독일인들은 상이한 문화권에서 살면서도 비슷한 은유적 방식으로 통증을 표현하고 있다.

275f.)에 의하면 은유적, 그리고 환유적으로 표출되는 감정표현이라고 하더라도, 언어사용자의 문화적인 배경으로부터 결코 자유로울 수 없지만, 그럼에도 불구하고 (32가,나,다,라,마)와 같은 보편적인 측면이 존재한다.

> (32가) 모든 언어에는 감정을 표현하는 단어들이 있다.
> (32나) 모든 문화에서 감정은 좋은 감정이든 나쁜 감정이든 얼굴 표정과 관련된다.
> (32다) 모든 언어에서 감정은 신체의 증상을 통해 기술된다.
> (32라) 모든 언어에서 감정은 신체의 지각을 통해 기술된다.
> (32마) 모든 언어에서 감정은 신체의 이미지를 통해 기술된다.

(32가)에서 언급되듯이, 모든 언어에는 감정을 표현하는 단어들이 있다. 예를 들면 한국어와 독일어에서 기분이 좋고 나쁜 상태는 *기분이 좋다/나쁘다*와 *Ich fühle mich gut/schlecht.* 등으로 표현된다.

(32나,다,라,마)에서 언급되듯이, 인간의 감정은 얼굴 표정, 신체의 증상, 지각 그리고 이미지를 통해 표현된다. 예를 들면 (33가)의 한국어 분노관용어 얼굴을 *붉히다* '화를 내다'는 화가 나면 흥분해서 분노로 인해 피가 모여 얼굴빛이 붉게 변한다. 그래서 사람들은 피가 모여 붉어지게 되는 감정표현기관인 얼굴의 표정을 보고 그가 화난 것으로 생각한다.

> (33가) 그는 금전문제로 인한 동료와의 갈등으로 자주 얼굴을 *붉힌다.*
> (33나) Monika *bekommt vor Wut einen roten Kopf.*
> '마리아는 화가 나 얼굴이 시뻘개 졌다.'

(33나)의 독일어 분노관용어 *vor Wut einen roten Kopf bekommen* '화가 나서 얼굴이 시뻘개 지다'에서 *Kopf* '머리'는 얼굴을 포함한 목 위 부

분이다. 따라서 이 독일어 분노관용어는 머리의 일부분인 얼굴이 붉어지는 것을 화가 나 있는 상태로 표현한다.

(34가)의 한국어 슬픔관용어 *가슴을/창자를 도려내다* '마음을 아프게 하다'에서 *가슴*은 심장이나 폐가 들어 있는 배와 목 사이의 신체기관이고, *창자*는 소장과 내장을 포함하는 내장기관이다. 이 슬픔관용어에서 *가슴/창자*는 실제의 신체기관을 말하는 것이 아니고, 1.2.2.에서 언급한 Barcelona(2003)의 관습적 환유에서 도출된 **신체기관이 그것의 전형적인 기능적 속성을 대신한다**에 의거하여 슬픈 감정을 표출하는 근원, 즉 마음으로 환유된다. 그러므로 이 한국어 슬픔관용어는 심장이나 폐가 들어있는 가슴이나 창자를 도려낼 때 느끼는 신체의 통증을 마음(가슴, 창자)이 몹시 아프고 슬픈 것으로 표현한다.

> (34가) 없는 돈에 6남매 키우면서 고생만 하신 엄마의 초췌한 마지막 모습이 오늘따라 *내가슴을/창자를 도려낸다*.
> (34나) *Das Herz blutet mir*, wenn ich an die unglücklichen Opfer der großen Überschwemmung denke.
> '대홍수의 불행한 희생자들을 생각하면 마음이 찢어질 것 같다.'

(34나)의 독일어 슬픔관용어 *das Herz blutet jm.* '누구의 마음이 찢어질 것 같다'에서 *Herz* '심장'도 관습적 환유에 의거하여 마음으로 환유된다. 그러므로 이 독일어 슬픔관용어는 심장출혈이라는 심혈관계의 질환을 앓고 있는 신체의 질병을 마음(Herz)이 찢어 질 것 같이 아프고 슬픈 상태로 나타낸다.

웃음은 정신과 신체의 상호관계를 나타낸다. 그러므로 사람들은 너무 많이 웃으면 배꼽 주위와 허리 근육이 심한 자극을 받게 되어서 허리가 부러질 것 같아서 손으로 허리를 쥐어 잡곤 한다. 이러한 신체의 이미지의 관점에서 (35가)의 한국어 기쁨관용어 *허리를 잡다* '폭소하다'는 기쁨을 웃음으로 표현한다.

> (35가) 그가 너무 웃겨서 허리를 잡고 웃었다.
> (35나) Als der Clown auftritt, *da bleibt kein Auge trocken.*
> '광대가 등장하자 모든 사람들이 눈물이 나도록 웃었다.'

너무 우스워서 포복절도, 즉 배를 잡고 몸을 가누지 못할 정도로 웃으면 눈물이 나기도 한다. 이러한 신체의 생리적 증상을 반영하는 (35나)의 독일어 기쁨관용어 *da bleibt kein Auge trocken* '모두 눈물이 나도록 웃다'는 기쁨을 눈물이 날 정도로 너무 많이 웃어서 눈이 마르지 않는 것으로 표현한다.

기분이 저조할 때 몸은 무겁고, 어깨는 처지고, 발걸음은 무겁다. 이러한 신체의 슬픈 모습에서 나오는 이미지를 슬픔으로 표현하는 (36가)의 한국어 슬픔관용어 *어깨가/어깨쭉지가 처지다* '풀이 죽고 기가 꺾이다'에서 *어깨*는 관습적 환유에 의거하여 마음으로 환유된다. 그러므로 이 한국어 슬픔관용어는 어깨가 축 처진 모습을 마음(어깨) 안에 들어 있는 걱정거리 때문에 바닥으로 가라앉는 침울한 기분으로 나타낸다. 그러므로 이 관용어는 슬픔을 땅 쪽으로 축 처진 신체의 우울한 모습으로 표현한다.

> (36가) 사장님은 회사가 부도난 이후 *어깨가/어깨쭉지가 처졌다.*
> (36나) Der bevorstehende Abschied *macht mir das Herz schwer.*
> '눈앞에 둔 작별은 내 마음을 슬프게 한다.'

독일어 슬픔관용어 *jmdm. das Herz schwer machen* '슬프게 하다'에서 *Herz* '심장'은 관습적 환유에 의거하여 마음으로 환유된다. 그러므로 이 독일어 슬픔관용어는 누구의 마음(심장) 안에 걱정거리들이 많이 들어 있어서 마음(심장)이 무거워지게 만드는 것, 즉, 슬퍼지게 만드는 것을 표현한다.

(33가,나), (34가,나), (35가,나), (36가,나)의 감정관용어들은 상이한 문화권에서 사용되지만, 그럼에도 불구하고 얼굴 표정이나 신체의 증상이나 이미지 등을 감정표현의 은유적 그리고 환유적 비유대상으로 삼고 있다. 그러므로 몸을, 물론 문화마다 정도의 차이는 있겠지만, 감정표현의 이상적인 근원영역으로 가정하는데, 큰 문제는 없을 것으로 본다.

감정의 보편성과 이상적인 근원 영역이 있다고 하더라도, 한국인과 독일인들이 감정을 느끼고 표현하는 방법에 차이가 있음은 분명하다. 한국인들은 감정을 가슴을 포함하는 신체기관이나 위장을 포함하는 내장기관을 매개체로 하여 온 몸으로 때로는 애절하고 구슬프게 표현하는 경향을 강하게 보이는 반면, 독일인들은 몸으로 감정을 표현하기는 하지만, 한국인들만큼은 아니고, 오히려 감정을 머리로 느끼고 표현하려는 경향을 보인다. 또한 한국인들은 감정을 마음에 담아 두고 혼자만 느끼고 삭이려고 하지만, 독일인들은 이를 외부로 표출하려는 경향을 보인다. 자세한 것은 분노관용어, 기쁨관용어 그리고 슬픔관용어를 은유적으로 표현하는 과정에서 밝혀질 것이다. 먼저 한국어와 독일어 분노관용어에서 분노의 감정이 어떻게 은유적으로 표현되는가를 보자.

2.2. 분노관용어

분노의 사전적 의미는 '분개하여 성을 냄'이다. 그러나 분노관용어에서 표출되는 분노의 감정은 언짢음, 화, 성, 걱정, 괴로움, 분해, 노여움, 울화, 부아통, 분통, 억울함, 원통함 등을 포함하는 좀 더 넓은 범위에서 취급된다.

사람들은 분노하면 체온의 상승, 혈압과 근육 압의 증대, 지각 장애, 심신의 동요 등 신체 내부에서 일어나는 여러 가지 생리적 증상들을 경험한다.[2] 이를 기반으로 하여 Lakoff(1995)는 인간의 분노의 감정을 열로 은유한다. 그 밖에 분노는 짐승의 사나운 모습에 비유되기도 하고, 인간의 다양한 몸짓을 근간으로 하는 방향은유로도 표현된다. 먼저 분노를 열로 은유하는 분노관용어의 경우를 보자.

2.2.1. 분노는 열이다

몹시 화가 나거나 분노하면 몸 안에서 열이 난다. Lakoff(1995)는 이를 기반으로 은유적 개념구조 **분노는 열이다**를 제시한다. 이를 반영하는 (37가)의 한국어 분노관용어 *열이 뻗치다/나다/오르다* '몹시 화나다'는 화가 날 때 몸에서 열이 나는 증상에 근거하여 열로 분노의 감정을 표현한다. (37나)의 *열을 올리다* '화를 내다'와 그 이외에 *열(을) 받다* '화나다' *열을 내다* '화를 내다'의 한국어 분노관용어도 동일한 은유적 과정으로 설명된다.

---

2) Lakoff(1995 : 470f.)를 참조할 것.

(37가) 그 친구 전화에 열이 올라서/뻗쳐서/나서, 나도 모르게 전화기를 박살냈다.

(37나) 그는 나의 실수 때문에 게임에 졌다고 열을 올리며 나에게 비난을 퍼부었다.

(37나) 나를 범인으로 모는 친구 때문에 열이 *상투 끝까지/꼭두까지* 올랐다.

(37나)의 속담 열이 *상투 끝까지/꼭두까지* 오르다 '매우 화나다'도 열이 뒤통수의 한 가운데에 틀어 짠 상투 끝까지 그리고 뒤통수의 한 가운데인 꼭대기까지 치솟는 신체증상을 몹시 분노해 하는 것으로 표현한다. 그러므로 (37가,나)의 한국어 분노관용어는 **분노는 열이다**의 은유적 개념구조를 근간으로 사용된다. 분노를 열로 은유하는 독일어 분노관용어는 찾지 못했다.

열은 액체에 전해지면 그 액체를 끓게 하고, 고체에 전해지면 그 고체를 타게 한다. 먼저 전자의 현상에 비유되는 분노관용어들을 보자.

2.2.2. 분노는 용기 속의 뜨거운 액체다

주전자 안에 들어 있는 물은 가열되면 끓기 시작하다가, 계속 가열되면 끓어오르는 소리를 냄과 함께 주전자 밖으로 증기를 배출한다. 이러한 일상생활의 경험을 바탕으로, 독일어 문장 (38가,나,다)에서는 동사 *kochen* '끓다', '끓이다'가 분노의 감정을 표현한다.

(38가) Mein *Blut kocht*. '내가 격분하고 있다.'

(38나) Ich *koche vor Wut*. '내가 격분하고 있다.'

(38다) Es *kocht in mir*. '내가 격분하고 있다.'

즉, (38가,나,다)의 독일어 문장들은 사전적인 의미로 각각 '내 피가 끓는다.', '화가 끓는다.', '속이 끓는다.'로 해석된다. 이 의미에 다음과 같은 두 가지 은유과정이 일어남으로 해서 (38가,나,다)의 독일어 문장은 모두 '내가 격분하고 있다'로 이해된다. 첫째, 인간의 마음이 용기로 은유되므로, 이에 따른 용기은유적 개념구조 **마음은 용기이다**가 (38가,나,다)에 적용된다. 둘째, 분노는 마음의 용기 안에 들어 있는 뜨거운 액체로 은유되므로, 은유적 개념구조 분노는 **용기 속의 뜨거운 액체이다**가 (38가,나,다)에 적용된다. 이 두 은유과정을 통해 (38가,나,다)의 독일어 문장들은 마음이라는 용기 안에 들어 있는 분노라는 뜨거운 액체가 끓고 있다는 이미지(Lakoff 1995 : 473)를 통해 화가 나 있는 상태를 표현한다. 이 은유과정은 (39가,나)의 독일어 분노관용어에도 적용된다.

> (39가) *Das ist doch die Höhe!*
> '더 이상 못 참겠는데.'
> (39나) Als mein Vater erfuhr, dass ich ihm nicht gehorcht hatte, *ging er in die Luft.*
> '아버지는 내가 자기를 존경하지 않았다는 것을 알았을 때 불끈 화를 냈다.'

(39가)의 문장관용어 *Das ist doch die Höhe* '더 이상 못 참겠다.'는 분노의 감정을 암시적으로 느껴지는 마음의 용기 안에서 분노의 액체가 끓어올라 폭발 직전의 상황으로 치닫게 되는 이미지로 표현한다. (39나)의 분노관용어 *in die Luft gehen* '불끈 화를 내다'도 갑자기 화를 내는 분노의 감정을 암시적으로 인지되는 마음의 용기 안에서 뜨거운 분노의 액체가 끓어올라 부피가 증대하여 대기 밖으로 폭발하는 이미지(Lakoff 1995 : 475)로 표현한다. 그러므로 (39가,나)의 독일어 분노관용어는

은유적 개념구조 분노는 용기 속의 뜨거운 액체이다에 의거하여 분노의 감정을 마음이라는 용기 안의 뜨거운 액체로 표현한다.

(40가)의 독일어 분노관용어 *jmd. auf die Zehen treten* '누구의 감정을 건드려 발끈 화나게 하다'에서는 두 가지 비유과정이 일어난다. 첫째, 관습적 환유에 의거하여 *Zehe* '발가락'이 마음으로 환유된다. 왜냐하면 누군가가 비록 고의적이지 않더라도 다른 사람의 발을 밟았다면 당한 사람은 아파서 발끈 화를 내는데, 이때 통증은 발가락에서 시작되지만, 결국 화는 마음에서 표출되기 때문이다. 둘째는 은유적 개념구조 분노는 용기 속의 뜨거운 액체이다가 적용된다. 이 환유와 은유과정을 통해 (40가)의 독일어 분노관용어는 누구를 화내게 만드는 것을 누구의 분노의 용기인 마음(발가락) 안에 들어 있는 뜨거운 액체를 확 끓어오르게 하는 이미지로 표현한다.

> (40가) Herr Mayer hat kaum vermieden, *gewissen Leuten auf die Zehen zu treten.*
> '마이어씨는 일부 사람들의 감정을 건드려 발끈 화나게 했다.'
> (40나) Es *ist zum Aus-der-Haut-Fahren,* dass man sich diese ohrenberäubende Musik ständig anhören muss.
> '엄청나게 큰 소리의 음악을 끊임없이 들어야 하니 매우 화가 난다.'
> (40다) Nachdem er sich das Geschwätz eine Weile schweigend mitangehört hatte, *platzte ihm der Kragen.*
> '쓸데없는 수다를 한 동안 조용히 듣다가 그는 화를 참지 못했다.'

(40나)의 분노관용어 *aus dem Haut fahren* '매우 화가 나다'에서 *Haut* 는 몸을 싸고 있는 외피다. 그러므로 피부로 에워싸인 몸은 관습적 환유에 의거하여 마음으로 환유된다. 그리고 분노는 마음의 용기 안에 들

어있는 뜨거운 액체로 은유된다. 이 두 가지 비유과정을 통해 (40나)의
독일어 관용어는 매우 화가 나는 상태를 피부로 에워싸인 몸의 용기 안
에서 뜨거운 액체가 가열되어 부피가 커지면서 용기가 터지고 액체가
용기 밖으로 유출되는 이미지(Lakoff 1995 : 475)로 표현한다. (40다)의 분노
관용어 *jmd. platzt der Kragen* '누군가가 참을 수 없을 정도로 화가 나
있다'도 앞에서 언급한 두 가지 비유과정으로 설명된다. 즉 목덜미를 의
미하는 고어 *Kragen*은 관습적 환유에 의거하여 인간의 마음으로 환유
되고, 그리고 분노는 용기 안의 뜨거운 액체로 은유된다. 이 비유과정들
을 통해 (40다)의 독일어 분노관용어도 참을 수 없이 화가 나 있는 상태
를 마음(목덜미)이라는 용기 안의 뜨거운 액체가 끓어서 부피가 커져 용
기가 파열되어 밖으로 흘러나오는 것으로 표현한다.

　(41가,나,다)의 한국어 분노관용어도 (40가,나,다,라)의 독일어 분노관
용어에서 언급한 관습적 환유와 은유적 개념구조 **분노는 용기 속의 뜨거운**
액체다로 설명된다.

> (41가) 1년 이상 아무 일도 하지 않고 빈둥빈둥 놀고 있는 남편만 보면
> 　　　 울화가/부아가 치민다.
> (41나) 그 여자는 자식 양육문제로 혈압을/핏대를 올리며 이혼한 전 남
> 　　　 편과 전화를 했다.
> (41다) 도박에 빠진 자식 때문에 울화통/분통/열통/부아통이 터져서 죽
> 　　　 을 지경이다.

　즉, (41가)의 분노관용어 *울화가 치밀다* '하는 짓이나 상황이 마음에
들지 않아서 화가 치밀다'에서 용기는 명시적으로 언급되지 않지만, 암
시적으로 마음이라고 느껴지고, 분노는 마음이라는 용기 안의 뜨거운
액체로 인지된다. 그러므로 이 분노관용어는 용기(마음) 안에서 분노의

뜨거운 액체가 끓어오르는 이미지(Lakoff 1995 : 473)로 우울하고 답답해서 생긴 화, 즉 울화가 치미는 것을 표현한다.3) (41가)의 또 다른 분노관용어 *부아가 치밀다* '분한 마음이 울컥 솟아 일어나다'에서는 허파를 의미하는 *부아*가 관습적 환유에 의거하여 마음으로 환유되고, 분노는 마음이라는 용기 안의 뜨거운 액체로 은유된다. 그러므로 이 분노관용어도 분하고 노여운 감정이 울컥하는 것을 용기 속의 뜨거운 액체가 끓어오른다는 이미지로 표현한다. 화가 나거나 스트레스를 받으면 몸 안에서는 혈압을 상승시키는 노르아드레날린(noradrenalin)이라는 물질이 분비되고,4) 그렇게 되면 혈관 벽에 미치는 혈액의 힘이 강해진다. 이를 반영하는 (41나)의 한국어 분노관용어 *혈압(을) 올리다* '성/화내다'는 화의 감정을 마음으로 관습적 환유가 되는 혈관이라는 용기 안에 있는 분노의 액체, 즉 혈액이 강한 압력을 받아서 오르게 되는 것으로 표현한다. *핏대(를) 올리다* '얼굴에 피가 올라 몰려서 붉어지도록 성을 내다'의 분노관용어도 성을 내는 것을 용기(관자놀이나 목 부분) 안에 있는 액체(혈액)의 힘이 강해져서 큰 정맥인 핏대에 피가 몰리는 것으로 표현한다.5) 그 외 한국어 분노관용어 *핏줄을 세우다, 핏대를 세우다/돋우다*도 동일한 비유과정으로 설명된다. (41다)의 분노관용어 *울화통/분통/열통/부아통이 터지다* '몹시 분하다'에서 울화통은 울화를 강조하는 속된 말로서 밖으로 표출하지 못하고 마음속에 쌓이고 쌓인 화를 의미한다. 이는 *화통*으로 표현하기도 한다. 분통은 몹시 분개하여 마음이 쓰리고 아픈 것을 의미하며, 열통은 열화(熱火)가 치밀어 가슴속에서 부글부글 끓어오르는

---

3) 울화에 관해서는 5.1.2.1을 참조할 것.
4) 이에 관해서는 하루야마 시게오(1994)를 참조할 것.
5) 정맥혈은 동맥혈과 달리 대부분 피부 가까운 곳으로 흐르므로 피부를 통해 보이기도 한다.

기운을 의미한다. *부아통*은 *부아*의 힘줌말이다. 그러므로 이 한국어 분노관용어는 몹시 분노해 하는 것을 분노의 액체가 가열되어 용기가 폭발하면서 내용물이 용기 밖으로 터져 나오는 이미지(Lakoff 1995 : 475)로 표현한다. 그러므로 언급한 (41가,나,다)의 한국어 분노관용어들도 은유적 개념구조 **분노는 용기 속의 뜨거운 액체다**에 의거하여 분노를 임의의 용기 안에 들어 있는 뜨거운 액체로 표현한다.

2.2.3. 분노는 불이다

열은 고체를 타게 하는 불이 되기도 한다. 분노관용어에서 불은 화, 즉 분노로 인지된다. 이를 반영하는 (42가)의 한국어 분노관용어 *눈에서 불이 나다* '격노하여 감정이 격렬해지다'와 (42나)의 *눈에 불을 켜다* '몹시 화내다'에서 눈은 인간의 감정표현기관으로서 관습적 환유에 의거하여 인간의 기분이나 감정을 표출하는 근원인 마음으로 환유된다. 그러므로 이 한국어 분노관용어는 화내는 것을 어두움 속에서 성냥불을 켤 때 확 불붙는 소리와 함께 강렬하게 타오르는 불의 이미지로 표현한다.

> (42가) 일본사람들이 한국사람들에게 저지른 잔악한 짓을 생각하면 지금도 *눈에서 불이 난다*.
> (42나) *눈에 불을 켜고* 나를 노려보는 그의 모습이 머리에서 사라지지 않는다.
> (42다) 빌려준 돈을 내놓으리라고 소리치면서 그는 *눈에 쌍심지를 켜고* 달려들었다.
> (42라) 그 놈한테 당한 것을 생각하면 *가슴에서 불덩이가 치솟는다.*

(42다)의 한국어 분노관용어 *눈에 쌍심지를 켜다* '몹시 화내다'는 등불

문화에서 형성된 분노관용어로서 심지가 두 개인 쌍심지의 등잔에 불을 붙일 경우 심지가 하나인 경우보다 불의 열기와 밝기가 강하다는 은유적 상상을 통해 몹시 심하게 화를 내는 것을 표현한다. 그러므로 이 (42가,나,다)의 한국어 분노관용어는 마음(눈)에 분노가 거세게 일어나는 것을 은유적 개념구조 **분노는 불이다**에 의거하여 눈에 불이 나거나 불을 켜는 것으로 표현한다. (42라)의 한국어 분노관용어 불덩이가 치솟다 '몹시 화나다'는 몹시 화를 내는 것을 암시적으로 인지되는 마음에 강한 열기의 불덩이가 솟아오르는 것으로 표현한다. 그러므로 (42라)의 한국어 분노관용어도 은유적 개념구조 **분노는 불이다**를 은유적 기저로 하고 있다. (42가,나,다,라)의 비유과정은 한국어의 단어 *화가* 한자로 "불 화 火"로 표현되는 것을 보아도 결코 우연은 아닌 것 같다.

분노를 불로 은유하는 독일어 분노관용어는 찾지 못했다.

2.2.4. 분노는 짐승의 사나운 모습이다

한국인과 독일인들은 분노의 감정을 짐승의 사납고 날카로운 모습에 비유한다. 예를 들면 (43)의 한국어 분노관용어 *뿔(이) 나다/솟다* '화가 치솟다'는 은유적으로 소, 사슴, 염소 등 네발동물의 단단하고 뾰족한 모습의 뿔을 끌어들여 화가 치솟는 모양을 표현한다.

(43) 동생은 언니에게만 옷을 사준다고 뿔이 났다/솟았다.

독일어 분노관용어 (44가)의 *jmdm. schwillt der Kamm* '화가 나다'는 화가 난 상태를 닭이 화가 날 때 볏을 부풀리면서 꼿꼿하게 뾰족 세우는 모습을 빌려 표현한다.

(44가) Da *schwoll mir* denn doch der Kamm, und ich schlug zurück.
'그때 나는 화가 나서 반격을 했다.'

(44나) Deine ungerechte Behandlung gegenüber meinem Sohn *brachte mich*
auf die Palme.
'내 아들에 대한 너의 부당한 행동이 나를 화나게 했다.'

(44나)의 *jmdn. auf die Palme bringen* '누구를 화나게 하다'도 화가 난 원숭이가 꽥꽥 소리를 지르면서 누구를 업고 야자나무 위로 올라가는 모습을 빌려 누구를 화내게 만드는 것을 표현한다. 그러므로 언급한 (43)의 한국어 분노관용어와 (44가,나)의 독일어 분노관용어는 은유적 개념구조 분노는 짐승의 사나운 모습이다를 근간으로 짐승의 화난 모습을 빌려 누구를 화내게 하는 것을 표현한다.

분노관용어에서 분노는 몸짓의 방향을 근간으로 하는 방향은유로도 표현된다. 이에 관해서는 2.2.5에서 언급한다.

2.2.5. 분노는 몸짓 방향이다

2.2.5.1. 분노는 위쪽이다

(37가,나,다)에서 분노는 열이다의 은유적 개념구조로 설명된 (45가,나,다)의 한국어 분노관용어들은 분노의 열의 발생방향을 위쪽으로 표현한다.

(45가) 나를 비난하는 친구의 전화에 열이 올라서/뻗쳐서 나도 모르게 전화기를 박살냈다.

(45나) 그는 나의 실수 때문에 게임에서 졌다고 열을 올리며 비난을 퍼부었다.

(45나) 내 것을 베껴 쓴 친구는 A학점을 받고, 보여준 나는 D학점을 받으니, 열이 상투 끝까지/꼭두까지 올랐다.

즉, (45가)의 분노관용어 열이 오르다/뻗치다 '몹시 화나다'와 (45나)의
열(을) 올리다 '흥분하여 성을 내다'에서 분노의 열이 움직이는 방향은
위쪽이다. (45다)의 한국어 속담 열이 상투 끝까지/꼭두까지 오르다 '매
우 화나다'에서도 분노의 열은 머리 꼭대기에 틀어 올린 상투의 위쪽
끝까지 치솟는다. 그러므로 분노의 감정을 위쪽으로 표출하는 (45가,나,
다)의 한국어 분노관용어들의 은유성은 방향은유적 개념구조 분노는 위
쪽이다로도 설명된다.

(41가,나)에서 은유적 개념구조 분노는 용기 속의 뜨거운 액체이다로 설명
된 (46가,나)의 한국어 분노관용어들의 은유성도 방향은유적 개념구조
분노는 위쪽이다로 설명된다.

(46가) 1년 이상 아무 일도 하지 않고 빈둥빈둥 놀고 있는 남편만 보면
울화가/부아가 치민다.
(46나) 그 여자는 자식 양육문제로 혈압을 올리며/핏대를 세우며 이혼한
전 남편과 전화를 했다.
(46다) 그 놈한테 당한 것을 생각하면 가슴에 불덩이가 치솟는다.

즉, (46가)의 울화가 치밀다 '하는 짓이나 상황이 마음에 들지 않고 화
가 치밀 정도로 거슬리다'와 부아가 치밀다 '분한 마음이 울컥 솟아 일
어나다'도 화가 치솟는 방향이 위쪽임을 나타낸다. (46나)의 분노관용어
혈압(을) 올리다 '성/화내다'와 핏대를 세우다 '성을 내다'에서도 분노는
위쪽으로 표출되는 것이 감지된다. 그 이외에 한국어 분노관용어 핏줄
을 세우다 '성을 내다', 핏대를 세우다/돋우다 '화나게 하다'에서도 분노
의 표출방향은 위쪽으로 감지된다. (42라)에서 은유적 개념구조 분노는
불이다로 설명되었던 (46다)의 한국어 분노관용어 불덩이가 치솟다 '몹시

화나다'에서는 분노의 불덩이가 위쪽으로 솟아오르는 이미지가 느껴진다. 그러므로 언급한 한국어 분노관용어들에서는 방향은유적 개념구조 **분노는 위쪽이다** 역시 기저로 하고 있다고 본다.

(47)의 한국어 분노관용어 눈을 *치뜨다* '몹시 화를 내다'에서 *치뜨다*의 *치*는 위쪽을 나타낸다. 그러므로 이 분노관용어는 눈을 위로 치켜뜨는 모습을 몹시 화내는 것으로 표현하므로, 방향은유적 개념구조 **분노는 위쪽이다**를 기저로 한다.

(47) 그는 눈을 치뜨면서 나에게 빌린 돈을 내놓으라고 으르렁 거렸다.

분노의 표출방향을 위쪽으로 하는 독일어 분노관용어는 그리 자주 눈에 띄지 않는다. 그럼에도 불구하고 분노를 용기 속의 뜨거운 액체로 표출하는 (39가)의 독일어 분노관용어 *Das ist doch die Höhe* '더 이상 못 참겠다.'가 *die Höhe* '높이', '높은 곳'의 이미지 때문에 방향은유적 개념구조 **분노는 위쪽이다**로 설명된다.

(43)에서 짐승의 사나운 모습을 분노의 감정으로 은유한 (48)의 한국어 분노관용어 *뿔(이) 나다/솟다* '화가 치솟다'는 화가 치솟는 모습을 네 발 동물의 머리에 난 날카롭고 단단한 뿔이 위로 솟아나 있는 모습으로 표현한다. 그러므로 이 한국어 분노관용어에서도 분노의 감정이 방향은 유적 개념구조 **분노는 위쪽이다**로 표출되는 것이 느껴진다.

(48) 동생은 언니에게만 옷을 사준다고 뿔이 났다/솟았다.

(44가,나)에서 짐승의 사납고 날카로운 모습을 분노로 은유한 (49가, 나)의 독일어 분노관용어 *jmdm. schwillt der Kamm* '화가 나다'와 *jmdn.*

auf die Palme bringen '누구를 화나게 하다'에서도 방향은유적 개념구조 분노는 위쪽이다가 느껴진다.

> (49가) Da *schwoll mir* denn doch *der Kamm*, und ich schlug zurück.
> '그때 나는 화가 나서 반격을 했다.'
> (49나) Deine ungerechte Behandlung gegenüber *meinem Sohn brachte* mich *auf die Palme.*
> '내 아들에 대한 너의 부당한 행동이 나를 화나게 했다.'

즉, (49가)의 분노관용어는 닭이 화가 날 때 볏을 부풀리면서 위쪽으로 꼿꼿하게 뾰족 세우는 모습에서, 그리고 (49나)의 분노관용어는 화가 난 원숭이가 꽥꽥 소리 지르면서 야자나무 가지 위로 매달려 올라가는 모습에서 그렇다.

2.2.5.2. 분노는 아래쪽이다

분노는 신체의 아래쪽 방향으로도 표출된다. 예를 들면 (50)의 독일어 분노관용어 *jmdm. auf die Zehen treten* '누구의 감정을 건드려 발끈 화나게 하다'는 누구에게 화를 돋우기 위해 신체의 구조상 아래쪽에 있는 발을 밟는 행위를 나타낸다.

> (50) Herr Mayer hat kaum vermieden, *gewissen Leuten auf die Zehen zu treten.*
> '마이어씨는 일부 사람들의 감정을 건드려 발끈 화나게 했다.'

그러므로 이 독일어 분노관용어에서 분노의 감정은 (40가)에서는 용기 안의 뜨거운 액체로 은유되었지만, 여기서는 방향은유적 개념구조 분노는 아래쪽이다로 설명된다.

2.2.5.3. 분노는 바깥쪽이다

(41가)에서 관습적 환유와 은유적 개념구조 분노는 용기 속의 뜨거운 액체이다로 설명된 바 있는 (50)의 한국어 분노관용어 *울화통/분통/열통/부아통이 터지다* '몹시 분하다'에서는 용기 안의 분노의 뜨거운 액체가 용기 밖으로 터져 나오는 것이 표현된다. 그러므로 이 분노관용어는 (41)에서 언급한 관습적 환유와 은유 과정 이외에 방향은유적 개념구조 분노는 바깥쪽이다도 은유적 기저로 하고 있다.

> (51) 도박에 빠진 자식 때문에 울화통/분통/열통/부아통이 터져서 죽을 지경이다.

그러므로 이 한국어 분노관용어는 방향은유적 개념구조 분노는 바깥쪽이다에 의거하여 분노를 은유적으로 표현한다.

(39나)와 (40나,다)에서 관습적 환유와 은유적 개념구조 분노는 용기 속의 뜨거운 액체다로 설명한 바 있는 독일어 분노관용어 (52가,나,다)들도 분노를 바깥쪽으로 표출하고 있음이 감지된다.

> (52가) Als mein Vater erfuhr, dass ich ihm nicht gehorcht hatte, *ging er in die Luft*.
> '아버지는 내가 자신을 존경하지 않았다는 것을 알았을 때 불끈 화를 냈다.'
> (52나) Es *ist zum Aus-der-Haut-Fahren*, dass man sich diese ohrenberäubende

Musik ständig anhören muss.

'엄청나게 큰 소리의 음악을 끊임없이 들어야 하니 매우 화가 난다.'

(52다) Nachdem er sich das Geschwätz eine Weile schweigend mitangehört hatte, *platzte ihm der Kragen.*

'쓸데없는 수다를 한 동안 조용히 듣다가 그는 화를 참지 못했다.'

즉, (52가)의 분노관용어 *in die Luft gehen* '불끈 화를 내다'는 분노의 뜨거운 액체가 용기(몸) 밖으로 폭발하여 대기 속으로 나가는 이미지를 느끼게 하고, (52나)의 분노관용어 *aus dem Haut fahren* '매우 화가 나다'는 살갖으로 둘러싸인 몸 안(용기)의 뜨거운 액체가 몸 밖으로 유출되는 이미지를, 그리고 (52다)의 분노관용어 *jmd. platzt der Kragen* '누군가가 참을 수 없을 정도로 화가 나 있다'는 용기(목덜미) 안의 액체가 끓어서 부피가 커져서 용기(목덜미) 밖으로 유출되는 이미지를 느끼게 한다. 그러므로 언급한 (52가,나,다)의 독일어 분노관용어는 관습적 환유와 은유적 개념구조 **분노는 용기 속의 뜨거운 액체다** 이외에 방향은유적 개념구조 **분노는 바깥쪽이다**도 함께 은유적 기저로 하고 있다.

2.2.5.4. 분노는 안쪽이다

분노의 표출방향을 안쪽으로 하는 관용어는 거의 눈에 띄지 않는다. (53)의 독일어 분노관용어 *jmdm. auf die Nerven gehen* '신경이 거슬려 화가 나다'가 필자가 찾아낸 유일한 것이다.

(53) Der ständige Klatsche des Publikums *ging mir auf die Nerven.*

'청중들이 자주 박수를 쳐서 나는 신경이 거슬려 몹시 화가 났다.'

즉 이 독일어 분노관용어는 외부에서 일어난 자극이 몸(용기) 안으로 들어가 신경조직을 건드리는 이미지를 상상하게 하므로 방향은유적 개념구조 **분노는 안쪽이다**가 은유적 기저가 된다고 본다.

2.2.6. 분노관용어의 은유성

신체 안에서 일어나는 생리적 현상에 비유되는 분노의 감정은 한국어 분노관용어에서는 주로 열과 불의 개념에 비유되는 반면, 독일어 분노관용어에서는 주로 용기 속의 뜨거운 액체의 개념에 비유된다.

두 언어의 분노관용어에서 분노는, 비유되는 짐승이 동일하지는 않지만, 짐승의 사납고 화내는 모습에 비유되기도 한다.

열과 불, 그리고 용기 속의 뜨거운 액체로 비유되는 분노의 감정은 방향은유로도 표출된다. 즉, 분노의 표출방향을 위쪽으로 그리고 바깥쪽으로 은유하는 분노관용어는 한국어와 독일어 두 언어에 모두 있지만, 아래쪽으로 그리고 안쪽으로 은유하는 분노관용어는 미미하지만 독일어에만 있다.

2.3. 기쁨관용어

기쁨의 사전적 의미는 '즐거운 마음이나 느낌'이다. 그러나 기쁨관용어에서 표현되는 기쁨의 감정은 행운, 만족, 사랑, 축복, 행복, 회복, 아늑함, 이상적인 생활환경, 감동, 열광, 희망, 자유로움, 쾌락, 사치, 걱정거리의 사라짐, 당당함, 편안함, 자신감 등 일상생활에서 접하게 되는 다양한 긍정적인 상황들의 범위에서 취급된다.

한국어와 독일어 기쁨관용어는 내적 동인과 외적 동인에서 기인하는 은유적 개념구조들로 잘 설명된다. 기쁨관용어는 내적 동인을 출발 개념으로 하는 경우 다양한 내면적 느낌에 비유되고, 외적 동인을 출발 개념으로 하는 경우에는 외적인 생활태도와 몸짓의 방향에 비유된다. 내적 동인을 출발 개념으로 하는 경우는 주로 독일어 기쁨관용어에서 나타나며, 외적 동인을 출발 개념으로 하는 경우 중에서는 생활태도에 비유되는 기쁨관용어는 독일어에서 그리고 신체의 몸짓 방향에 비유되는 기쁨관용어는 한국어에서 많이 나타난다. 먼저 기쁨을 내면적 느낌에 비유하는 기쁨관용어들을 보자.

2.3.1. 기쁨은 느낌이다

독일어 기쁨관용어는 기쁜 감정을 주로 다양한 느낌에 비유한다. 먼저 만족감을 느낄 때의 기쁨을 표출하는 기쁨관용어들을 보자.

2.3.1.1. 기쁨은 만족이다

(54가)의 *auf seine Kosten kommen* '만족하다/충족하다'는 기쁨을 투자한 만큼 보상을 받아서 만족하거나 흡족해 하는 느낌으로 표현한다.

> (54가) Beim Fest sollte jeder von uns *auf seine Kosten kommen*.
> '축제에서 우리 모두는 만족해야 할 것이다'
> (54나) Wenn man jetzt in diesem Gebiet investiert, dann wird man 10 Jahre später bestimmt *fein (he)raus sein*.
> '사람들이 지금 이 영역에 투자하면, 10년 후에는 분명히 만족하게 될 것이다.'
> (54다) Seine Technik *ließ* künstlich *nichts zu wünschen übrig*.
> '그의 기술은 예술적인 면에서 대만족이었다.'

(54나)의 *fein (he)raus sein* '만족해하다'는 모험이나 어려움을 이겨낸 후의 만족감을, 그리고 (54라)의 *nichts zu wünschen übriglassen* '대만족이다/흡족하다'는 기쁨을 더 이상 원하는 것이 없을 정도의 만족감으로 표현한다. 그러므로 (54가,나,다)의 독일어 기쁨관용어들은 은유적 개념구조 기쁨은 느낌이다의 하위개념구조 기쁨은 만족이다에 의거하여 기쁨을 만족감으로 은유한다.

2.3.1.2. 기쁨은 사랑이다

사랑하면 행복해지고, 삶의 기쁨도 생긴다. 이를 반영하는 (55)의 독일어 기쁨관용어 *bis über beide Ohren verliebt sein* '사랑에 빠져 있다'는 얼굴에서 꽤 높은 위치에 있는 두 귀까지의 범위를 사랑에 빠진 상태로 표현한다.

> (55) Maria *ist bis über beide Ohren verliebt.*
> '마리아는 사랑에 빠져 있다.'

즉 이 독일어 기쁨관용어는 기쁨을 은유적 개념 기쁨은 느낌이다의 하위개념구조 기쁨은 사랑이다에 의거하여 사랑에 빠져 두 귀가 멀게 되는 사랑의 느낌으로 표현한다.

2.3.1.3. 기쁨은 좋은 기분이다

(56가,나)의 독일어 기쁨관용어 *gut aufgelegt sein* '(정서적으로) 기분이 좋다'와 *guter Dinge sein* '명랑하다'는 기쁨을 정서적으로 기분 좋고

밝고 쾌활한 상태로 표현한다.

(56가) Weil sie gestern abend *gut aufgelegt war*, nahm sie Kleinigkeiten nicht so schwer.
'어제 그녀는 기분이 좋아서 사소한 것들을 심각하게 받아들이지 않았다.'
(56나) An Sonntagen und bei schönem Wetter *ist* er immer *guter Dinge*.
'일요일에 날씨가 좋으면, 그는 항상 마음이 상쾌하다.'
(56다) Ein Blumenstrauß für mich? Du willst doch *bei mir gut Wetter machen.*
'나에게 꽃다발을? 내 기분을 좋게 하려나 보네.'
(56라) Er *fühlt sich* mächtig *gebauchpinselt*, als seine Tochter im Zeichenwettbewerben ersten Preis bekam.
'그는 딸이 그림그리기 대회에서 일등을 했을 때 으쓱해졌다.'

(56다)의 *bei jmdm. gut Wetter machen* '누구를 (정서적으로) 기분 좋게 하다'에서는 *gut Wetter*가 마음이 밝아지는 좋은 기분에 비유된다. 그러므로 이 기쁨관용어는 기쁨을 마음이 밝아져서 기분이 좋아지는 것으로 표현한다. (56라)의 독일어 기쁨관용어 *sich gebauchpinselt fühlen* '(칭찬 따위로) 기분이 좋아지다'는 기쁨을 분에 넘치는 칭찬을 받아서 기분이 좋아지는 것으로 표현한다. 그러므로 (58가,나,다,라)의 독일어 기쁨관용어는 기쁨을 은유적 개념구조 **기쁨은 느낌**이다의 하위개념구조인 **기쁨은 좋은 기분이다**에 의거하여 기분이 좋은 상태로 표현한다.

한국어 *신*은 흥미와 열성이 생겨 매우 좋아진 기분을 말한다. 이를 반영하는 (59가)의 한국어 기쁨관용어 *신이 나다* '흥겨워하다'는 기쁨을 어떤 재미있는 일에 정신이 쏠려 재미를 느끼면서 기분이 매우 좋아지는 것으로 표현한다. *신바람이 나다* '흥겨워하다'는 기쁨을 신이 나서 몸을 활발하게 움직이는 기운, 즉 신바람에서 느껴지듯이, 기분이 너무 좋아 흥이 나는 것으로 표현한다.

> (57가) 나이 들어서 살사 댄스를 하니 *신/신바람이 난다.*
> (57나) 나는 *신명나는* 마당놀이를 보면, 스트레스가 확 풀린다.

(57나)의 한국어 기쁨관용어 *신명나다* '너무 흥겹다'에서 *신명*은 흥겨운 신이나 신바람, 또는 어깨 바람을 의미한다. 따라서 이 한국어 기쁨관용어도 기쁨을 흥겨워 신바람이 나는 기분 좋은 상태로 나타낸다. 그러므로 언급한 (57가,나)의 한국어 기쁨관용어들도 은유적 개념구조 기쁨은 느낌이다의 하위개념구조 기쁨은 좋은 기분이다를 근간으로 기쁨을 신나는 상태, 기분 좋은 상태로 표현한다.

2.3.1.4. 기쁨은 회복이다

(58)의 독일어 기쁨관용어 *sich wieder neugeboren fühlen* '원기를 회복한 기분이다/푹 쉰 느낌이다'는 기쁨을 원기를 회복하여 마치 새로 태어난 것 같은 느낌으로 표현한다.

> (58) Nach zehn stündigem Schlaf *fühlt er sich wieder neugeboren.*
> '10시간을 잔 후에 그는 다시 원기를 회복한 느낌이다.'

따라서 이 독일어 기쁨관용어는 은유적 개념구조인 기쁨은 느낌이다의 하위개념구조 기쁨은 회복이다에 의거하여 기쁨을 원기회복으로 표현한다.

2.3.1.5. 기쁨은 편안함이다

물고기가 물에서 헤엄치고, 새가 공중에서 날듯이, 사람들은 자기의 재능을 마음껏 발휘할 수 있는 이상적인 환경에서 살면 편안함을 느낀다. 이러한 맥락에서 (59)의 독일어 기쁨관용어 *in seinem Element sein* '이상적인 환경에 있다/잘 아는 영역으로 여기다'는 은유적 개념구조 **기쁨은 느낌이다**의 하위개념구조 **기쁨은 편안함이다**에 의거하여 기쁨을 편안함으로 표현한다.

> (59) Wenn mein Sohn über Baseball spricht, *ist er ganz in seimem Element.*
> '우리 아들은 야구에 관해 이야기를 할 때면 자기의 재능을 마음껏 발휘할 수 있는 영역으로 여기며 좋아한다.'

2.3.1.6. 기쁨은 걱정거리의 사라짐이다

돌을 걱정거리로 비유하는 (60가)의 독일어 기쁨관용어 *jmdm. fällt ein Stein vom Herzen* '걱정을 덜게 되다'에서 *Herz* '심장'은 관습적 환유에 의거하여 마음으로 환유된다. 그러므로 이 관용어는 누구의 심장에서 돌이 떨어지는 것을 누구의 마음(심장)에서 걱정거리(돌)가 사라져서 마음이 편안해 지는 것으로 은유한다.

> (60가) *Dem Studenten fiel ein Stein vom Herzen,* als er die Prüfung bestanden hatte.
> '학생은 시험에 붙어서 걱정을 덜었다.'
> (60나) Es tut mir gut, *sich* endlich *all ihren Kummer von der Seele reden zu können.*
> '그녀는 모든 걱정거리를 토로함으로써 마음이 가벼워졌다.'

(60나)의 독일어 기쁨관용어 *sich etw. von der Seele reden* '대화로 마음이 가벼워지다'에서 *Seele* '정신/영혼'은 관습적 환유에 의거하여 마음으로 환유된다. 그러므로 이 관용어는 누구와 마음(Seele)에서 우러나는 진심어린 대화를 함으로써 걱정거리가 사라지고 마음이 평안해 지는 느낌을 표현한다. 따라서 (60가,나)의 독일어 기쁨관용어는 은유적 개념구조 기쁨은 느낌이다의 하위개념구조 기쁨은 걱정거리의 사라짐이다에 의거하여 기쁨을 표현한다.

(61가)의 한국어 기쁨관용어 *가슴이 후련하다/시원하다* '마음이 편안해지거나 통쾌하게 되다'에서 *가슴*은 관습적 환유에 의거하여 마음으로 환유된다. 그러므로 걱정거리의 사라짐을 편안함으로 표현하는 이 한국어 기쁨관용어는 가슴, 즉 심장이나 폐를 답답하게 했던 증세들이 해결된 것을 마음(가슴)을 답답하게 했던 걱정거리들이 사라지면서 편안해지고 가뿐해진 상태로 표현한다.

> (61가) 말하기 어려운 고민을 털어놓으니, *가슴이 시원하다/후련하다.*
> (61나) 겨울 바다를 보면 *가슴이 확 트인다.*
> (61다) 불안과 근심으로 답답했던 *가슴이 확 열렸다.*

(61나)의 기쁨관용어 *가슴이 트이다* '마음속에 맺힌 것이 풀리다'도 마음(가슴)을 짓눌렀던 걱정거리들이 해결되어 편안해진 상태를 심장이나 폐를 짓눌렀던 증세들이 해결된 것으로 표현한다. (61다)의 슬픔관용어 *가슴이 열리다* '답답했던 생각이 시원하게 풀리다'는 마음(가슴)을 답답하게 했던 걱정거리들이 해결되어 마음(가슴)이 열리는 편안한 기분을 심장이나 폐의 부분이 막혀서 답답했었는데, 이 막혔던 증세가 해결되어 몸이 편안해 진 것으로 표현한다. 그러므로 (61가,나,다)의 한국어 기

쁨관용어들에도 은유적 개념구조 **기쁨은 느낌이다**의 하위개념구조 **기쁨
은 걱정거리의 사라짐이다**에 의거하여 기쁨을 은유적으로 표현한다.

2.3.1.7. 기쁨은 감동이다

(62가,나)의 독일어 기쁨관용어들은 벅찬 기쁨을 느낄 때 찡한 감동을
경험하는 것을 나타낸다.

> (62가) Der Film über die Flüchtlinge *ging* allen *unter die Haut.*
> '난민을 다룬 영화는 모든 사람들을 감동시켰다.'
> (62나) Dieser Film *geht den Zuschauern an die Nieren.*
> '이 영화는 관객들에게 감동을 준다.'

즉, (62가)의 기쁨관용어 *jmdm. unter die Haut gehen* '누구를 감동시
키다'에서 *Haut* '피부'는 사람의 몸을 싸고 있는 외피로서 몸으로 인지
된다. 여기서 몸은 관습적 환유에 의거하여 마음으로 환유된다. 그러므
로 이 독일어 기쁨관용어는 기쁨을 은유적 개념구조 **기쁨은 느낌이다**의
하위개념구조 **기쁨은 감동이다**를 기저로 하면서 마음속으로 파고 들어가
는 감동의 느낌으로 표현한다. 동일한 개념구조에 의거하여 (62나)의 기
쁨관용어 *jm. an die Nieren gehen* '감동을 주다'/'뭉클하게 하다'도 기쁨
을 마음(Nieren) 안으로 파고 들어가는 감동의 느낌으로 표현한다.
한국어 기쁨관용어 (63가,나,다,라,마,바)도 은유적 개념구조 **기쁨은 감
동이다**로 설명된다. 특히 이 관용어에서 신체명 *가슴*은 관습적 환유에
의거하여 마음으로 환유되며, 한국인들은 기쁨을 마음(가슴)으로 느끼는
것으로 표현한다.

(63가) 5,60대의 *가슴을 파고드는* 세시봉의 노래로 요즈음 가요계는 아주 다양해졌다.

(63나) 노래 부르는 것을 좋아하는 나이지만, 오래간만에 많은 관중들 앞에서 노래를 부르려고 하니 *가슴이 떨린다.*

(63다) 폐휴지를 판 돈으로 자식 대학공부를 시킨 훌륭한 아버지 이야기에 *가슴이 찡했다.*

(63라) 내일 제대하는 아들을 만날 생각을 하니 *가슴이 울렁거린다.*

(63마) '인생이란 무엇인가'에 관한 연사의 말씀이 *가슴에 (와) 닿았다.*

(63바) 역경을 이겨낸 그들의 사랑 이야기는 듣는 사람들의 *심금을 울렸다.*

(63사) 자식에 대한 부모님의 끝없는 사랑을 생각하면 *가슴이 찡하다/콧날이 찡하다/시큰해진다.*

　즉, 기쁨을 (63가)의 기쁨관용어 *가슴에 파고들다* '감동을 일으키다'는 마음(가슴) 속으로 깊게 파고드는 감동의 느낌으로 표현하고, (63나)의 기쁨관용어 *가슴이 떨리다* '흥분으로 조마조마하다'는 마음(가슴)이 몹시 떨리거나 눈물이 나올 만큼 마음(가슴)이 찡한 감동의 느낌으로 표현한다. (63다)의 기쁨관용어 *가슴이 찡하다* '감동하다'도 기쁨을 마음(가슴) 찡한 감동의 느낌으로 표현한다. (63라)의 기쁨관용어 *가슴이 울렁거리다* '흥분되다'는 기쁨을 마음(가슴)이 두근거리는 북 바치는 감동의 느낌으로 표현한다. (63마)의 기쁨관용어 *가슴에 (와) 닿다* '감동을 일으키다'는 기쁨을 외부의 사건에서 느껴지는 깊은 감동이 마음(가슴)에 절실하게 와 닿는 것으로 표현한다. (63바)의 기쁨관용어 *심금을 울리다* '감동시키다'는 외부의 자극을 받아 생겨나는 걷잡을 수 없는 감동의 미묘한 느낌이나 기분을 거문고가 울리듯 심금을 울리는 것으로 표현하다. (63사)의 기쁨관용어 *가슴이 찡하다* '감동하다', *콧날이 찡하다/시큰해지다* '감동하다'는 감동의 기쁨이 북받칠 때 가슴이나 콧마루의 날, 즉 콧날이 뻐근해지면서 찡하게 시큰거리는 약한 통증 같은 것으로 감동을 표현한다. 그러므로 (63가,나,다,라,마,바,사)의 한국어 기쁨관용어들도 기쁨을 은유적 개념구조 기쁨은 감동이다에 의거하여 깊은 감동으로 표현한다.

사람들은 임의의 사건이나 누구의 마음으로부터 따뜻하고 훈훈한 감동의 기쁨을 느끼기도 한다. 이를 반영하는 (64)의 한국어 기쁨관용어 *가슴이 훈훈하다/따뜻하다* '인간적이다'와 *가슴이 뜨겁다* '감동이 크다'를 보자.

(64) 한평생을 가난한 사람들과 함께 한 *가슴이 훈훈한/따뜻한/뜨거운* 의사선생님이 우리 주변에 있다니, 세상이 삭막하지 만은 않다.

인간적인 감동의 강도를 점점 강하게 표출하는 형용사 *훈훈하다/따뜻해지다/뜨거워지다*에 의거하여 (64)의 한국어 기쁨관용어들도 기쁨을 은유적 개념구조 기쁨은 감동이다에 의거하여 감동으로 표현한다.

2.3.1.8. 기쁨은 열광이다

(65가,나)의 독일어 기쁨관용어 *Feuer fangen* '열광하다'와 *für et. Feuer und Flamme sein* '무엇에 열광하고 있다'에서는 *Feuer*와 *Flamme*가 기쁨의 내적 에너지에 의거한 흥분, 열광 같은 감정으로 비유된다.

(65가) Bei dem Fussballweltmeisterschaft 2002 zwischen Korea und Italien haben alle Koreaner *Feuer gefangen*.
'2002년 한국과 이태리의 월드컵 축구경기에서 모든 한국인들이 열광했다.'
(65나) Er ist *Feuer und Flamme für die klassische Musik von Beethoven*.
'그는 베토벤의 클래식 음악에 열광하고 있다.'

그러므로 이 두 독일어 기쁨관용어는 기쁨을 마음이 움직여 무엇에 열광하는 것으로 표현하므로, 은유적 개념구조 **기쁨은 느낌이다**의 하위개념구조 **기쁨은 열광이다**를 기저로 하고 있다.

2.3.1.9. 기쁨은 희망이다

주로 한국어 기쁨관용어에서 기쁨의 느낌은 희망의 느낌에 비유되므로, 이를 반영하는 한국어 기쁨관용어들은 은유적 개념구조 **기쁨은 느낌이다**의 하위개념구조 **기쁨은 희망이다**로 설명된다. 그런데 희망은 다시 고동, 빛, 그리고 밝음으로 표출된다. 먼저 희망의 기쁨을 심장소리, 즉 고동으로 표현하는 한국어 기쁨관용어를 보자.

2.3.1.9.1. 기쁨은 고동이다

(66)의 한국어 기쁨관용어 *고동(을) 치다* '희망이나 이상이 가득 차 마음이 약동하다'는 **기쁨은 희망이다**의 하위개념구조 **기쁨은 고동이다**에 의거하여 피의 순환에 따라 뛰는 심장 소리로 희망에 차 기뻐하는 상태를 표현한다.

(66) 젊은이들의 가슴은 미래의 희망으로 늘 *고동쳐야 한다.*

2.3.1.9.2. 기쁨은 빛이다

(67)의 기쁨관용어 *빛이 보이다* '희망이 생기다'에서 기쁨은 세상을 밝혀주는 희망의 빛으로 은유되고, *서광이 비치다* '희망이 생기다'에서

는 서광, 즉 동틀 때 비치는 빛을 희망의 기쁨으로 표현한다.

> (67) 수출도 늘어나고 증시도 다시 활기를 띠니, 한국 경제에 빛이 보이
> 기/서광이 비치기 시작한다.

그러므로 언급한 (67)의 한국어 기쁨관용어들은 기쁨을 은유적 개념
구조 기쁨은 희망이다의 하위개념구조 기쁨은 빛이다로 은유한다.

2.3.1.9.3. 기쁨은 밝음이다

(68)의 기쁨관용어 앞날이 훤하다 '미래가 기대되다'는 앞날, 즉 미래
의 삶에 빛이 비치면서 밝아지는 것으로 미래가 탁 트여 있는 희망찬
기쁨을 표현한다.6)

> (68) 지금까지 해왔듯이 인내심을 갖고 열심히 살면, 너의 앞날은 훤할
> 것이니 걱정하지 마라.

그러므로 (68)의 기쁨관용어는 은유적 개념구조 기쁨은 희망이다의 하
위개념구조 기쁨은 밝음이다에 의거하여 희망의 기쁨을 은유적으로 표현
한다.7)

2.3.2에서는 기쁨을 외적 요인인 생활태도와 몸짓 방향에 비유하는 기
쁨관용어들에 관해 설명한다.

---

6) 앞날의 의미에 관해서는 6을 참조할 것.
7) (68)의 기쁨관용어 앞날이 훤하다는 부정적인 의미 '미래를 예상할 수 없다'의 의
미로도 사용된다.

2.3.2. 기쁨은 생활태도이다

기쁨을 외적 요인인 생활태도에 비유하는 기쁨관용어는 주로 독일어에 있다. 여기서 생활태도는 쾌락과 사치로 표출된다.

2.3.2.1. 기쁨은 쾌락이다

일부 독일어 기쁨관용어들은 일상의 규범에서 벗어난 쾌락 내지는 방종한 생활태도를 기쁨으로 표현한다. 예를 들면 (69가)의 기쁨관용어 *Blut geleckt haben* '신나게 즐기다'는 피를 핥아 먹을 정도로 정신 나간 쾌락적인 생활태도를 신나게 노는 즐거운 기쁨으로 표현한다.

> (69가) Viele Leute sind nach Tailand gereist und *haben* wohl Blut *geleckt*.
> '많은 사람들이 타일랜드로 여행가서 신나게 놀았다.'
> (69나) Am Rosenmontag haben wir mal so richtig *auf den Putz gehauen/ geklopft*.
> '사육제 전 월요일에 우리들은 정말 제대로 신나게 놀았다.'

(69나)의 기쁨관용어 *auf den Putz hauen/klopfen* '들떠서 신나게 떠들다/즐기다'도 기쁨을 몸치장을 하면서 신나게 노는 쾌락적인 생활태도로 나타낸다. 그러므로 이 독일어 기쁨관용어들은 기쁨을 은유적 개념구조 기쁨은 생활태도이다의 하위개념구조인 기쁨은 쾌락이다에 의거하여 쾌락을 추구하는 생활태도로 표현한다.

2.3.2.2. 기쁨은 사치이다

(70)의 독일어 기쁨관용어 *in Saus und Braus leben* '떠들썩하게 흥청

거리면서 사치스럽게 놀다'에서 바람소리를 나타내는 의성어 *Saus und Braus*는 많은 사람들이 떠들면서 시끌벅적하게 노는 파티의 소리에 비유된다.

(70) Zwei Jahre *lebten* sie *in Saus und Braus*, dann war das ganze Vermögen durchgebracht.
'그들은 2년 동안 흥청망청 사치스럽게 살더니, 결국 전 재산을 탕진하고 말았다.'

그러므로 파티를 하면서 흥청망청 사치스럽게 노는 생활태도를 나타내는 이 독일어 기쁨관용어는 기쁨을 **기쁨은 생활태도이다**의 하위개념구조인 **기쁨은 사치이다**에 의거하여 은유적으로 분수에 넘치게 호사스러운 생활태도로 표현한다.

2.3.3. 기쁨은 몸짓 방향이다

한국인들은 몸으로 감정을 표현하려는 강한 성향을 보인다. 이런 이유에서인지 독일어 기쁨관용어에서보다 한국어 기쁨관용어에서 감정은 훨씬 많이 외적 동인인 몸짓의 방향에 비유된다.

2.3.3.1. 기쁨은 위쪽이다

사람들은 원했던 꿈이나 계획이 이루어져서 기쁨을 감추지 못할 때, 벌떡 일어나 손을 위로 처 들면서 기쁜 감정을 표현한다. 몸짓의 방향을 기쁨의 감정에 비유하는 (71가)의 한국어 기쁨관용어 *하늘을 날 것 같다* '몹시 기쁘다'는 질소가스가 투입된 풍선이 하늘로 향해 날아가듯이, 마음이 기쁨으로 충만해서 하늘을 날 것 같은 기분을 표현한다.

> (71가) 소설을 집필한지 3년 만에 탈고하고 나니 *하늘을 날 것 같다.*
> (71나) 올 겨울은 유난히 추워서 그런지 따뜻한 봄을 맞이할 생각을 하니 벌써부터 *가슴이 부풀어 오른다.*
> (71다) *가슴이 벅차오르는* 이 뿌듯함을 누구에게 전할까.
> (71라) 많은 사람들이 회계사 시험에 합격했다고 축하해 주니 나도 모르게 *어깨가 올라갔다/으쓱해졌다.*

배와 목 사이에 있는 가슴은 심장이나 폐를 가리키기도 하는데, (71나,다)의 기쁨관용어에서 신체명 *가슴*은 관습적 환유에 의거하여 마음으로 환유된다. 그러므로 (71나)의 기쁨관용어 *가슴이 부풀다* '기대가 크고 희망에 넘치다'는 기쁨을 가슴(마음)이 질소가스(기쁨)가 투입된 풍선같이 부풀어 오르거나 넘쳐 오르는 것에 비유해서 표현한다. (71다)의 기쁨관용어 *가슴이 벅차오르다* '흥분과 감격이 힘에 겨울 만큼 벅차다'는 기쁨을 가슴(마음)이 넘칠 정도로 좋은 일로 가득차서 위로 오를 것 같은 느낌에 비유해서 표현한다. (71라)의 기쁨관용어 *어깨가 올라가다/으쓱해지다* '뽐내다'는 기쁨을 감정표현기관인 어깨를 자신 있게 뽐내기 위해 한 번 올리거나 들먹이면서 우쭐해 하는 몸짓에 비유해서 표현한다. 그러므로 (71가,나,다,라)의 한국어 기쁨관용어들의 은유성은 방향은유적 개념구조 **기쁨은 위쪽이다**로 설명된다.[8]

우울하거나 슬플 때 몸은 무겁게 느껴져서 땅 쪽으로 처지는 반면, 기쁠 때는 몸이 하늘로 날아갈 것 같거나 하늘위로 둥둥 떠다닐 것 같

---

8) Lakoff(1980:14f.)는 방향은유적 개념구조 HAPPY IS UP로만 영어의 기쁨의 문장 (*I'm feeling up today.*, *You're in high spirits.*)을 설명한다.

이 가볍게 느껴진다. 그런 맥락에서 (72가)의 한국어 기쁨관용어 *어깨가/머리가/발걸음/발길이 가볍다* '무거운 책임에서 벗어나 마음이 홀가분하다'에서 *어깨, 머리, 발*은 감정표현기관으로서 관습적 환유에 의거하여 마음으로 환유된다. 따라서 이 한국어 기쁨관용어들은 기쁨을 마음에 부담되는 일들이 해결되어서 하늘로 날아갈 것 같이 마음이 홀가분하고 가뿐한 느낌으로 표현한다.

> (72가) 도서관에서 늦게까지 공부하고 집에 가는 날은 *어깨가/머리가/발걸음/발길이 가볍다.*
> (72나) 친구에게 진 빚을 갚으니, 정말 *마음이 가볍다.*

같은 맥락에서 (72나)의 기쁨관용어 *마음이 가볍다* '후련하다'는 마음을 짓눌렀던 거추장스러웠던 무언가가 해결되어서 마음이 가뿐해져서 하늘로 날아갈 것 같은 기분으로 후련함을 표현한다. 그러므로 (72가, 나)의 한국어 기쁨관용어들도 방향은유적 개념구조 **기쁨은 위쪽이다**를 은유적 기저로 하고 있다.

(55)에서 기쁨을 각각 만족과 사랑으로 은유한 것으로 설명한 바 있는 (73)의 독일어 기쁨관용어 *bis über beide Ohren verliebt sein* '사랑에 빠져 있다'의 의미는 인간의 몸짓 방향에서 도출되는 은유적 개념구조 **기쁨은 위쪽이다**으로도 설명된다.

> (73) Maria *ist bis über beide Ohren verliebt.*
> '마리아는 사랑에 빠져 있다.'

즉 (73)의 독일어 기쁨관용어는 얼굴의 위쪽 부분에 위치해 있는 양쪽 귀의 부분 까지 사랑이 차 있는 것을 표현하므로, 이 관용어에서도 사랑의 양이 상당히 위쪽까지 차 있음이 느껴진다.

2.3.3.2. 기쁨은 아래쪽이다

직립 보행을 하는 인간에게 신체 내부의 소화기관은 위쪽에서 아래쪽으로 이어져 있다. 따라서 인간이 섭취한 음식물은 신체의 위쪽부분에 위치한 입에서 시작해서 식도→위→십이지장→작은창자→큰창자 그리고 제일 아래쪽에 있는 항문을 통해 소화, 흡수, 배설의 과정을 거친다. 이렇게 위쪽에서 아래쪽으로 구성된 신체 내부의 소화기관의 구조에서 도출되는 방향은유적 개념구조 **기쁨은 아래쪽이다**는 많은 한국어 감정관용어의 은유적 기저가 된다. 예를 들면 한국어 기쁨관용어 (74가)의 *십년 묵은 체증이 내려가다/뚫리다* '후련해지다'는 짓눌렀던 마음속의 문제들이 해결되어서 마음이 후련해지는 기쁜 상태를 10년이나 묵은 고통스러운 체증이 아래로 내려가서 몸이 편안해진 것으로 표현한다.

> (74가) 미뤘던 집안 대청소를 하니, *십년 묵은 체증이 내려가는 것 같다.*
> (74나) 거액의 돈을 먹은 부정 공무원들이 잡혀 들어가는 것을 보니, *속이 확 뚫린다/풀린다.*
> (74다) 말썽 많던 오피스텔을 팔고 나니, *속이/뱃속이 시원하다/후련하다.*

(74나)의 *속이 뚫리다/풀리다* '갑갑했던 마음이 시원해지다'는 마음(속)속의 문제들이 해결되어서 편안해진 상태를 소화불량이나 배변불량 등으로 막혀 있었던 속, 즉 배 안에 든 내장과 관련된 문제가 해결되어 편안해진 것으로 표현한다. (74다)의 기쁨관용어 *속/뱃속이 시원하다/후련*

하다 '(나쁜 일이 없어져서) 마음이 상쾌하다/편안하다'도 마음(속/뱃속)이 상쾌해지고 후련해지는 것을 속/뱃속, 즉 배 안에 든 내장이 소화불량 내지는 배변불량 등으로 답답했었는데, 이 장애요인들이 시원하고 후련하게 해결된 것으로 표현한다. 그러므로 (74가,나,다)의 한국어 기쁨관용어들의 의미는 방향은유적 개념구조 기쁨은 아래쪽이다로 설명된다.

기쁨은 아래쪽이다로 설명 가능한 독일어 기쁨관용어는 흔치 않다. 그럼에도 불구하고(60가)에서 걱정거리의 사라짐을 기쁨으로 은유한 것으로 설명했던 (75)의 독일어 기쁨관용어 *jmdm. fällt ein Stein vom Herzen* '걱정을 덜게 되다'가 눈에 띈다.

(75) *Dem Studenten fiel ein Stein vom Herzen*, als er die Prüfung bestanden hatte.
   '학생은 시험에 붙어서 걱정을 덜었다.'

이 독일어 기쁨관용어는 누구의 심장(마음)에서 돌(걱정거리)이 아래로 떨어지는 것을 걱정거리(돌)들이 사라져서 마음(심장)이 편해지고 안정되는 것으로 표현한다. 그러므로 이 독일어 기쁨관용어는 은유적 개념구조 기쁨은 걱정거리의 사라짐이다 이외에 방향은유적 개념구조 기쁨은 아래쪽이다도 은유적 기저로 한다.

2.3.3.3. 기쁨은 바깥쪽이다.

불안하거나 초조하면 사람들은 자기도 모르게 몸을 안쪽으로 오그리고 쭈그리지만, 반대로 기분이 좋고 편안하면, 다리, 어깨, 가슴 등의 신체기관들을 바깥쪽으로 편다. 예를 들면 (76가)의 기쁨관용어 *다리(를)/*

발(을) 뻗고 자다 '마음이 편하게 되다'는 편안해진 마음을 다리나 발을 뻗으면서 마음 놓고 편하게 자는 모습으로 표현한다.

> (76가) 시집만 보내면 *다리(를)/발(을) 뻗고* 잘 줄 알았는데, 손자까지 봐
> 주어야 하니 죽어야 자식 봉사가 끝나나 보다.
> (76나) 아버지가 다시 직장을 갖게 되어서, 우리 집 식구들 모두의 *얼굴
> 이 펴졌다.*
> (76다) 우리 이제 살만큼 돈도 모았으니, *어깨/허리(를) 펴고* 삽시다.
> (76라) 신용불량자를 면하게 됐으니, 이제부터 *가슴을 펴고* 다녀라.
> (76마) 사글세 집을 면했으니, 이제는 *기를 펴고* 살아 보자.

(76나)의 슬픔관용어 *얼굴이 펴지다* '근심 걱정이 없어지다'도 편안해진 마음을 삶이 편안해 지면서 근심, 걱정으로 생긴 주름살이 펴지는 모습으로 표현한다. (76다)의 기쁨관용어 *어깨/허리(를) 펴다* '당당하다', '자신감을 갖다'는 자신감을 희망이 생겨서 웅크린 어깨를 펴는 모습으로 표현한다. (76라)의 기쁨관용어 *가슴을 펴다* '당당하고 떳떳해지다'는 당당함을 부정적인 감정에 얽매이지 않고 자신만만한 태도로 가슴을 떳떳하게 펴는 모습으로 표현한다. (76마)의 관용어 *기를 펴다* '억눌리는 기분을 받지 않고 마음을 자유롭게 가지다'는 근심으로 억눌려서 움츠렸던 기세(생활이나 활동의 힘)가 펴지면서 얽매임 없이 당당하고 자유롭게 표현하거나 주장하는 것을 표현한다. 그러므로 이 (76가,나,다,라,마)의 한국어 기쁨관용어의 의미는 방향은유적 개념구조 **기쁨은 바깥쪽이다**로 설명된다.

기대하지 않은 일들이 벌어지면, 좋아서 입가가 벌어진다. 이러한 신체의 증상을 반영하는 (77가,나,다)의 한국어 기쁨관용어들은 입을 다물지 못할 정도로 좋아 어쩔 줄 모르는 것으로 기쁨을 표현한다.

(77가) 노총각 아들이 결혼해서 그런지 영재 엄마는 요즈음 입이 함지박
만해졌다.

(77나) 새로운 남자친구와 사랑에 빠진 선희는 입시울이 함박꽃같이 벌
어졌다.

(77다) 용돈을 많이 주니 입이 찢어지는가 보네.

즉, 기쁨을 (77가)의 기쁨관용어 입이 함지박만하다 '좋아서 어쩔 줄
모르다'는 입이 함지박 만하게 커다랗게 벌어지는 것으로 표현하고, (77
나)의 기쁨관용어 입시울이 함박꽃같이 벌어지다는 입술의 옛말인 입시
울이 함박꽃 송이처럼 크고 탐스럽게 벌어지는 것으로 표현한다. (77다)
의 입이 찢어지다 '기뻐서 어쩔 줄을 모르다'는 기쁨을 입이 찢어지는
고통을 이겨낼 정도로 기쁘거나 즐거워서 입이 크게 벌어지는 것으로
표현한다. 그러므로 (77가,나,다)의 한국어 기쁨관용어들에서도 방향은
유적 개념구조 기쁨은 바깥쪽이다가 적용되고 있음이 감지된다.

(78가,나,다)의 한국어 기쁨관용어의 은유성도 방향은유적 개념구조
기쁨은 바깥쪽이다로 설명된다.

(78가) 콧노래가 나오는 것을 보니, 남자친구와 일이 잘 되어가나 보다.

(78나) 어제 네가 하도 재미있게 이야기해서 배꼽이 빠졌다.

(78다) 수출도 늘어나고 증시도 다시 활기를 띠니, 한국 경제에 빛이 보
이기/서광이 비치기 시작한다.

즉, (78가) 기쁨관용어 콧노래가 나오다 '기분이 좋다'는 일이 잘 되어
서 기분이 좋아서 콧노래가 저절로 몸 밖으로 나오는 것을 표현한다.
(78나)의 기쁨관용어 배꼽이 빠지다 '재미있어서 너무 많이 웃다'는 너무
웃어서 마치 배꼽 주위에 자극이 심하게 가해져서 마치 배꼽이 밖으로

빠질 것 같은 즐거운 느낌을 표현한다. (67)에서 은유적 개념구조 **기쁨은 빛이다**로 설명한 바 있는 (78다)의 기쁨관용어 *빛이 보이다/서광이 비치다* '희망이 생기다'는 세상을 밝혀주는 희망의 빛이 바깥세상으로 내비치는 것을 표현한다. 그러므로 (78가,나,다)의 한국어 기쁨관용어에서도 방향은유적 개념구조 **기쁨은 바깥쪽이다**가 인지된다.

기쁨은 바깥쪽이다의 방향은유적 개념구조로 설명 가능한 독일어 기쁨관용어는 많지 않지만, (60나)에서 은유적 개념구조 **기쁨은 편안함이다**의 하위개념구조 **기쁨은 걱정거리의 사라짐이다**로 설명했던 (79)의 *sich etw. von der Seele reden* '대화로 마음이 가벼워지다'가 눈에 뜬다.

> (79) Es tut mir gut, *sich* endlich *all ihren Kummer von der Seele reden* zu können.
> '그녀는 모든 걱정거리를 토로해서 마음이 가벼워졌다.'

즉, 이 독일어 기쁨관용어는 대화를 통해 마음(Seele)을 괴롭혔던 걱정거리들이 마음 밖으로 쏟아내져서 마음이 가벼워지는 것을 나타낸다. 그러므로 이 기쁨관용어의 의미는 방향은유적 개념구조 **기쁨은 바깥쪽이다**로 설명된다.

2.3.3.4. 기쁨은 안쪽이다

위가 비워 있으면 배가 고파서 밥을 포함한 여러 가지 음식을 먹듯이, 용기가 비어 있으면 임의의 물질들이 들어와 이를 채운다. 이 경우 물질들이 용기 안쪽으로 이동하는 것이 지각된다. 안쪽으로의 이동방향과 관련하여 (80가,나)의 한국어 기쁨관용어들을 보자.

(80가) 정부로부터 보상을 받기는 했지만, *양이 차지* 않아서 속상하다.
(80나) *눈에 차지*는 않았지만, 아들이 데려온 여자친구를 며느리로 맞기로 했다.

(80가)의 기쁨관용어 *양이 차다* '만족스럽다'는 기쁨을 임의의 암시적인 빈 공간이 기대했던 수준의 양만큼 물질들로 채워지는 것으로 표현한다. (80나)의 기쁨관용어 *눈에 차다* '기대에 맞다'는 기대 충족을 임의의 빈 용기가 마음(눈)으로 정한 기대치에 맞게 임의의 물질들로 채워지는 것으로 표현한다. 그러므로 (80가,나)의 한국어 기쁨관용어들은 기쁨을 임의의 물질 등이 빈 공간으로 들어와 채우는 것으로 표현한다. 따라서 이 기쁨관용어들의 의미는 방향은유적 개념구조 **기쁨은 안쪽이다**로 설명된다.

(63가,마)에서 **기쁨은 감동이다**의 은유적 개념구조로 설명한 바 있는 (81가,나)의 기쁨관용어들을 보자.

(81가) 5,60대의 *가슴을 파고 드는* 세시봉의 노래로 요즈음 가요계는 아주 다양해졌다.
(81나) '인생이란 무엇인가'에 관한 연사의 말씀이 *가슴에 (와) 닿았다*.

(81가)의 한국어 기쁨관용어 *가슴에 파고 들다* '감동을 일으키다'는 감동의 기쁨을 외부의 사건에서 얻은 감동이 마음(가슴) 속으로 깊게 파고 들어오는 것으로 표현한다. 마찬가지로 (81나)의 기쁨관용어 *가슴에 (와) 닿다* '감동을 일으키다'는 감동의 기쁨을 외부의 사건에서 얻은 깊은 감동이 마음(가슴) 안으로 들어와 닿는 것으로 표현한다. 이처럼 (81가,나)의 한국어 기쁨관용어들에서도 방향은유적 개념구조 **기쁨은 안쪽이다**가 적용되었음이 감지된다.

안쪽으로 행해지는 행위를 기쁨으로 표현하는 (82)의 한국어 기쁨관용어 손뼉을 치다 '찬성하다'에서도 방향은유적 개념구조 기쁨은 안쪽이다가 적용된다.

(82) 많은 사람들이 너의 진솔한 의견에 손뼉을 쳐주었다.

즉, 손뼉은 두 손이 안쪽으로 마주쳐야 소리가 난다. 이를 반영한 (82)의 한국어 손 관용어는 누군가의 의견에 손뼉을 치며 동의해주는 찬성의 기쁨을 표현한다.

(62가,나)에서 역시 기쁨은 감동이다의 은유적 개념구조로 설명된 바 있는 (83가,나)의 독일어 기쁨관용어 jmdm. unter die Haut gehen '누구를 감동시키다'와 jm. an die Nieren gehen '감동을 주다'/'뭉클하게 하다'와 (83다)의 독일어 기쁨관용어 etw. geht in die Beine '춤이 나오다'도 방향은유적 개념구조 기쁨은 안쪽이다로 설명된다.

(83가) Der Film über die Flüchtlinge ging allen unter die Haut.
'난민을 다룬 영화는 모든 사람들을 감동시켰다.'
(83나) Dieser Film geht den Zuschauern an die Nieren.
'이 영화는 관객들에게 감동을 준다.'
(83다) Der Rock'n Roll ist gut. Der geht in die Beine.
'록 음악은 흥겨워서, 저절로 발로 장단을 맞추게 된다.'

즉, (83가)의 독일어 기쁨관용어는 감동의 기쁨이 마음(Haut) 속으로 파고 들어가는 것을 표현하고, (83나)의 기쁨관용어는 감동의 기쁨이 마음(Nieren) 안으로 파고 들어가는 것을 표현한다. (83다)의 기쁨관용어는 리듬 감각이 다리 안으로 들어가면서 발로 장단을 맞추면서 흥겹게 다리를 이리저리 놀리는 것을 표현한다. 이러한 방향은유적인 관점에서 (83가,나,다)의 독일어 기쁨관용어의 의미는 방향은유적 개념구조 **기쁨은 안쪽이다**로도 설명된다.

2.3.4. 기쁨관용어의 은유성

한국어와 독일어 기쁨관용어는 외적 동인과 내적 동인을 출발개념으로 하는 은유적 개념구조들을 은유적 기저로 한다. 내적 동인의 경우 느낌을 기쁨으로 은유하는 기쁨관용어들이 있는데, 이는 주로 독일어에 있다. 외적 동인의 경우 몸으로 감정을 표현하려는 한국인의 성향 때문인지 몸짓의 방향을 기쁨으로 은유하는 기쁨관용어들은 주로 한국어에 있고, 생활태도를 기쁨으로 은유하는 기쁨관용어들은 주로 독일어에 있다.

2.4. 슬픔관용어

슬픔의 사전적 의미는 '원통한 일을 당하거나 불쌍한 일을 보고 마음 아파하고 괴로워하는 정서적 상태'이다. 그러나 슬픔관용어에서 표현되는 슬픈 감정은 견디기 힘든 마음의 아픔, 괴로움, 뭉클함, 찡함, 아림, 쓰라림, 초초함, 안타까움, 서글픔, 처량함, 실망이나 절망, 상심으로 인한 마음의 무거움, 기분 상함, 침울, 외로움, 불행이나 불운, 곤경, 액운, 재난, 사무침, 통절한 원한, 통곡의 상태, 세상에 대한 비관, 춥고 배고픔 등 광범위하다.[9)]

---

9) 슬픔은 때로는 분노, 흥분, 감동과 유사하게 표현되기도 한다. 예를 들면 (i) *가슴이 터지다*, (ii) *속이 터지다*, (iii) *가슴에 피멍이 들다*를 보자. 이 관용어들은 참아내기 힘든 슬픔을 표현할 때도 있지만, (i)은 아주 큰 흥분과 감동을 표현하기도 하고,

한국인들은 분노나 기쁨의 감정관용어에서 언급하였듯이 몸으로 슬픔을 표현하는 성향을 보인다. 그래서 한국인들은 슬픔을 목, 얼굴, 어깨, 눈시울, 발, 코, 머리 등의 신체기관과 위장, 간, 창자 등의 내장기관의 증상을 통해 처절하고 애절하고 절규하듯이 표현한다. 독일인들도 한국인에 비교가 되지는 않지만, 슬픔을 심장, 척추, 발, 손, 머리 등의 신체기관의 증상에 비유한다. 먼저 슬픔을 질병으로 은유하는 슬픔관용어들을 보자.

2.4.1. 슬픔은 질병이다

누군가가 가슴이 옥죄이는 병을 앓고 있다면, 그는 흉통이나 혈관경련 등의 증상을 동반하는 협심증이나 심근경색 같은 병이나 폐질환 등을 앓고 있다고 생각한다. 이를 기반으로 하는 은유적 개념구조 **슬픔은 질병이다**를 기저로 하고 있는 (84가,나)의 한국어 슬픔관용어 *가슴을 앓다* '혼자 고민하며 마음을 아파하다'와 *가슴이 아프다* '슬프거나 안타깝다'에서 *가슴*은 관습적 환유에 의거하여 마음으로 환유된다. 이 두 비유 과정을 통해 (84가,나)의 한국어 슬픔관용어들은 일이 뜻대로 되지 않아 혼자 고민하면서 마음(가슴)을 앓거나 마음(가슴)이 아픈 슬픈 감정을 심장이나 폐에 병이 든 것으로 표현한다.

> (84가) 그는 아무에게도 말을 하지 못하고 혼자 *가슴을 앓고 있다.*
> (84나) 항암 투병을 하고 계시는 엄마를 생각하면 *가슴이 아프다.*

(ii)는 격노한 감정을 표현하기도 한다. (iii)의 관용어는 원한의 감정도 표현한다. 이처럼 동일한 관용어가 여러 가지 감정을 표현하기도 하지만, 이 책에서는 언급되는 해당 감정에 국한해서 설명한다.

(84다) 이산가족들은 북한에 있는 가족을 만날 거라는 기대로 일 년 내
　　　 내 열병을 앓는다.
(84라) 유가 상승으로 수출 업체들은 골머리를 앓고 있다.
(84마) 복잡한 상속 문제로 골치가/머리가 아프겠는 걸.
(84바) 소심한 성격이라 김씨는 고민거리들을 누구에게 이야기하지 않고
　　　 늘 혼자 속으로만 앓는다.

　　(84다)의 슬픔관용어 열병을 앓다 '간절한 소망 때문에 괴로워하다'의
열병은 온 몸에 높은 열과 두통, 불면증, 식욕부진을 수반하는 질병이다.
이 관용어에서 암시적으로 느껴지는 병을 앓고 있는 몸은 관습적 환유
에 의거하여 마음으로 환유된다. 그러므로 (84다)의 한국어 슬픔관용어
는 은유적 개념구조 슬픔은 질병이다에 의거하여 힘든 마음(몸)의 병을 앓
고 있어서 괴로워하는 것을 높은 열이 동반되는 질병을 앓고 있는 것으
로 표현한다. (84라.마)의 슬픔관용어 골머리를 앓다 '고민하다'와 골치/
머리가 아프다 '(일이나 사태를) 해결하기가 어려워서 속상하다'에서 머
릿골의 속어인 골머리, 머리의 속어인 머릿골의 낮춤말 골치, 그리고 머
리는 관습적 환유에 의거하여 마음으로 환유된다. 따라서 (84라,마)의
한국어 슬픔관용어도 은유적 개념구조 슬픔은 질병이다에 의거하여 머리
의 속어 내지는 낮춤말로 인해 뉘앙스상의 차이는 있겠지만, 이런 저런
걱정이나 근심거리로 마음(골머리/골치/머리)이 아픈 것을 골머리/골치/머
리의 병을 앓고 있는 것으로 표현한다. (84바)의 슬픔관용어 속으로 앓
다 '밖으로 들어 내지 않고 마음속으로만 괴로워하다'에서 속은 관습적
환유에 의거하여 마음으로 환유된다. 따라서 (84바)의 슬픔관용어는 아
픔이나 속상한 것을 밖으로 드러내지 않고 마음(속) 안에 담아 두면서
혼자 견뎌내는 것을 속, 즉 뱃속의 위장이 병에 걸려 아픈 것으로 표현
한다.

한국인들만큼은 아니지만, 독일인들도 슬픔을 몸이나 신체 일부기관들이 질병에 시달리고 있는 것으로 표현한다. 예를 들면 (85가)의 독일어 슬픔관용어 *das Herz blutet jm.* '누구의 마음이 찢어질 것 같다'에서 *Herz* '심장'는 관습적 환유에 의거하여 마음으로 환유된다. 그러므로 이 관용어는 누군가가 마음(Herz)이 찢어 질 것 같이 아파서 슬퍼하는 것을 누군가가 심장출혈이라는 심혈관계의 질환을 앓고 있는 것으로 표현한다.

> (85가) *Das Herz blutet mir*, wenn ich an die unglücklichen Opfer der
> großen Überschwemmung denke.
> '대홍수의 불행한 희생자들을 생각하면 마음이 찢어질 것 같다.'
> (85나) Hab keine Angst, niemand wird *dir etwas zuleide tun.*
> '걱정하지 마라, 어느 누구도 너의 마음을 아프게 하지 않을 거다.'

(85나)의 슬픔관용어 *jm. etwas zuleide tun* '마음을 아프게 하다'에서는 아픈 신체기관이 명시적으로 언급되고 있지 않지만, 몸이 아픈 것으로 간주된다면, 여기서 몸은 관습적 환유에 의거하여 마음으로 환유된다. 따라서 이 독일어 슬픔관용어는 누구의 마음(몸)을 아프게 하는 것을 몸에 상해를 입히는(zuleid) 것으로 표현한다. 따라서 (85가,나)의 독일어 슬픔관용어도 은유적 개념구조 **슬픔은 질병이다**를 은유적 기저로 한다.

2.4.2. 슬픔은 통증이다

(86가)의 한국어 슬픔관용어 *가슴을/창자를 도려내다* '마음을 아프게 하다'에서 가슴과 창자는 관습적 환유에 의거하여 마음으로 환유된다. 그러므로 이 관용어는 마음(가슴, 창자)이 몹시 아프고 슬픈 상태를 심장이나 폐가 들어있는 가슴이나 창자(소장과 대장)를 도려낼 때 느끼는 통증

으로 표현한다. 그러므로 이 한국어 슬픔관용어는 은유적 개념구조 슬픔은 통증이다에 의거하여 슬픔을 은유한다.

(86가) 늙어 가는 엄마의 모습이 오늘따라 내 *가슴을/창자를 도려낸다.*
(86나) 3년째 암투병하는 부인을 정성껏 간호하는 김 선생의 삶이 *내 가슴을 저미게 한다.*
(86다) 그 사람이 나에게 마지막으로 남긴 말이 *가슴을 찌른다.*
(86라) 부모의 반대로 아쉽게 헤어진 그녀를 생각하면 지금도 *가슴(이) 쓰린다.*
(86마) 군대에서 고생하는 아들을 생각하면 *가슴이 찢어진다.*
(86바) 살면서 남의 *가슴에 못을 박는* 행위는 하면 안 된다.
(86사) 한 많은 그 사람의 인생 이야기가 듣는 이들의 *애간장을 저민다.*
(86아) 당신의 마지막 이별편지를 읽으니 내 *간장이 끊어지는* 것 같습니다.
(86자) 전쟁에 희생당한 젊은이들을 생각하면 *가슴이/속이 저린다/저민다.*

즉, (86나)의 슬픔관용어 *가슴을 저미게 하다* '마음을 아프게 하다'는 생각이나 느낌이 간절해서 마음(가슴)이 매우 아픈 것을 허파나 심장이 들어 있는 가슴 부분을 여러 개의 조각으로 얇게 베어낼 때 느끼는 통증으로 표현한다. 동일한 뜻으로 사용되는 (86다)의 슬픔관용어 *가슴을 찌르다* '마음을 아프게 하다'도 마음(가슴)을 몹시 아프게 하는 것을 송곳 같은 날카로운 도구로 가슴을 찌를 때 느끼는 통증으로 표현한다. (86라)의 금전관용어 *가슴(이) 쓰리다* '마음이 아프다'는 마음(가슴)이 아프고 괴롭고 고통스러워서 슬퍼하는 것을 형용사 쓰리다에서 느껴지듯이 날카로운 도구로 가슴을 찌르고 쑤실 때 느끼는 통증으로 표현한다. (86마)의 슬픔관용어 *가슴이 찢어지다* '마음이 아프다'도 마음(가슴)이 무척 아픈 것을 심장과 폐가 드러날 정도로 가슴이 찢어질 때 느끼는 통증으로 표현한다. (86바)의 슬픔관용어 *가슴에 못을 박다* '상처, 아픔을 주다'

도 마음(가슴)속에 깊게 박혀 있어서 제거하기 어려운 쓰라린 상처나 아픔을 주는 것을 실제로 가슴에 못을 박아 엄청난 육체적 통증을 느끼게 하는 것으로 표현한다. (86사)의 슬픔관용어 *애간장을 저미다* '(간을 저미듯이) 심한 고통을 주다'는 누구의 마음(애간장)을 몹시 아프게 만드는 것을 애간장, 즉 창자와 간장을 여러 개의 조각으로 얇게 베어 통증을 느끼게 하는 것으로 표현한다. (86아)의 슬픔관용어 *간장이 끊어지다* '몹시 슬프고 애달프다'는 마음(간장과 창자) 속 깊이 어떤 단절감과 같은 고통을 느끼며 슬퍼하는 것을 간장(肝腸), 즉 간장과 창자가 끊어질 때의 통증으로 표현한다. (86자)의 슬픔관용어 *가슴이/속이 저리다/저미다* '마음이 아프다'도 마음(가슴/속)이 원통하고 슬프고 아픈 것을 가슴이나 뱃속이 오래 눌려져서 피가 잘 통하지 않을 때 느끼는 통증, 그리고 가슴이나 배를 얇게 여러 조각으로 베어낼 때 느낄 듯싶은 통증으로 표현한다. 그러므로 (86나,다,라,마,바,사,아)의 한국어 슬픔관용어의 의미들도 은유적 개념구조 슬픔은 통증이다로 설명된다.

한국어에서만큼 가슴 절절하지는 않지만, 독일어에서도 슬픔을 일부 신체기관을 잘라 낼 때 느끼는 육체적 통증으로 표현하는 관용어 (87가, 나,다)가 있다.

> (87가) Es *schneidet Heinrich ins Herz*, dass ich ihn jetzt verlassen muss.
> '내가 지금 그를 떠나야 한다는 사실 때문에 하인리히의 마음이 몹시 아프다.'
> (87나) Es hätte *ihr fast das Herz gebrochen*, als er die Verlobung auflöste.
> '그녀는 파혼했을 때 심장이 부서질 것 같이 몹시 마음이 아팠다.'
> (87다) Denn er seinen Job verloren hat, hat *ihm das Rückgrat gebrochen*.
> '실직 당했을 때 그는 완전히 좌절했었다.'

즉, (87가,나)의 독일어 슬픔관용어 *es schneidet jmdm. ins Herz* '(무엇) 때문에 마음이 몹시 아프다'와 *jmdm. das Herz brechen* '누구의 마음이 아프다'에서 *Herz* '심장'은 관습적 환유에 의거하여 마음으로 환유된다. 그러므로 이 두 관용어들은 마음(심장)이 많이 아픈 것을 심장을 잘라낼 때(schneiden/brechen) 느끼는 어마어마한 육체적 통증으로 표현한다. (87다)의 슬픔관용어 *jmdm. das Rückgrat brechen* '누구를 좌절시키다/파멸시키다'에서는 *Rückgrat* '척추'가 관습적 환유에 의거하여 마음으로 환유된다. 즉 이 독일어 슬픔관용어는 마음(척추)이 흔들릴 정도로 누구를 좌절시키고 슬프게 만드는 것을 몸의 주춧돌 역할을 하는 척추를 잘라낼 때 느끼는 어마어마한 고통으로 표현한다. 따라서 언급한 (87가,나,다)의 독일어 슬픔관용어들의 의미도 은유적 개념구조 **슬픔은 통증이다**로 설명된다.

2.4.3. 슬픔은 용기 속의 뜨거운 액체이다

슬픔과 같은 정서를 느낄 때 일부 신체기관들은 억압을 받아서 기능이 느려진다. 그러나 슬픔의 상태가 격해지면, 정서적 흥분이 동반되면서 슬픔은 2.2.2.에서 언급한 분노의 감정같이 용기 안의 뜨거운 액체로 비유된다. 이와 관련하여 (88)의 한국어 슬픔관용어 *가슴이/애가/애간장이/속이 터지다* '슬픔이나 회환으로 꽉 차 마음이 답답하다'를 보자.

> (88) 배추 장사하면서 키운 외아들인데, 하라는 공부는 하지 않고 게임 중독에만 빠져 있으니 정말 *가슴이/애가/속이 터진다.*

이 슬픔관용어에서 *가슴, 애*(창자), *속*(뱃속)은 관습적 환유에 의거하여 마음으로 환유되고, 마음은 용기은유적 개념구조 **마음은 용기이다**에 의거하여 용기로 은유된다, 그러므로 이 슬픔관용어들에서 마음(가슴, 창자, 뱃속)의 용기 안에 쌓여 있던 슬픔이나 회환이 터져 한꺼번에 밖으로 쏟아져 나오는 상황을 마음(가슴, 애, 창자)의 용기 안의 뜨거운 슬픔의 액체가 끓어올라 용기가 터져 밖으로 흘러나온다는 이미지로 표현한다. 그러므로 (88)의 한국어 슬픔관용어의 의미는 은유적 개념구조 **슬픔은 용기 속의 뜨거운 액체이다**로 설명된다. 슬픔을 용기 속의 뜨거운 액체로 은유하는 독일어 슬픔관용어는 찾지 못했다.

2.4.4. 슬픔은 불이다

불의 개념은 2.2.3.에서 언급하였듯이 분노의 감정으로 은유되었지만, 슬픈 감정으로도 은유된다. 예를 들면 (89가)의 한국어 슬픔관용어 *가슴을/애(를)/속을 태우다* '몹시 애태우다'에서 *가슴, 애,* 즉 창자와 속, 즉 뱃속은 관습적 환유에 의거하여 마음으로 환유된다. 그러므로 이 슬픔관용어는 마음(가슴, 애, 속)이 불에 타버릴 정도로 몹시 애태우는 걱정과 근심에 차 있는 슬픈 상태를 가슴, 애, 속을 불에 타게 하는 것으로 표현한다.

> (89가) 세상과 부딪치면서 힘들게 살아가고 있는 너를 기다리면서 나는 오늘도 *가슴을/애를/속을 태우고 있다.*
> (89나) 구슬픈 노래 가락이 사람들의 *애간장을 녹인다.*

동일한 환유와 은유의 과정을 통해 (89나)의 관용어 *애간장을 녹이다* '안타깝게 하다'도 마음(애간장 : 간과 창자)을 태워 녹아 버리게 하는 매우 슬프고 안타까운 심정을 애간장, 즉 간장과 창자를 불로 태워 녹아버리게 하는 것으로 표현한다. 그러므로 (89가,나)의 한국어 슬픔관용어의 의미는 은유적 개념구조 슬픔은 불이다로 설명된다.

2.4.5. 슬픔은 희귀한/나쁜 자연현상이다

사람들은 다양한 자연현상에 비유하여 감정을 드러내는데, 예를 들면 아주 드물거나 나쁜 자연 상황을 슬픔으로 표현한다. 예를 들어 한국인들은 생각지도 않은 비보를 받을 때의 슬픔을 *마른하늘에 날 벼락 맞는 기분이다*로 표현하고, 아주 적은 확률의 행운에 대한 기대감을 *마른하늘에 날 벼락 맞을 확률보다 낮다*로 표현한다. 이 표현들은 맑게 갠 하늘에서 벼락이 치리라고는 어느 누구도 생각하지 않지만, 그러나 아주 가끔은 그런 일이 일어난다는 사실에 바탕을 둔다. 이를 반영하는 (90)의 한국어 슬픔관용어 *마른벼락을 맞다* '갑자기 뜻하지 않았던 재앙을 당하다'는 생각지도 않게 갑자기 닥치는 불행이나 재난을 당하는 것을 나타낸다.

> (90) 쓰나미에 두 자식과 부인을 잃은 한 소방대원은 *마른 벼락을 맞았다고* 통곡하였다.

그러므로 (90)의 한국어 슬픔관용어의 의미는 은유적 개념구조인 슬픔은 희귀한 자연현상이다로 설명된다.

인간의 감정은 바람의 종류에 비유되기도 한다. 예를 들어 꽃필 무렵의 봄바람은 따사로움, 희망 등을, 그리고 낙엽 질 무렵의 소슬바람은 으스스함, 쓸쓸함 등을 연상하게 한다. 이러한 맥락에서 독일어 슬픔관용어 (91가) *ein böser Wind weht* '기분이 좋지 않다', '불쾌하다'는 못마땅하고 불쾌한 기분을 은유적 개념구조인 슬픔은 나쁜 자연현상이다가 적용되어 나쁜 바람이 부는 것으로 표현한다.

> (91가) Hier *weht ein böser Wind.* Wir kehren lieber um.
> '이곳은 기분이 좋지 않다. 차라리 돌아가자.'
> (91나) Seit sein Hund gestorben ist, sitzt er nur noch in der Wohnung und
> bläst *Trübsal.*
> '개가 죽은 뒤로 그는 슬픔에 잠겨 집에만 박혀 있다.'

(91나)의 독일어 슬픔관용어 *Trübsal blasen* '슬픔에 잠겨 있다'도 슬픔에 잠겨 있음을 은유적 개념구조 슬픔은 나쁜 자연현상이다에 의거하여 슬픔(Trübsal)이라는 바람이 부는(blasen) 것으로 표현한다.

2.4.6. 슬픔은 어두운 색/노랑색이다

인간의 감정은 색깔로도 표현되는데, 특히 슬픔은 어두운 색깔로 표현된다. 예를 들면 (92가,나)의 한국어 슬픔관용어 눈앞이/하늘이 캄캄했다/깜깜했다 '절망적인 생각이 들다'와 앞날이/앞이 깜깜하다 '대책이 없어 답답하다'는 처해있는 상황이 희망이 없어 서글프고 답답하고 절망스러움을 표현한다.

> (92가) 3수를 한 딸의 수능 점수를 보니, 정말 눈앞이/하늘이 캄캄했다/
> 깜깜했다.
> (92나) 30여 곳이나 취업 원서를 제출했는데, 한 곳에서도 연락이 안 오
> 니, 앞날이/앞이 깜깜하다.

그러므로 이 한국어 슬픔관용어들은 은유적 개념구조 슬픔은 어두운 색이다를 근간으로 슬픔을 표현하고 있다.10)

독일어 슬픔관용어 (93가) *ein schwarzer Tag* '흉일, 액일'도 은유적 개념구조 슬픔은 어두운 색이다에 의거하여 검은 색의 어떤 하루를 불길한 날, 재수/운수가 없어서 슬픈 날, 흉일, 액일 등으로 표현된다.

> (93가) Gestern war für mich *ein schwarzer Tag*. Ich habe meine Tasche mit sämtlichen Ausweisen im Bus liegen lassen.
> '어제는 나에게 액일이었다. 나는 모든 신분증이 든 수첩을 버스에 두고 내렸다.'
> (93나) Du *siehst jetzt zu schwarz*. Im Leben gibt es aber gute und schlechte Tage.
> '넌 너무 비관적이야. 인생에는 좋은 날도 있고 나쁜 날도 있거든.'

(93나)의 슬픔관용어 *schwarz sehen* '비관하다'도 세상이나 삶을 검게 보는 것을 비관적이고 슬픈 세상관을 갖고 있는 것으로 표현한다. 그러므로 이 독일어 슬픔관용어도 슬픔은 어두운 색이다에 의거하여 슬픔을 은유적으로 표현한다.

허혈증세의 환자들은 혈관 안에 피가 엉겨 굳어져서 혈류가 일시적으로 정지되면 조직이나 세포에 산소공급이 되지 않아서 생명의 위협을 받는다. 이때 환자들은 실제로 하늘이 노랗게 보인다고 한다.

> (94) 대학을 졸업한지 3년이나 되었는데, 아직도 용돈을 타 쓴다는 영수를 생각하면 하늘이 노랗다.

---

10) 눈앞, 앞날의 의미에 관해서는 6을 참조할 것.

언급한 맥락에서 (94)의 한국어 슬픔관용어 *하늘이 노랗다* '지나치게 상심하여 막막해지다'는 은유적 개념구조 **슬픔은 노랑색이다**에 의거하여 하늘이 노랗게 보이는 것을 지나친 과로나 상심으로 아찔하거나 절망적인 막막한 슬픈 기분으로 은유한다.

2.4.7. 슬픔은 삶의 기반상실이다

(95)의 독일어 슬픔관용어 *den Boden unter den Füßen verlieren* '의지할 곳을 잃다'에서 *unter den Füßen*의 *den Füßen*은 인간의 삶이 지탱되는 용기로 인지된다. 따라서 이 독일어 슬픔관용어는 삶의 용기에서 삶의 기반(den Boden)을 잃어버려 서글퍼진 슬픈 상황을 표현한다.

> (95) Nach dem Tod seiner Frau *verlor er völlig den Boden unter den Füßen.*
> '아내가 죽은 후 그는 완전히 의지할 곳을 잃었다.'

그러므로 (95)의 독일어 슬픔관용어는 은유적 개념구조 **슬픔은 삶의 기반상실이다**에 의거하여 슬픔을 은유적으로 표현한다.

2.4.8. 슬픔은 삶도 아니고 죽음도 아니다

(96가)의 독일어 슬픔관용어 *weder leben noch sterben können* '몹시 불행하게 지내다'는 인간의 존재공간을 삶과 죽음으로 볼 때 불행하고 비참하고 처참한 슬픈 상황을 이 두 공간 어디에도 존재할 수 없는 상황으로 표현한다.

(96가) Nach dem schweren Schicksalschlag *kann er weder leben noch sterben.*

'힘든 운명적 비운이 있은 후에 그는 몹시 불행하게 지내고 있다.'

(96나) Mir ist, als *schwebte* ich *zwischen Leben und Tod.*

'나는 마치 삶과 죽음 사이를 헤매고 있는 느낌이다.'

(96나)의 슬픔관용어 *zwischen Leben und Tod schweben* '삶과 죽음 사이를 헤매다'에서는 인간의 존재공간을 삶 그리고 죽음의 공간으로 본다. 그러므로 이 슬픔관용어는 애처로운 슬픈 상황을 삶과 죽음 사이의 제3의 공간을 헤매는 것으로 표현한다. 그러므로 (96가,나)의 독일어 슬픔관용어는 은유적 개념구조 **슬픔은 삶도 아니고 죽음도 아니다**를 근간으로 슬픔을 은유적으로 표현한다.

2.4.9. 슬픔은 몸짓 방향이다

2.4.9.1. 슬픔은 아래쪽이다

기분이 저조할 때 몸은 무겁고, 어깨는 처지고, 발걸음은 무겁다. 이러한 신체의 축 처진 슬픈 모습을 슬픔으로 표현하는 (97가)의 한국어 슬픔관용어 *어깨가/어깨쭉지가 처지다/늘어지다* '풀이 죽고 기가 꺾이다'를 보자. 이 관용어에서 신체명 *어깨*는 관습적 환유에 의거하여 마음으로 환유된다. 그러므로 이 한국어 슬픔관용어는 마음(어깨) 안에 걱정거리가 가득해서 바닥으로 가라앉아 있는 침울한 기분을 어깨가 축 처져 있는 모습으로 나타낸다.

(97가) 사장님은 회사가 부도난 이후 *어깨가/어깨쭉지가 처졌다/늘어졌다.*

(97나) 암투병을 하고 계시는 아버지를 면회하고 돌아올 때마다 *발걸음이/발길이 무겁다*.

(97다) 3수를 했는데도 또 낙방을 했다니 *가슴이 무너진다/내려 앉는다*.

(97라) 가난해서 대학공부를 못시킨 딸을 생각하면 *억장이 무너진다*.

(97마) 생활고에 *코가 빠진* 아빠는 술만 마신다.

(97바) 시댁 식구들과 신경전을 벌렸더니 *머리가 무겁다*.

(97나)의 한국어 슬픔관용어 *발걸음이/발길이 무겁다* '침울하다'는 깊은 상심으로 마음(발)이 무겁고 침울한 상태를 발이 땅에서 잘 떨어지지 않아서 걷기가 힘들고 무겁고 활기차지 못한 신체의 모습으로 표현한다. (97다)의 슬픔관용어 *가슴이 무너지다/내려앉다* '마음이 아프다'는 심한 충격으로 마음잡기가 힘들어서 침울해 하는 상태를 침울하고 불쾌한 걱정거리 때문에 인해서 가슴(마음)이 무거워서 내려앉는 것으로 표현한다. (97라)의 *억장이 무너지다* '슬픔이나 고통이 지나쳐 매우 절망하다'에서 *억장*은 억장지성(億丈之城)의 줄임말로 억장이 될 정도로 높게 쌓은 성을 말하는데, 오늘날에는 가슴의 속된 말로 사용된다. 그러므로 (97라)의 슬픔관용어는 마음(억장)이 몹시 아프고 괴로운 극심한 절망에 빠져 있는 상태를 억장이나 되는 높은 성(마음)이 슬픔의 무거움을 견디지 못하고 무너지는 것으로 표현한다. (97마)의 슬픔관용어 *코가 빠지다* '근심이 많아서 활기가 없다'는 마음(코)에 근심이 쌓여 기가 죽고 맥이 빠져 있는 상태를 걱정이나 근심거리들이 코(마음)에 쌓여 코가 무거워져서 아래로 빠지는 것으로 표현한다. (97바)의 슬픔관용어 *머리가 무겁다* '기분이 좋지 않다'는 마음(머리)이 무겁고 우울한 것을 어수선한 고민거리들로 인해 이성적인 판단을 하지 못할 정도로 머리(마음)가 무거워서 아래로 처지는 모습으로 표현한다. 따라서 (97가,나,다,라,마,바)의 한국어 슬픔관용어는 관습적 환유 이외에 우울한 신체의 무거운 모습에

서 도출되는 방향은유적 개념구조 **슬픔은 아래쪽이다**에 의거하여 슬픔을 표현한다.

슬픔을 신체의 처진 모습으로 표현하는 독일어 슬픔관용어는 한국어 관용어보다 많지 않다. 그럼에도 불구하고 (98)의 독일어 슬픔관용어 *jmdm. das Herz schwer machen* '슬프게 하다'가 있다.

(98) Der bevorstehende Abschied *macht mir das Herz schwer.*
    '눈앞에 둔 작별은 내 마음을 슬프게 한다.'

이 독일어 슬픔관용어는 누구의 마음을 슬프게 하는 것을 많은 걱정 거리들로 인해 누구의 *Herz*, 즉 심장(마음)이 무거워서 아래로 처지게 되는 것으로 표현한다. 그러므로 이 독일어 슬픔관용어에서도 방향은유적 개념구조 **슬픔은 아래쪽이다**가 적용되고 있음이 감지된다.

2.4.9.2. 슬픔은 안쪽이다

독일어 슬픔관용어 (99가,나,다,라)에서는 임의의 이동물체가 슬픔의 용기 안으로 이동하는 것을 슬픔으로 표현한다.

(99가) Sie sind *mit offenen Augen ins Unglück gerannt.*
    '그들은 뻔히 알면서도 불행 속으로 빠져 들어 갔다.'
(99나) Da es ihm an Kapital gefehlt hatte, war sein Geschäft *in die Quetsche geraten.*
    '자본이 없어서, 그의 사업은 곤경에 빠졌다.'
(99다) Seine geschäftlichen Operationen haben ihn *in eine Sackgasse geraten/geführt*
    '사업경영 때문에 그는 진퇴양난에 빠졌다.'

(99라) Mit der Frage nach der Verwendung der Spendengelder hatte der Journalist *in ein Wespennest gegriffen/gestochen.*
'기부금사용에 관한 질문으로 그 기자는 예기치 못한 곤경에 처하게 되었다.'

(99마) *Wirf* nicht *die Flinte ins Korn*! Die Hilfe kommt bald.
'절망하지 마라! 도움의 손길이 온다.'

즉, (99가)의 슬픔관용어 *mit offenen Augen ins Unglück rennen* '불행 속으로 빠지다'에서 *das Unglück*는 용기은유에 의거하여 불행의 용기로 인지된다. 따라서 이 관용어는 행복하지 못하고 불운한 것을 임의의 이동물체가 불행의 용기 안으로 빠져 들어가는 것으로 표현한다. (99나)의 슬픔관용어 *in die Quetsche geraten* '곤경에 빠지다'에서는 *die Quetsche* 가, 그리고 (99다)의 슬픔관용어 *in eine Sackgasse geraten/führen* '진퇴양난에 빠지다'에서는 *eine Sackgasse*가 각각 용기은유에 의거하여 곤경의 용기 그리고 궁지 내지는 진퇴양난의 용기로 인지된다. 따라서 (99나,다)의 슬픔관용어에서는 어려운 경우에 처한 슬픔을 임의의 이동물체가 곤경, 진퇴양난의 용기 안으로 빠져 들어가는 것으로 표현한다. (99라)의 슬픔관용어 *in ein Wespennest greifen/stechen* '예기치 않은 곤경에 처하다'에서 *ein Wespennest*는 사전적으로는 '말벌의 집'을 의미하지만, 여기서는 곤경의 용기로 인지된다. 그러므로 이 관용어는 곤경에 처한 슬픔을 임의의 이동물체가 예기치 않게 곤경의 용기로 빠져 들어가는 것으로 표현한다. (99마)의 슬픔관용어 *die Flinte ins Korn werfen* '절망하다'는 절망의 슬픔을 희망의 주체인 총, 즉 *die Flinte*가 이동물체가 되어 절망의 용기인 곡식밭, 즉 *das Korn* 안으로 이동하는 것으로 표현한다. 이처럼 (99가,나,다,라,마)의 독일어 슬픔관용어는 임의의 이동물체가 슬픔의 용기 안으로 들어가는 것을 표현하므로, 방향은유적 개념구조 **슬픔은 안쪽이다**에 의거하여 슬픔을 은유적으로 표현하고 있다고 할 수 있다.

(100가)의 독일어 슬픔관용어 *von etw. befallen sein* '액운이 덮치다/엄습하다'에서는 전치사 *von*과 결합하는 병, 액운 같은 슬픔을 야기하는 사건이나 상태의 전치사격 목적어가 1.1.4에서 언급한 실재물은유에 의거하여 실재물로 인지되고, 바로 이 실재물이 이동물체가 된다. 이 독일어 관용어에서는 이동물체가 이동해 오는 용기가 명시적으로 언급되어 있지 않지만, 암시적으로는 주어의 마음(몸)으로 여겨진다. 그러므로 (100가)의 독일어 슬픔관용어는 액을 당할 운수가 덮치거나 엄습하는 것을 액운의 실체가 누군가(주어)의 마음(몸)의 용기 안으로 이동하는 것으로 표현한다.

> (100가) Er *war* seelisch und körperlich *von der Krankheit befallen*.
> '그는 정신적으로나 육체적으로 병에 걸려 있다.'
> (100나) *Er* hat *sich* den Tod seines Freundes *zu Herzen genommen*.
> '그는 친구의 죽음을 마음 깊이 슬퍼하였다.'

(100나)의 독일어 슬픔관용어 *sich etw. zu Herzen nehmen* '마음 깊이 슬퍼하다'에서는 친구의 죽음 같이 슬픔을 야기하는 사건이 실재물은유에 의거하여 슬픔의 실재물로 인지된다. 그러므로 이 독일어 슬픔관용어는 슬픔의 실재물이 누군가의 마음(Herz)의 용기 안으로 깊숙이 이동하는 것으로 표현한다. 그러므로 (100가,나)의 독일어 슬픔관용어도 방향은유적 개념구조 **슬픔은 안쪽이다**에 의거하여 슬픔을 은유적으로 표현한다.

슬픔은 안쪽이다의 방향은유적 개념구조를 근간으로 하는 한국어 슬픔관용어는 찾지 못했다.

2.4.10. 슬픔은 실재물이다

독일어 슬픔관용어 (101가,나,다,라)에서 추상적인 개념 *Mitleid, Pech, Elend, nichts*가 실재물은유에 의거한 개념구조 슬픔은 실재물이다에 의거하여 구체적인 슬픔의 사물로 은유된다.

> (101가) Wir *haben ein sehr große Mitleid mit ihm.*
> '우리는 그를 매우 가슴 아프게 동정했다.'
> (101나) In dem Urlaub an der See *hatte* Maira *großes Pech* mit dem Wetter.
> '마리아는 바닷가에서 휴가를 보냈는데, 날씨 때문에 아주 재수 없었다.'
> (101다) Wenn man sieht, wie die Preie unaufhörlich steigen, könnte man *das graue/heulende Elend kriegen/haben.*
> '물가가 계속해서 상승하는 것을 보면, 정말 기분이 참담해질 것이다.'
> (101라) *Mit ihr ist heute nichts los.* Sie fühlt sich nicht wohl.
> '그녀는 오늘 기분이 안 좋다. 그녀는 몸이 좋지 않다.'

즉, (101가)의 슬픔관용어 *mit jm. Mitleid haben* '누구를 동정하다'는 누군가의 슬픔, 불행 따위를 함께 느끼며 온정을 느끼는 것을 누구에게 *Mitleid* '동정'을 갖는 것으로 표현한다. 그러므로 이 관용어에서 추상적인 개념 *Mitleid*는 실재물은유에 의거하여 소유의 대상인 구체적인 사물로 은유된다. (101나)의 슬픔관용어 *Pech haben* '재수 없다'에서는 약한 정도의 슬픔을 *Pech* '불운'을 갖고 있는 것으로 표현한다. 여기서도

*Pech*는 실재물은유에 의거하여 소유의 대상인 구체적인 사물로 은유된다. (101다)의 관용어 *das graue/heulende Elend kriegen/haben* '기분이 참담하다'는 참담하고 풀이 죽은 기분을 *graue/heulende Elend* '절망적인/처절한 불행'을 갖고 있는 것으로 표현하므로, 이 관용어에서도 추상적인 개념 *Elend*는 소유의 대상인 구체적인 사물로 은유된다. (101라)의 관용어 *mit jm. ist nichts los* '기분이 안 좋다'에서는 *nichts*, 즉 무(無) 자체도 실재물은유에 의거하여 실재물로 인지된다. 즉, 이 관용어는 좋은 일이 하나도 일어나지 않아서 기분이 별로 좋지 않음을 표현한다.

2.4.11. 슬픔관용어의 은유성

독일어 슬픔관용어에서도 그렇기는 하지만, 훨씬 더 많은 한국어 슬픔관용어에서 슬픔은 신체기관이나 내장기관 등의 질병이나 이들을 잘라낼 때 느끼는 통증 같은 신체의 증상들에 비유되어 처절하고 절절하게 그리고 애달프게 표현된다. 이 슬픔관용어들에서 몸, 신체기관, 내장기관들은 관습적 환유에 의거하여 마음으로 환유되고, 마음은 다시 용기로 은유된다. 또한 이를 기반으로 하여 슬픔을 마음의 용기 안의 뜨거운 액체로 은유하는 슬픔관용어와 불을 슬픔으로 은유하는 슬픔관용어는 한국어에만 있다.

독일어에는 슬픔을 삶의 기반을 상실하는 것, 그리고 삶과 죽음 사이의 제 3의 공간을 헤매는 것으로 은유하는 슬픔관용어들이 있다.

슬픔을 희귀한 그리고 나쁜 자연현상으로 은유하는 슬픔관용어들도 한국어와 독일어에 모두 있다. 슬픔을 어두운 색깔로 은유하는 슬픔관용어들은 한국어와 독일어에 모두 있지만, 슬픔을 허혈환자에게서 나타나는 노랑색의 증상으로 은유하는 슬픔관용어는 한국어에만 있다.

　몸짓의 방향과 관련하여 한국어에는 슬픔을 아래쪽으로 축 처진 신체의 슬픈 모습으로 은유하는 슬픔관용어들이 많은 반면, 독일어에는 슬픔을 임의의 이동물체가 슬픔의 용기 안쪽으로 이동하는 것으로 은유하는 슬픔관용어들이 많다. 일부 독일어 슬픔관용어에서 슬픔은 실재 물로 은유되기도 한다.

03 금전관용어

　돈만 있으면 귀신도 부릴 수 있다 같은 한국어 속담, 돈 심은데 돈 나고 땅 심은데 땅 난다 같은 오늘날의 세태를 반영하는 변형된 한국어 속담, 그리고 *Geld regiert die Welt* '돈이 세상을 지배한다', *Mit Geld geht alles* '돈으로 모든 것이 가능하다' 같은 독일어 표현들은 현대인의 삶에서 금전의 역할을 적나라하게 보여준다.

　여기서의 관심사는 현대인들이 금전과 관련해서 겪게 되는 희로애락이 한국어와 독일어 금전관용어에서 어떻게 은유적으로 표현되는가 하는 점이다. 이는 두 가지로 설명된다. 첫째, 금전관용어에서 표현되는 금전용기를 통해서 설명된다. 즉, 돈을 액수에 따라 보관하는 다양한 곳, 즉 은행구좌나 금고, 또는 지갑, 때로는 땅속이나 항아리 등이 용기은유에 의거하여 돈을 보관하는 금전용기로 은유된다. 따라서 돈과 관련된 여러 상황들이 금전용기의 상태, 금전용기에 대한 행위, 금전용기의 크기와 그 용기에 들어 있는 돈의 사용방법, 그리고 그 용기 안으로 돈을 축적하는 방법 등이 금전용기와 관련되어 표현된다. 둘째, 부유와 가난, 물가의 오름과 내림, 그리고 저축과 낭비가 방향은유로 설명된다. 먼저 다양한 물건 등이 금전용기로 은유되는 과정을 통해 금전관용어의 의미를 설명해 보자.

3.1. 금전용기에 의거한 금전관용어

금전관용어에서는 주변에서 자주 보는 여러 가지 물건들이나 장소들이 용기은유에 의거하여 금전용기로 은유된다. 먼저 지갑/주머니를 금전용기로 은유하는 금전관용어들의 은유적 표현과정을 보자.

3.1.1. 지갑/주머니

사람들은 휴대할 수 있는 만큼의 돈을 지갑이나 주머니 또는 호주머니에 넣고 다닌다. 이를 반영하는 (102가,나,다,라,마,바,사)의 독일어 금전관용어에서는 *Beutel, Tasche, Portemonnaie*가 용기은유에 의거하여 금전용기로 은유된다.

> (102가) Er *füllt seinen Beutel.*
>   '그는 부자다.'
> (102나) Der Projektleiter *steckt Geld in die eigene Tasche.*
>   '프로젝트 책임자가 돈을 착복했다.'
> (102다) Mein Chef *hat mir das ganze Geld aus der Tasche gezogen.*
>   '나의 상관이 나의 돈을 갈취했다.'
> (102라) Der geizige Kerl *macht den Beutel auf.*
>   '깍쟁이가 돈을 치르고 있다.'
> (102마) Unser Chef hat *den Beutel/die Börse/das Portemonnaie (aus der*

Tasche) gezogen/gezückt.
'우리 과장님이 값을 치렀다.'

(102바) Unser Direktor bezahlt aus eigener Tasche.
'우리 교장이 자기 돈으로 지불하고 있다.'

(102사) Die Projektleiterin hat tief in die Tasche/in den Beutel/ins Portmonnaie gegriffen.
'프로젝트 책임자가 많은 돈을 지불했다.'

(102아) Meine Mutter hat den Beutel festgehalten/zugehalten/gehalten.
'엄마는 돈을 지불하는데 인색했다.'

즉, (102가)의 금전관용어 seinen Beutel füllen '부자가 되다', '돈이 많다'는 부자가 되는 것을 금전용기인 Beutel에 돈을 두둑하게 채우는 (füllen) 행위로 표현한다. (102나)의 금전관용어 Geld in die eigene Tasche stecken '돈을 착복하다'는 남의 돈을 부당하게 차지하는 것을 자기 자신의 금전용기인 eigene Tasche, 즉 자기 호주머니 안으로 남의 돈을 집어넣는 행위(stecken)로 표현한다. (102다)의 금전관용어 mir das ganze Geld aus der Tasche ziehen '누구의 돈을 갈취하다'는 남의 돈을 빼앗는 행위를 남의 금전용기인 Tasche '주머니'에서 돈을 꺼내는 행위(ziehen)로 표현한다. 독일어 금전관용어 (102라,마,바,사)는 돈을 지불하는 행위를 금전용기인 지갑, 즉 Tasche, Beutel, Börse, Portemonnaie에서 돈을 꺼내는 행위로 표현한다. 즉, (102라)의 금전관용어 den Beutel aufmachen '돈을 치르다', '돈을 지불하다'는 돈을 내는 행위를 금전용기인 Beutel을 여는 행위(aufmachen)로 표현하며, 동일한 뜻으로 사용되는 (102마)의 금전관용어 den Beutel/die Börse/das Portemonnaie (aus der Tacsche) ziehen/zücken '값을 치르다'도 값을 지불하는 것을 금전용기인 Beutel, Börse, Portemonnaie를 호주머니에서 꺼내는 행위(ziehen/zücken)로 표현한다. (102바)의 금전관용어 *aus eigener Tasche bezahlen* '자기 돈으로 지불하다'는 자기 자신의 금전용기인 *eigene Tasche* '자기 지갑'에서 자기 돈으로 지불하는 것을 돈을 꺼내어 지불하는 행위(bezahlen)로 표현한다. (102사)의 금전관용어 *tief in die Tasche/in den Beutel/ins Portmonnaie greifen* '많은 돈을 지불하다'는 많은 돈을 지불하는 것을 형용사 *tief*에서 상상되듯이, 돈을 꺼내기 위해 손을 금전용기 안으로 깊숙이(tief) 집어넣는 행위(greifen)로 표현한다. (102아)의 독일어 금전관용어 *den Beutel festhalten/zuhalten/halten* '돈을 지불하는 데 인색하다'는 돈 쓰는데 인색한 것을 금전용기인 *Beutel* 안의 돈을 쓰지 않으려고 금전용기를 꽉 쥐거나 붙드는 행위(festhlaten/zuhalten/halten)로 표현한다.

(103)의 한국어 금전관용어 *지갑을 잘 열지 않다* '돈을 쓰려고 하지 않다'에서도 지갑이 금전용기로 은유된다. 그러므로 이 한국어 관용어는 돈을 쓰려고 하지 않는 것을 금전용기인 지갑에서 돈을 잘 꺼내지 않는 것으로 표현한다.

(103) *지갑을 잘 열지 않던 그가 오늘은 돈을 물 쓰듯 쓴다.*

(104가)의 금전관용어 *ein dickes Portmonnaie haben* '돈을 많이 가지고 다니다', '돈이 많다'도 돈을 많이 갖고 있는 것을 금전용기인 *Portmonnaie*, 즉 지갑이 두툼해진(dick) 상태로 표현한다.

(104가) Er *hat ein dickes Portemonnaie.*
        '그는 돈을 많이 가지고 다닌다.'
(104나) Er *sitzt auf dem Geldsack.*
        '그는 부자인데도 인색하다.'

(104다) *Mein Beutel ist leer.*
'나 돈이 없다.'
(104라) Mein hochnäsiger Onkel *ist mit leeren Taschen gekommen.*
'거만한 삼촌은 돈이 없다.'
(104마) Wir *haben Ebbe/Schwindsucht im Geldbeutel.*
'우리는 돈이 떨어지고 있다.'

(104나)의 독일어 금전관용어 *auf dem Geldsack sitzen* '(많은 돈을 갖고 있으면서도) 돈을 쓰는데 인색하다'는 돈쓰기에 인색한 것을 돈이 있으면서도 쓰지 않으려고 금전용기인 *Geldsack*, 즉 돈주머니를 깔고 앉아 있는(sitzen) 것으로 표현한다. (104다,라)의 독일어 금전관용어 *jmds. Beutel ist leer*와 *mit leeren Taschen kommen* '돈이 없다', '지갑이 텅 비어 있다'는 돈이 없는 것을 금전용기, 즉 *Beutel* '주머니'와 *Tasche* '지갑'이 텅 비어 있는 상태로 표현한다. (104마)의 금전관용어 *Ebbe/Schwindsucht im Geldbeutel haben* '점점 돈이 줄어들다'는 돈의 양이 점점 줄어드는 것을 만조에서 간조로 바뀔 때 바닷물이 빠져 나가는 현상같이, 그리고 폐활량이 줄어들면서 호흡이 곤란해지고, 체중이 감소하고, 기력이 점점 약해지는 폐결핵의 증상같이, 금전용기인 *Geldbeutel* '돈주머니'에서 돈이 사라지는 이미지로 표현한다.

(104가)의 독일어 금전관용어 *ein dickes Portmonnaie haben* '돈을 많이 가지고 다니다', '돈이 많다'에서 금전용기인 *ein dickes Portemonnaie* '두꺼운 지갑'과 달리 (105)의 한국어 금전관용어 *지갑이 얇아지다* '돈이 많지 않다'는 돈을 별로 갖고 있지 않는 것을 금전용기인 *지갑*이 얇아지는 것으로 표현한다.

(105) *지갑이 얇아지니, 신세가 초라하구먼.*

(106가,나,다,라)의 한국어 금전관용어에서는 양복 같은 옷에 달려 있는 호주머니를 나타내는 *주머니*를 금전용기로 은유한다.[1]

> (106가) 봉급을 타니 *주머니가 두둑하군.*
> (106나) 봉급날이 가까워지니, *주머니가 가벼워지는군.*
> (106다) *주머니 사정이 좋아지니,* 마음이 든든하다.
> (106라) *주머니 사정이 안 좋아지니,* 사람 만나는 것이 싫어진다.

즉, (106가)의 금전관용어 *주머니가 두둑하다* '돈이 많다'는 금전용기인 *주머니*가 두둑하다는 것으로 은유적으로 돈이 많음을 표현한다. 반대로 (106나)의 금전관용어 *주머니가 가볍다* '돈이 없다'는 돈이 없는 상태를 은유적으로 금전용기인 *주머니*가 가볍거나 비어 있다는 것으로 표현한다. (106다,라)의 금전관용어 *주머니 사정이 좋아지다* '돈이 많다'와 *주머니 사정이 안 좋아지다* '돈이 없다'도 재정상태의 좋고 나쁨을 금전용기인 *주머니*에 쓸 돈이 넉넉히 들어 있는 것과 돈이 없는 것으로 표현한다.

(107가,나,다,라)의 한국어 금전관용어들은 금전용기로 은유되는 *주머니*와 관련되는 여러 가지 행위로 다양한 금전상태들을 나타낸다.

> (107가) 쓸 돈이 빠듯하니, *주머니 끈을 조르자.*
> (107나) 폭주족들이 지나가는 사람들의 *주머니를 털었다.*
> (107다) 두 *주머니를 차니,* 돈이 늘 리가 없지.
> (107라) *딴주머니를 찰* 거라면, 결혼은 아예 꿈도 꾸지 말아라.

---

1) 한국인들은 한복에 돈을 휴대하기 위한 주머니가 없어서 돈주머니를 허리에 차고 다녔다. 혹시 금전용기 *주머니*가 여기서 유래했는지는 잘 모르겠다.

(107가)의 금전관용어 *주머니 끈을 조르다* '돈을 절약하다'는 돈을 쓰지 않겠다는 의지를 돈이 새나가지 않게 돈주머니를 끈으로 단단하게 조이는 것으로 표현한다. (107나)의 금전관용어 *주머니(를) 털다* '다른 사람의 돈주머니를 빼앗거나 훔치는 강도질을 하다'는 남의 돈을 훔치는 것을 남의 금전용기인 *주머니*에 들어 있는 돈을 몽땅 빼앗는 것으로 표현한다.[2] (107다)의 금전관용어 *두 주머니를 차다* '다른 목적에 사용할 돈을 따로 준비하다'는 원래의 목적인 살림용 돈과 또 다른 목적에 사용할 돈을 마련하는 것을 상이한 목적의 금전용기 두 개, 즉 *두 주머니를 차*는 것으로 표현한다. (107다)의 금전관용어와 동일한 뜻으로 사용되는 (107라)의 금전관용어 *딴주머니를 차다*도 원래의 목적과는 다른 목적에 사용할 속셈으로 돈을 준비하는 것을 딴 마음을 품고 특정한 목적을 위해 모아둔 비자금의 금전용기, 즉 *딴 주머니를 차*는 행위로 표현한다.

3.1.2. 양말

(108)의 독일어 금전관용어 *sein Geld im Sparstrumpf haben* '돈을 절약하다'는 돈을 절약하는 것을 은행 이용이 생활화되기 이전에 절약한 돈을 금전용기인 *Strumpf* '양말'에 모아 두었던 독일인들의 행태로 표현한다.

(108) Mein Großvater hat *sein Geld im Sparstrumpf gehabt* und viel

---

2) 동사 *털다*가 '자기가 가지고 있는 것을 남김없이 모두 내어주다'의 뜻으로 사용될 때 (107나)의 금전관용어는 자기의 금전용기인 주머니를 털어 내어주는 행동에 비유되므로, '자기 주머니 안의 돈이나 재물을 남김없이 내어주다'의 뜻으로도 사용된다.

Grundstück gekauft.
'우리 할아버지는 돈을 절약해서 땅을 많이 샀다.'

3.1.3. 금고나 은행구좌

휴대할 수 없을 만큼 많은 돈은 *Kasse*, 즉 금고나 상자 같은 용기에
보관된다. 이를 반영하는 (109가)의 독일어 금전관용어 *in die Kasse
greifen/einen Griff in die Kasse tun* '돈을 빼돌리다', '돈을 슬쩍 훔치다'
는 돈을 슬쩍 다른 곳으로 빼돌리는 것을 금전용기인 *Kasse* '금고', '돈
상자' 안으로 손을 집어넣어 돈을 움켜잡는 것으로 표현한다.

> (109가) Der Bankangestellte *hat in die Kasse gegriffen/einen Griff in die
> Kasse getan.*
> '은행직원이 돈을 빼돌렸다.'
> (109나) Sein Unternehmen hat in diesem Jahr *ein (großes/gewaltiges/
> tiefes) Loch in die Kasse gerissen.*
> '그의 사업체는 올해 생각지도 않게 돈을 많이 썼다.'
> (109다) Der Dealer mit dem blauem T-Shirt *macht Kasse.*
> '파랑색 티셔츠를 입은 딜러가 많은 돈을 긁어모으고 있다.'
> (109라) Mein Schulfreund, den ich 10 Jahre lang nicht gesehen habe, hat
> *mich zur Kasse gebeten.*
> '10년 동안 만나지 못했던 내 학교 친구가 나에게 돈을 요구했다.'
> (109마) Wir hören öfters, dass viele Firmenchefs *eine schwarze Kasse
> haben.*
> '우리는 대부분의 회사 사장들이 불법구좌를 가지고 있다는 소
> 리를 자주 듣는다.'

(109나)의 금전관용어 *ein (großes/gewaltiges/tiefes) Loch in die Kasse reißen* '생각지도 않게 돈을 많이 쓰다'는 많은 돈을 지출하는 것을 사용 가능한 돈이 들어 있는 금전용기 *Kasse* '금고', '돈상자'에 큰 구멍을 내는 것으로 표현한다. (109다)의 관용어 *Kasse machen* '많은 돈을 긁어모으다', '돈을 따다'는 많은 돈을 모으는 것을 금전용기인 *Kasse*, 즉 금고에 많은 돈을 보관하는 것으로 표현한다.[3] (109라)의 관용어 *jmdn. zur Kasse bitten* '누구에게 돈을 요구하다'는 누구에게 돈 지불할 것을 요구하는 것을 누구에게 돈 지불 창구인 금전용기, 즉 *Kasse*로 오도록 요청하는 것으로 표현한다. (109마)의 금전관용어 *eine schwarze Kasse haben* '불법구좌를 갖고 있다'는 법이 미치지 못함을 나타내는 형용사 *schwarz* 의 뉘앙스에 따라 불법적인 돈이 들어 있는 구좌, 즉 금전용기 *Kasse*를 갖고 있음을 표현한다.

3.1.4. 구석

(110가)의 독일어 금전관용어와 (110나)의 한국어 금전관용어에 표현되어 있듯이, 사람들에게는 남의 눈에 띄지 않는 은밀한 곳에 돈을 숨겨두려는 경향이 있다.

> (110가) Meine Großmutter *legt das Geld auf die hohe Kante.*
> '할머니는 돈을 쓰지 않고 저축한다.'
> (110나) 돈을 구석에 숨기는 버릇이 있는 할머니께서 어제 돌아가셨다.

즉, (110가)의 독일어 관용어 *das Geld auf die hohe Kante legen* '돈을

---

3) (109다)의 독일어 금전관용어 *Kasse machen*은 '회계(會計)하다'의 뜻으로도 사용되는데, 이에 관해서는 (125나)에서 언급한다.

쓰지 않고 저축하다'에서는 *Kante*, 즉 구석이 원래 한 쪽으로 치우쳐 있어서 은밀한 장소인 데에다 형용사 *hoch*의 수식을 받아 사람 손이 닿기 어려운 높은 곳에 있다는 의미까지 더해짐으로써 더욱 은밀한 장소가 되어 결국 은밀한 금전용기로 인지된다. 그러므로 이 독일어 금전관용어는 돈을 쓰지 않고 저축하는 것을 은밀한 곳에 돈을 숨겨두는 행위로 표현한다. (110나)의 한국어 금전관용어 돈을 구석에 숨기다 '돈을 쓰지 않고 모아 두다'도 돈을 쓰지 않고 저축하는 것을 금전용기로 비유되는 구석, 즉 비밀 장소에 돈을 숨겨 두는 것으로 표현한다.

3.1.5. 돈뭉치

사람들은 가능한 한 더 많은 돈을 소유하려고 하고 이에 집착하기도 한다. 이를 나타내는 독일어 금전관용어 (111가,나,다,라,마,바)에서 돈뭉치로 인지되는 *Geld* '돈' 자체가 양이 큰 금전용기로 비유된다.

(111가) Diese Familie *hat dickes Geld*.
　　　　 '이 가족은 돈이 아주 많다.'
(111나) Sie *hat Geld wie Heu*.
　　　　 '그녀는 돈이 아주 많다.'
(111다) Meine Mutter *hat klotziges Geld/klotzige Gelder*.
　　　　 '우리 엄마는 돈이 아주 많다.'
(111라) Er *schwimmt im Geld*.
　　　　 '그는 돈이 아주 많다.'
(111마) Mein Bruder *hängt am Geld*.
　　　　 '우리 오빠는 돈에 인색하다.'
(111바) Ihr Mann *sitzt auf dem Geld*.
　　　　 '그녀의 남편은 많은 돈을 갖고 있지만 쓰는데 인색하다.'

즉, (111가)의 금전관용어 *dickes Geld haben* '많은 돈을 갖고 있다'는
두꺼운 돈뭉치를 갖고 있는 상태를, 그리고 (111나,다)의 금전관용어
Geld wie Heu haben '많은 돈을 갖고 있다'와 *klotziges Geld/klotzige
Gelder haben* '많은 돈을 갖고 있다'는 건초더미나 통나무만한 크기의
돈뭉치를 갖고 있다는 말로 많은 돈을 갖고 있는 상태를 표현한다. (111
가,나,다)와 동일한 뜻으로 사용되는 (111라)의 금전관용어 *im Geld
schwimmen* '많은 돈을 갖고 있다'에서는 돈뭉치 안에서 수영을 할 정도
로 꽤 큰 금전용기가 인지된다. (111마)의 관용어 *am Geld hängen* '인색
하다', '돈에 집착하다'는 돈에 집착하며 돈을 쓰지 않으려는 인색한 것
을 동사 *hängen* '매달리다'의 뉘앙스에 따라 금전용기인 돈뭉치에 애착
을 갖고 매달리는 이미지로 표현한다. (111바)의 금전관용어 *auf dem
Geld sitzen* '많은 돈을 갖고 있지만 쓰는데 인색하다'는 돈을 쓰지 않으
려는 인색함을 금전용기로 인지되는 돈뭉치를 깔고 앉아 있는 이미지
로 표현한다.

한국어 금전관용어에서 돈 자체를 금전용기로 비유하는 경우는 눈에
잘 띄지 않지만, 그럼에도 불구하고 *돈더미를* 금전용기로 비유하는
(112)의 한국어 금전관용어 *돈더미에 올라앉다* '갑자기 많은 돈을 벌어
부자가 되다'가 있다.

(112) 한식의 세계화 물결에 힘입어 그는 *돈더미에 올라앉았다.*

따라서 (112)의 한국어 금전관용어는 갑자기 부자가 된 것을 돈이 없
는 상태에서 돈을 쌓아 놓은 더미 위로 올라앉게 된 것으로 표현한다.

3.1.6. 몸

감정관용어에서와 같이 한국인들은 독일인들보다 신체 또는 신체기관들을 매개로 다양한 금전상황이나 상태들을 표현하기도 한다. 먼저 몸을 금전용기로 비유하는 경우의 금전관용어 (113가,나,다,라)들을 보자. 이 금전관용어들에서 몸은 암시적으로 표출된다.

> (113가) 노동자들이 열심히 일한 대가로 결국은 사장만 *살(을) 찌우게 했다.*
> (113나) 타격 7관왕에 오른 롯데 이대호 선수가 이번 겨울 *돈벼락을 맞았다.*
> (113다) 노동자의 *고혈을 짜내는* 자는 이 사회에서 도태되어야 한다.
> (113라) 그가 가난한 대학생의 *간(을) 빼먹었다.*

예를 들면 (113가)의 금전관용어 *살(을) 찌우다* '재력이나 권력을 강화시키다'에서 살은 금전으로 그리고 살이 찌는 몸은 암시적으로 금전용기로 은유된다. 이 은유과정을 통해 (113가)의 한국어 금전관용어는 재력이 강해진 것을 은유적으로 음식을 많이 섭취해 몸(금전용기)에 살(금전)을 찌우게 하는 것으로 표현한다. 돈벼락의 벼락은 공중에 있는 전기와 지상에 있는 물건 사이에서 방전하는 자연현상으로서 순간적으로 엄청난 에너지를 방출한다. 이와 결합한 (113나)의 금전관용어 *돈벼락을 맞다* '한꺼번에 많은 돈이 생기다'에서 *벼락*은 한꺼번에 많이 생긴 돈으로, 그리고 몸은 암시적으로 금전용기로 은유된다. 그러므로 이 금전관용어는 갑자기 많은 돈이 생긴 것을 온 몸(금전용기)으로 벼락(돈)을 맞는 상황으로 표현한다.[4] (113다)의 금전관용어 *고혈을 짜내다* '몹시 고생하

---

4) 한국인들은 못된 짓을 하여 벌을 받아야 할 때에도 *벼락을 맞다*의 관용어를 사용한다.

여 얻은 돈이나 이익을 가혹하게 착취하거나 징수하다'에서 고혈(기름과 피)은 돈에 비유된다. 그러므로 이 관용어는 어려운 사람들이 몹시 고생해서 얻은 금전이나 재물을 남김없이 뽑아내는 것을 암시적으로 인지되는 사람의 몸(금전용기)에서 고혈(돈)을 짜내는 것으로 표현한다.[5] (113 라)의 금전관용어 *간(을) 빼먹다* '남을 놀라게 하여 정신없이 만들어 놓고, 그의 돈이나 재물을 빼앗다'는 남의 재물 등을 빼앗는 것을 암시적 금전용기로 인지되는 남의 몸 안에 있는 간(금전)을 빼먹는 것으로 표현한다.

(114가,나)의 한국어 금전관용어에서도 금전용기인 몸은 암시적으로 인지된다. 예를 들면 (114가)의 한국어 금전관용어 *돈 냄새가 나다* '돈을 갖고 있는 것 같은 심증이 들다'는 누군가 돈을 갖고 있는 것 같은 느낌을 갖게 되는 것을 누군가의 몸(금전용기)에서 돈 냄새(금전)가 난다는 식으로 표현한다. 따라서 이 관용어는 돈 냄새의 *냄새*가 중립적으로 사용되느냐 아니면 부정적으로 사용되느냐에 따라 때로는 중립적인 의미로, 때로는 부정적인 의미로 사용된다.

> (114가) 너한테서 은근히 돈 *냄새가 나는데?* 아무에게도 말 안할 테니, 나에게만 솔직히 말해 보지 그래.
> (114나) 결혼할 때 불알 두 쪽만 찼던 우리 사위는 결혼 10년 후에 갑부가 되었다.

(114나)의 한국어 금전관용어 *불알 두 쪽만 차다* '내세울 만 한 돈이나 재산이 없다'는 가진 돈이 없는 가난한 처지를 이런 저런 고급스러

---

5) 관용어 *기름을 짜내다*도 *고혈을 짜내다*와 동일한 뜻으로 사용되는데, 여기서 열매는 금전용기로 그리고 열매안의 기름은 금전으로 비유된다.

운 옷(금전)을 걸치고 사치성 장식품(금전)으로 치장해야 할 몸(금전용기)에 옷을 걸치지 않음은 물론 어떤 장식도 달지 않고 단지 불알 두 쪽만 있다는 것으로 표현한다.

3.1.7. 신체기관

가난했던 시절 한국인들에게는 끼니 해결 능력이 곧 부의 상징이었다. 그런 까닭으로 한국어 금전관용어에는 음식 섭취와 관련지어 부와 빈곤의 상태를 나타내는 금전관용어들이 많다. 이 경우에는 음식 섭취와 관련된 입, 배 등의 소화기관, 그리고 허리 등이 금전용기로 은유된다. 예를 들면 한국어 금전관용어 (115가,나,다)에서는 소화기관이 들어 있는 신체기관 *배*가 금전용기로 은유된다.

> (115가) 그는 자기 *배(를)* 불리자고/*채우자고* 죽마고우를 배반했다.
> (115나) *배(를)* 두드릴 수 있으려면, 지금 이 계획이 기필코 성공해야 한다.
> (115다) 예술가들은 *뱃가죽에 등이 붙어도/배에서 쪼르륵 소리가 나도*, 자기들의 예술성에 관한 자존심 하나로 버텨낸다.

(115가)의 금전관용어 *배(를) 불리다/채우다* '재물의 욕심을 채우다'는 재물이나 이득을 많이 차지하여 사리사욕을 채우려 하는 것을 금전용기로 은유되는 배(금전용기)를 음식(금전)으로 많이 채우려는 욕심으로 표현한다. 사람들은 맛있는 음식을 흡족하게 먹으면, 배를 두드리며 흐뭇해하는데, 이에 비유되는 (115나)의 금전관용어 *배(를) 두드리다* '생활이 풍족하고 안락하다'는 생활이 풍족하여 안락하게 지내는 것을 배(금전용기)에 맛있는 음식(금전)이 넉넉하게 들어 있는 것으로 표현한다. 반면

(115다)의 금전관용어 *뱃가죽에 등이 붙다* '가난하다'는 하도 굶어서 배가 홀쭉해질 정도로 가난한 상태를 배(금전용기)를 둘러싼 가죽, 즉 뱃살에 등이 붙을 정도로 채울 음식(금전)이 없는 것으로 표현한다. *배에서 쪼르륵 소리가 나다* '가난하다'는 먹을 것이 없을 정도로 가난한 상태를 먹을 것(금전)이 없어서 배(금전용기) 안에서 쪼르륵 소리가 나는 것으로 표현한다.

(116가,나)의 한국어 금전관용어에서는 *허리*가 금전용기로 은유된다. 이는 절약을 삶의 중요한 철직으로 여겼던 한국인의 생활정서와도 무관하지 않다.

> (116가) 60세가 됐으니, 이제 서서히 *허리띠를 늦추면서* 느긋하게 여행하면서 삽시다.
> (116나) 나는 *허리(띠)를 졸라매면* 결혼 후 5년 안에 내 집 마련 할 수 있다고 생각해.

생활이 좀 넉넉해져서, 음식을 풍족하게 구입해서 원하는 만큼 먹으면 배가 나오게 되고, 그러면 허리띠를 점점 늦추어야 한다는 맥락에서 (116가)의 금전관용어 *허리띠를 늦추다* '쪼들린 생활에 여유가 생기다'는 생활에 여유가 생기는 것을 음식(금전)을 많이 먹어 늘어난 허리(금전용기)를 둘러맬 허리띠를 늦추어야 하는 상황으로 나타낸다. 반대로 (116나)의 금전관용어 *허리(띠)를 졸라매다* '불편을 감수하더라도 돈의 씀씀이를 줄이며 검소하게 생활하다'는 절약을 요하는 금전상황을 생활비를 절약하기 위해 음식(금전)을 최소한만 사서 먹다 보니 허리가 가늘어지게 되어 허리(금전용기)를 졸라매는 상황으로 나타낸다.

가난한 가정상황을 표현하는 (117가,나,다)의 한국어 금전관용어에서는 음식의 일차 소화기관인 입이 금전용기로 은유된다.

> (117가) 아버지가 회사를 그만두신 후에 철수네 가족은 입에 풀칠(을) 하
> 기가 어려웠다.
> (117나) 내 친구의 가족은 아버지 사업 부도로 집안이 거덜나서 입에 풀
> 칠을 못하고 있다.
> (117다) 세상이 아무리 각박하다고 해도, 입에 거미줄 치겠느냐.

즉, (117가,나)의 금전관용어 입에 풀칠(을) 하다 '그저 겨우 먹을 정도
로 근근이 살아가다'와 입에 풀칠을 못하다 '가난하여 오랫동안 굶고 있
다'에서 풀칠의 풀은 곡식가루나 밀가루를 물에 개어서 불에 끓여 만든
죽과 거의 흡사한 것이지만, 실제로는 물을 더 많이 넣어서 끓인 것이
므로 죽보다 더 묽다. 그러므로 (117가)의 금전관용어는 입(금전용기)에 밥
(금전)이 들어가야 하는데, 밥은커녕, 죽보다도 못한 풀을, 그것도 입에
칠할 정도로 밖에 먹지 못하는 것을 나타내고, (117가)보다 더 심한 빈
곤 상태를 나타내는 (117나)의 금전관용어는 그 풀마저도 먹기는커녕
입에 칠하지도 못하는 상태로 아주 가난한 금전상태를 나타낸다. (117
다)의 금전관용어 입에 거미줄 치다 '심한 빈곤상태에서 오랫동안 굶다'
는 입(금전용기)에 음식(금전)이 들어간 지 오래 되어 거미줄이 처져 있다
는 이미지로 아주 가난한 상태를 나타낸다.

그 외 (118가,나)의 한국어 금전관용어 군침(이) 돌다와 군침(을) 삼키고
있다/흘리고 있다 '이익이나 돈 같은 재물을 갖고 싶은 강한 욕심을 내다'
는 재물 등의 욕심을 내는 것을 맛있는 음식을 보면 입(금전용기)에 군침(금
전)이 돌거나, 아니면 군침(금전)을 삼키거나 흘리는 것으로 표현한다.

(118가) 그 사업은 생각만 해도 군침(이) 돈다.
(118나) 내 동생은 IT 산업에 군침(을) 삼키고 있다/흘리고 있다.

(119가,나,다)의 한국어 금전관용어에서는 손이 금전용기로 은유된다.

(119가) 돈을 달라고 자주 손을 내미는 그가 너무 처량해 보인다.
(119나) 그는 손이 너무 작아, 주위 사람들에게 인심을 잃었다.
(119다) 엄마는 자기 쓸 돈이 없는데도, 손이 커서 늘 남을 도우려고 했다.

즉, (119가)의 금전관용어 손을 내밀다 '구걸하다'는 손(금전용기)을 내밀며 돈을 달라고 요구하는 것을 구걸하는 것으로 표현한다. (119나,다)의 금전관용어 손이 작다 '돈의 씀씀이가 깐깐하고 작다'와 손이 크다 '마음이 후하여 돈의 씀씀이가 크다'는 각각 돈을 세거나 지불하는 도구인 손(금전용기)의 크기로 돈 씀씀이의 크기를 표현한다.

(120)의 한국어 금전관용어 등/등가죽을 벗겨 먹다 '남의 돈을 옳지 못한 방법으로 빼앗다'에서는 신체기관 등이 금전용기로 비유된다.

(120) 불쌍한 사람들의 등/등가죽을 벗겨 먹는 사람만 있다면, 이 사회는 정말 절망적이다.

즉, 이 한국어 금전관용어는 남의 돈을 부당하게 갈취하는 것을 남의 등가죽을 벗겨 등(금전용기) 안에 든 내용물(금전)을 잔인하게 빼먹는 것으로 표현한다.

독일인들은 거의 몸이나 신체기관을 금전용기로 비유하지 않지만, 그럼에도 불구하고 (121)의 관용어 *(jemandem das ganze) Geld abknöpfen* '누군가의 돈을 갈취하다'에서는 몸이 암시적으로 금전용기로 은유된다.

(121) Er hat *mir das ganze Geld abgeknöpft*.
　　‘그는 나의 돈을 갈취해 갔다.’

즉 (121)의 독일어 금전관용어는 단추를 풀어서 누군가의 옷(금전)을 몸(금전용기)에서 벗겨 가는 것으로 금전갈취를 표현한다.

3.1.8. 암시적 금전용기

(122)의 독일어 금전관용어에서 몸이 금전용기로 은유되는 것이 암시적이듯이, 금전용기는 자주 암시적으로 인지된다. 이는 특히 독일어 금전관용어에서 그렇다. 예를 들면 독일어 금전관용어 (122가)의 *das Geld nicht ansehen* ‘돈을 가볍게/헛되게 지출하다’는 임의의 암시적 금전용기에 들어 있는 돈을 별로 가치 있게 여기지 않고 지출하는 것을 나타낸다.

(122가) Ich *sehe das Geld nicht an*.
　　　　‘나는 돈을 가볍게 지출한다.’
(122나) Hans hat *schnelles Geld gemacht*.
　　　　‘한스는 빨리 쉽게 돈을 벌었다.’
(122다) Sie hat *eine schnelle Mark gemacht*.
　　　　‘그녀는 많은 돈을 벌었다.’
(122라) Hans hat *das große Geld gemacht*.
　　　　‘한스는 많은 돈을 벌었다.’
(122마) *Er stinkt vor/nach Geld*.
　　　　‘그는 매우 부자이다.’
(122바) Unser Chef *hat* bestimmt *schwarzes Geld*.
　　　　‘과장님은 분명히 불법적으로 생긴 돈을 갖고 있다.’

(122나)의 독일어 금전관용어 *schnelles Geld machen* ‘돈을 빨리 쉽게

벌다'는 형용사 *schnell*에서 나타내듯이 돈을 쉽게 빨리(schnell) 버는 것을 나타낸다. 여기서 빨리 버는 돈은 임의의 금전용기에 들어 있는 것으로 상상된다. (122다)의 금전관용어 *eine schnelle Mark machen* '많은 돈을 벌다'는 유럽의 통화통합 이전의 독일의 화폐단위였던 *Mark*와 결합한 *schnell*의 뉘앙스에 따라 많은 돈을·버는 것을 나타내며,6) (122라)의 관용어 *das große Geld machen* '많은 돈을 벌다'도 형용사 *groß*가 주는 이미지에 의거하여 많은 돈을 버는 것을 나타낸다. 여기서 많이 벌어들인 돈도 임의의 금전용기 안으로 들어가 있음이 상상된다. (122마)의 관용어 *jemand stinkt vor/nach Geld* '누군가가 매우 부자이다'는 동사 *stinken*의 이미지에 따라 약간 경멸적인 뉘앙스로서 임의의 금전용기 안에 돈을 너무 많이 갖고 있는 것을 나타낸다. (122바)의 관용어 *schwarzes Geld haben* '불법적으로 생긴 돈을 갖고 있다'는 불법적인, 즉 *illegal*의 뜻을 나타내는 형용사 *schwarz*의 뉘앙스에 따라 불법적으로 돈을 버는 것을 나타낸다. 여기서 불법적으로 생긴 돈도 임의의 금전용기 안에 들어 있을 것이다.

(123)의 한국어 금전관용어어 *검은/구린 돈을 받다* '거래내역이나 출처가 밝혀지면 곤란하게 될 돈을 부정직하게 뇌물로 받다'에서도 형용사 *검다*와 *구리다*가 시사하는 것처럼 정당하지 못한 돈을 임의의 암시적 금전용기에 갖고 있는 상황이 상상된다.

(123) 구차한 변명을 늘어놓는 그 친구한테서 내 동료가 *검은/구린 돈을 받았다.*

---

6) Safina(2002:57)의 예 (i)는 '많은 돈'을 나타낸다 : (i) *eine (schöne) Stange Geld, ein (schöner) Batzen Geld, ein Haufen Geld, großes/dickes Geld, große Scheine.*

절약하는 모습을 나타내는 (124가,나,다,라)의 독일어 금전관용어들을 보자.

(124가) Meine Mutter *sieht auf jede Mark/auf jeden Pfennig*.
'엄마는 매우 절약한다."
(124나) Wir müssen *jeden Pfennig/jede Mark/jeden Groschen (erst) dreimal/zehnmal umdrehen*.
'우리는 매우 절약해야 한다.'
(124다) Wir *müssen mit jeder Mark/jedem Pfennig rechnen*.
'우리는 매우 절약해야 한다.'
(124라) Man *gibt/kostet keinen Pfennig für etwas*.
'사람들은 물건을 아주 저렴한 가격으로 사려고 한다.'

유로화로의 화폐단일화 이전의 독일화폐 *Pfennig*는 1/100마르크의 가치를 지니며. 오스트리아의 화폐단위 *Groschen*은 1/100쉴링의 가치를 지닌다. 모두 '매우 절약하다'의 뜻으로 사용되는 (124가,나,다)의 금전관용어 *auf jede Mark/auf jeden Pfennig sehen*, *jeden Pfennig/jede Mark/jeden Groschen (erst) dreimal/zehnmal umdrehen*, 그리고 *mit jeder Mark/jedem Pfennig rechnen*는 이렇게 작은 가치의 돈이라 할지라도, 임의의 금전용기 안에 들어 있는 이 돈을 쓸 것인가의 여부를 결정하는 과정에 비유된다. 즉 (124가)의 관용어 *auf jede Mark/auf jeden Pfennig sehen*은 1페니히, 1마르크라 할지라도 이를 쓸 것인가의 여부를 매우 신중하게 결정하려고 하는 마음에 비유되며, (124나)의 금전관용어 *jeden Pfennig/jede Mark/jeden Groschen (erst) dreimal/zehnmal umdrehen*은 1페니히, 1마르크, 1그로쉔 같은 작은 가치의 돈이라 할지라도, 이를 3번 내지는 10번이나 돌리면서 쓸 것인가 말 것인가를 망설이는 마음에 비유되고,

(124다)의 관용어 *mit jeder Mark/jedem Pfennig rechnen müssen*은 1페니히, 1마르크의 사용 여부를 고민하면서 머리로 돈 계산을 하는 이미지에 비유된다. (124라)의 관용어 *keinen Pfennig für etwas geben/kosten* '물건을 아주 저렴한 가격으로 사려고 하다'는 물건을 살 때 임의의 금전용기 안에 있는 1페니히 같은 작은 돈이라도 덜 지불하려고 애쓰는 이미지에 비유된다.

(125가)의 독일어 금전관용어 *gut/schlecht/knapp bei Kasse sein* '현금이 많다/부족하다/빠듯하다'는 현금이 많거나 부족한 경제상태를 임의의 암시적 금전용기 안에 쓸 수 있는 현금(Kasse)이 많거나(gut), 부족하거나(schlecht), 빠듯한(knapp) 것으로 나타낸다.

> (125가) Die meisten Studenten *sind gut/schlecht/knapp bei Kasse.*
> '대부분의 학생들은 현금이 많다/부족하다/빠듯하다.'
>
> (125나) Die Verkäuferin hat die Tür abgeschlossen und *Kasse gemacht.*
> '여직원은 문을 닫고 결산을 했다.'

(125나)의 독일어 금전관용어 *Kasse machen* '결산하다'는 임의의 금전용기로 들어가고 나간 돈을 결산하는 상황을 나타낸다.

한국인과 독일인들은 가계부나 대차대조표에 수입과 지출 내역을 쓸 때, 지출이 수입보다 많아서 생기게 되는 결손액을 붉은 글씨, 즉 적자(赤字)로, 수입이 지출보다 많아서 생기게 되는 잉여액을 검은 글씨, 즉 흑자(黑字)로 기입한다.[7]

---

7) *schwarz* '검정색'은 (126나), (127나), (128나)의 관용어에서는 (109마)와 (122바)에서와 달리 긍정적인 뜻을 나타낸다.

(126가) 적자를 낸 회사는 퇴출시킨다.
(126나) 흑자를 낸 회사의 주식은 상승가이다.

(127가) Die Firma *schreibt* zur Zeit *rote Zahlen.*
'회사는 지금 손해를 보고 있다.'
(127나) Der Betrieb *schreibt* zur Zeit *schwarze Zahlen.*
'회사는 지금 이익을 내고 있다.'
(128가) Die Firma *ist* zur Zeit *in den roten Zahlen.*
'회사는 지금 손해를 보고 있는 상태이다.'
(128나) Der Betrieb *ist* zur Zeit *in den schwarzen Zahlen.*
'회사는 지금 이익을 내고 있는 상태이다.'

(126가)의 한국어 금전관용어 *적자를 내다*와 (127가)의 독일어 금전관용어 *rote Zahlen schreiben*은 모두 '손해를 보다'의 뜻으로 사용되고, (126나)의 한국어 금전관용어 *흑자를 내다*와 (127나)의 독일어 금전관용어 *schwarze Zahlen schreiben*은 '이익을 내다'의 뜻으로 사용된다. (128가, 나)의 독일어 금전관용어 *in den roten Zahlen sein*과 *in den schwarzen Zahlen sein*은 각각 '손해를 보고 있는 상태이다'와 '이익을 내고 있는 상태이다'의 뜻으로 사용된다. 그러므로 언급한 금전관용어들에서 암시적으로 인지되는 금전용기 안의 돈은 손해를 보면 줄어들고, 이익을 내면 늘어난다.[8]

그밖에 금전용기의 상태와 관련된 부유와 가난, 물가의 상태, 그리고 저축과 낭비와 관련된 금전상황은 몸짓의 방향을 기저로 하는 방향은 유로 설명된다.

---

8) 미국인들도 '적자를 내다'를 *be in the red, go/get into the red*로 표현하고, '흑자를 내다'를 *be in the black, go into the black*로 표현한다.

3.2. 방향은유에 의거한 금전관용어

3.2.1. 금전용기의 상태

금전용기 안의 상태가 위쪽이면 부유한 상황을 나타내고, 아래쪽이면 빈곤한 상황을 나타낸다.

3.2.1.1. 부유는 위쪽이다

겨울이 되면 나무들은 생장을 멈춘다. 그러다가 봄이 와서 땅이 녹기 시작하면 나무들은 물기를 빨아올리면서 한해의 생장을 시작하고, 나무 가지에 수액이 가득 차면 그 물을 먹으면서 새 순들이 나오기 시작한다. 이런 사정을 배경으로 한국인들은 (129가)에서와 같이 물이 오르다의 표현을 사용한다.

> (129가) 이제 막 나무에 물이 오르기 시작했다.
> (129나) 물이 오른 탕웨이의 연기에도 불구하고 영화 <만추>는 흥행에 성공하지 못했다.

(129나)의 관용어 물이 오르다 '어떤 일에 능숙해져서 그 일을 매우 잘 하다'는 나뭇가지에 수액이 가득 차서 새 순들이 터지며 완숙의 단계로 가는 것을 연상하듯이 어떤 일에 성숙함이 꽉 차서 그 일을 매우 잘 하는 것을 나타낸다. 이러한 이미지를 반영하는 (130)의 금전관용어 배에 기름이 오르다 '살림이 넉넉해지다/풍족하다'는 가난해서 음식을 제대로 먹지 못한 홀쭉한 그리고 기름기가 없어 보이는 배에 비해 음식 (금전)을 많이 섭취하여 지방이 쌓여 번들거리는 불룩 나온 배(금전용기)로

풍족한 금전상태를 표현한다.[9]

　　(130) 배에 기름이 오르기 시작하니, 그 사람 얼굴이 달라졌다.

　그러므로 한국어 금전관용어 (130)은 방향은유적 개념구조 **부유는 위쪽이다**에 의거하여 배가 부풀어 오르는 모양을 통해 부유한 금전상태를 표현한다.

3.2.1.2. 빈곤은 아래쪽이다

　빈곤과 가난을 나타내는 한국어 금전관용어 (131가,나)는 방향은유적 개념구조 **빈곤은 아래쪽이다**로 설명된다.[10]

　　(131가) 아직도 *바닥*을 긁고 있으니, 빚을 언제나 갚을 수 있을지 막막하다.
　　(131나) 가진 돈이 *바닥이 드러나니/보이니*, 무엇이든 닥치는 일을 해야
　　　　 겠다.

　즉, 얼마 남지 않은 쌀뒤주에서 쌀을 바가지로 꺼내려면 바닥을 긁게 되고, 그렇게 되면 뒤주 바닥이 드러나 보인다. 바닥 쪽에 비유되는 (131가,나)의 금전관용어 *바닥을 긁다*와 *바닥이 드러나다/보이다* '사용할 돈이 없어 생계가 곤란하고 힘이 들다', '일정한 분량의 돈을 다 써 버려 살기가 힘들다', '돈 따위가 다 소비되어 동이 나게 되다'는 쌀(돈)이 얼마

---

9) (130)의 금전관용어 *배에 기름이 오르다*는 '배짱이 생기다'의 뜻으로도 사용됨.
10) (131가)의 *바닥을 긁다*는 '꼴찌에서 맴돌다'의 뜻으로도 사용되고, (132)의 *바닥이 드러나다*와 *바닥이 보이다*는 각각 '숨겨져 있던 정체가 드러나다'와 '상대의 본질이나 속셈을 알 수 있다'의 뜻으로도 사용됨.

남아 있지 않은 뒤주(금전용기)를 상상하게 한다.

3.2.2. 물가

3.2.2.1. 물가상승은 위쪽이다

(132가)의 한국어 금전관용어 물가가 오르다 '값이 비싸다'와 (132나)의 독일어 금전관용어 *die Preise hinaufschrauben* '물가를 올리다'에서 물가가 오르는 것은 위쪽으로 표현된다. 그러므로 한국인과 독일인들은 방향은유적 개념구조 비싼 것은 위쪽이다에 의거하여 물가상승을 은유적으로 표현한다.

> (132가) 밥상 물가가 올라서, 지금 주부들은 장보기를 겁내고 있다.
> (132나) Die Regierung hat in diesem Jahr *die Preise um 10 Prozent hinaufgeschroben.*
> '정부는 올해 물가를 10퍼센트 올렸다.'

3.2.2.2. 물가하락은 아래쪽이다

반면 (133가)의 한국어 금전관용어 물가가 내리다 '값이 싸다'와 (133나)의 독일어 금전관용어 *die Preise drücken* '물가를 내리다'에서 물가가 내리는 것은 아래쪽으로 표현된다.

> (133나) 밥상 물가가 내리니, 이제 좀 살만하다.
> (133나) Das Finanzministerium hat im vergangenen Jahr *die Preise* um 2 Prozent *gedrückt.*
> '재정부가 작년에 물가를 2 퍼센트 내렸다.'

그러므로 한국인과 독일인들은 방향은유적 개념구조 싼 것은 아래쪽이
다에 의거하여 물가하락을 은유적으로 표현한다.

3.2.3. 낭비와 저축

한국어에는 없지만, 독일어에는 방향은유적 개념구조 낭비는 바깥쪽이
다와 저축은 안쪽이다를 근간으로 하는 금전관용어들이 있다. 먼저 전자
의 경우를 보자.

3.2.3.1. 낭비는 바깥쪽이다

(134가,나)의 독일어 금전관용어 *sein Geld (sinnlos) verpulvern* '돈을
헛되게 지출하다'와 *das Geld zum Fenster hinauswerfen* 돈을 낭비하다'
는 돈의 낭비를 임의의 금전용기 안에 들어 있는 돈을 각각 가루로 만
들어 날려 보낸다는(verpulvern) 이미지와 창문 밖으로 내던져 버린다는
(hinauswerfen) 이미지로 표현한다.

> (134가) Der Sohn des Millionärs *verpulvert sein Geld (sinnlos)*.
> '백만장자의 아들이 돈을 낭비하고 있다.'
> (134나) Fürs Vergnügen hat er *das Geld zum Fenster hinausgeworfen*.
> '향락을 위해 그는 돈을 헛되게 지출했다.'

그러므로 (134가,나)의 독일어 금전관용어의 의미는 방향은유적 개념
구조 낭비는 바깥쪽이다로 설명된다.

(135가,나,다,라)의 독일어 금전관용어들은 (134가,나)와 동일하게 임의
의 용기 안에 들어 있는 돈을 낭비하는 '돈을 가볍게/헛되게 써버리다'

의 뜻으로 사용되지만, (134가,나)의 금전관용어들과는 상이한 이미지에 비유된다.

(135가) Die Schauspielerin *wirft/schmeißt mit dem Geld um sich.*
'여배우는 돈을 가볍게 써버리고 있다.'
(135나) Der neue Firmenchef *verjubelt sein Geld.*
'신임 사장이 돈을 헛되게 써버린다.'
(135다) Er hat *sein ganzes Geld durchgebracht.*
'그는 돈을 모두 헛되게 써버렸다.'
(135라) Meine Freundin hat *das Geld mit vollen Händen ausgegeben.*
'내 친구는 돈을 헛되게 낭비해 버렸다.'

즉 (135가)의 금전관용어 *mit dem Geld um sich werfen/schmeißen*은 *um sich werfen/schmeißen*에서 나오는 이미지, 즉 돈을 헛되게 자기 주변으로 마구 내 팽개친다는 이미지에 비유되고, (135나)의 금전관용어 *sein Geld verjubeln*은 동사 *verjubeln*에서 나오는 이미지, 즉 돈을 유흥으로 탕진하면서 신나게 그리고 가볍게 마구 써버린다는 이미지에 비유된다. (135다)의 금전관용어 *sein (ganzes) Geld durchbringen*은 동사 *durchbringen*에서 느껴지는 이미지, 즉 돈을 낭비하거나 탕진하면서 가볍게 마구 써버리는 것에 비유되며, (135라)의 금전관용어 *das Geld mit vollen Händen ausgeben*은 돈을 두 손 가득히 담아내어 마구 써버린다는 이미지에 비유된다. 이처럼 (135가,나,다,라)의 독일어 금전관용어도 방향은유적 개념구조 **낭비는 바깥쪽이다**를 근간으로 한다.

3.2.3.2. 저축은 안쪽이다

인간이 저축보다는 지출을 더 좋아해서 그런지, 낭비를 나타내는 금전관용어에 비해 저축을 나타내는 금전관용어는 찾기 어렵다. 그래도 (136)의 독일어 금전관용어 *Geld scheffeln* '돈을 긁어모으다'가 있는데, 이 관용어는 *scheffeln* '무엇을 자기 소유로 긁어오다'의 뉘앙스에 의거하여 돈이나 재물을 긁어서 모아 들인다는 이미지를 느끼게 한다.[11]

> (136) Mein Großvater hat *Geld gescheffelt*, als er als Markler gearbeitet hat.
> '우리 할아버지는 부동산 중계업자로 일할 때 돈을 쓸어 모았다.'

따라서 (136)의 독일어 금전관용어에는 방향은유적 개념구조 **저축은 안쪽이다**가 적용되고 있음이 감지된다.

3.3. 금전관용어의 은유성

금전관용어에서 나타내는 금전과 관련된 부유, 가난, 착복, 갈취, 욕심, 이익, 씀씀이, 저축, 낭비, 구걸, 인색, 비리, 뇌물 등의 금전상황들은 두 가지로 설명된다.

첫째는 금전용기에 의거한 것이다. 즉, 한국어 금전관용어에서는 주머니, 지갑, 구석, 돈더미 등이, 그리고 독일어 금전관용어에서는 지갑, 주머니, 양말, 금고, 은행계좌, 구석, 돈뭉치 등이 용기은유에 의거하여 금전용기로 은유된다. 특히 한국어 금전관용어에서는 눈에 띄게 사람의 몸이나 배, 허리, 입 그리고 손 같은 신체기관들이 금전용기로 은유된다. 물론 금전용기는 암시적으로도 표현된다. 한국어와 독일어 금전관용어들은 이러한 금전용기들의 크기, 그 안에 들어 있는 돈의 양, 그리고 금

---

11) *scheffeln*은 다양한 크기(50리터와 222리터)의 곡물 측량단위를 나타내는 *Scheffel*에서 파생된 동사이다.

전용기 안으로 돈을 채우는 방법과 그 안의 돈을 쓰는 방법 등을 통해서 다양한 금전상황들을 표현한다.

둘째는 금전관용어들은 방향은유를 통해서도 다양한 금전상황을 표현한다. 즉 한국어와 독일어 금전관용어에서 부유한 상태는 금전용기 안의 금전상태가 위쪽인 것으로, 그리고 빈곤한 상태는 아래쪽인 것으로 표현된다. 두 언어의 금전관용어에서 물가상승은 위쪽으로, 물가 하락은 아래쪽으로 표현된다. 낭비는 금전의 이동방향이 금전용기의 바깥쪽으로, 저축은 안쪽으로 표현되는데, 이는 독일어 금전관용어에서만 그렇다.

04 손 관용어

신체명 손은 워낙 하는 일이 많아서 그런지, 한국어에나 독일어에나 이와 결합하는 관용어, 즉 손 관용어들이 아주 많다. 손은 손 관용어의 의미 설명에서 핵심요소가 된다. 은유적인 측면에서 볼 때 손 관용어에서 손은 용기로, 그리고 이동물체로 인지된다. 이 사실을 근간으로 손 관용어 의미의 은유화 과정을 설명한다. 먼저 전자의 경우를 본다.

4.1. 손은 용기이다

1.1.2.에서 언급하였듯이, 사람의 몸은 방이나 집 같은 용기로 은유된다. 이와 마찬가지로 신체의 일부인 손도 용기로 은유된다. 이와 관련하여 (137가)의 한국어 문장과 (137나)의 독일어 문장을 보자.

(137가) 이 지역 개발권은 이미 건설회사의 *손에 들어갔다.*

(137나) Hans hat *die Erbe seines Bruders in die Hand/in die Hände bekommen.*
'한스는 자기 동생의 상속재산을 손에 넣어 버렸다.'

(137가)의 손 관용어 *손에 들어가다* '어떤 세력/힘의 작용 범위 안으로 들어가다'는 이동물체로 인지되는 지역 개발권에 관한 권한이 용기로 인지되는 건설회사의 손 안으로 이동하는 것을 나타낸다. (137나)의 독일어 문장의 손 관용어 *jmdn./etw. in die Hand/in die Hände bekommen/ kriegen* '(우연히) 누구를/무엇을 손에 넣다'는 이동물체로 인지되는 *die Erbe seines Bruders* '동생의 유산 내지는 유산의 소유권'이 누군가의 힘에 의하여 용기로 인지되는 한스의 *die Hand/Hände* '손' 안으로 이동하는 것을 나타낸다. 그러므로 (137가,나)의 한국어와 독일어 손 관용어에서 신체명 손 또는 *Hand*는 움직이는 이동물체, 즉 지역 개발권이나 동생 재산의 소유권이 당도하는 용기, 좀 더 자세히 말하면 도착용기로 은유된다.

한국어와 독일어 손 관용어에서 손은 도착용기 말고도, 이동물체가 머무는 존재용기 그리고 있던 곳을 벗어나는 출발용기로 은유된다. 먼저 손을 도착용기로 은유하는 손 관용어들의 의미를 좀 더 자세히 설명해 보자.

4.1.1. 손은 도착용기이다

한국어 손 관용어 (138가,나,다,라,마,바,사)에서 신체명 손은 도착용기로 은유된다.

(138가) 내 빚을 안 갚고 도망 다니다니. 내 손에 *걸리기만* 해 봐라. 가만 두지 않겠다.

(138나) 생각지도 않은 돈이 손에 *들어오니/떨어지니/넣으니/쥐니* 어떻게 써야할지 몰라 당황해진다.

(138다) 30억짜리 집이 하루아침에 빚쟁이들의 *손에/으로/손아귀에/로 넘어 갔다.*

(138라) 아이들은 원했던 장난감을 *손에/손 안에/손아귀에 넣기만* 하면, 금방 또 다른 장난감을 갖고 싶어 한다.

(138마) 복지혜택을 준다는 빌미로 정부는 선거 때마다 공무원들을 *손아귀에 쥐어 잡는다.*

(138바) 남북한이 노력하면, 통일은 10년 안에 *손끝에 잡힐* 텐데.

즉, (138가)의 손 관용어 손에 *걸리다* '잡혀들다'에서 손은 임의의 관리권이 이동되는 도착용기로 인지된다. 그러므로 이 손 관용어는 임의의 이동물체로 인지되는 누구/무엇에 관한 관리권이 누구의 손 안으로 잡혀드는 것을 나타낸다. (138나)의 손 관용어 손에 *떨어지다/들어오다/넣다/쥐다* '어떤 세력이나 지배의 범위에 들어가다', '소유하게 되다'에서도 손은 임의의 권한이나 소유권이 이동되는 도착용기로 인지된다. 그러므로 이 손 관용어는 이동물체로 간주되는 무엇에 관한 권한이나 소유권이 누구의 손으로 떨어지거나 들어오는 것을 나타낸다. (138다,라, 마,바)의 한국어 손 관용어에서도 손은 임의의 이동물체가 도달하는 용기로 인지된다. 이에 의거하여, (138다)의 손 관용어 손/손아귀에 *넘어가다, 손으로/손아귀로 넘어가다* '권력/영향권으로 넘어가다'는 이동물체인 무엇에 권한이나 영향권이 누군가의 손/손아귀 안으로 넘어가는 것을 나타내고, (138라)의 손 관용어 손에/손 안에/손아귀에 *넣다* '소유하다', '수중(手中)에 넣다', '자기 소유로 만들다'는 임의의 이동물체에 관한 소유권이 자기의 손이나 손아귀 안으로 들어오는 것을 나타낸다. (138

마)의 손 관용어 *손아귀에 쥐어 잡다* '영향권 하에 두다'는 자기 마음대로 할 수 있도록 임의의 물체에 관한 영향권을 자기의 손 안으로 이동하게 해서 머물게 하는 것을 나타내고, (138바)의 손 관용어 *손끝에 잡히다* '거의 다 이루다'는 손끝의 끝이 주는 뉘앙스에 의거하여 어떤 일이 누군가의 노력과 힘에 의거하여 거의 다 이루어지는 것을 나타낸다. 그러므로 (138가,나,다,라,마,바)의 한국어 손 관용어에서 신체명 손은 은유적 개념구조 손은 도착용기이다로 설명되므로, 이 손 관용어들은 이동 물체인 임의의 물체나 일, 또는 그에 관한 권한, 영향권, 소유권이 누군가의 손 안으로 이동하는 것을 나타낸다.

(139가)의 독일어 손 관용어 *in jmds. Hand/Hände übergehen* '누구의 손으로 넘어가다'에서 *Hand*는 임의의 이동물체가 이동해서 당도하는 도달용기로 은유된다. 그러므로 이 손 관용어는 이동물체로 인지되는 임의의 물건에 관한 소유권이 누구의 손으로 넘어가는(übergehen) 것을 나타낸다.

> (139가) Die Firma, die vor einem Jahr gegründet wurde, ist *in seine Hand übergegangen.*
> '일 년 전에 세워졌던 회사가 그의 손으로 넘어갔다.'
> (139나) Durch Zufall *kam/fiel* der Brief *ihrem Mann in die Hand.*
> '우연히 편지가 그녀의 남편에 의해 발견되었다.'
> (139다) Mein Vater hat *die Stadtplanung in die Hand/Hände genommen.*
> '우리 아버지는 도시계획에 대해 책임을 졌다.'
> (139라) Sie hatte *ihm das Geld zu treuen Händen übergeben.*
> '그녀는 그를 믿고서 돈을 넘겨주었다.'

(139나)의 손 관용어 *jmdm. in die Hand/in die Hände kommen/fallen*

'(우연히) 누군가가 발견하다'는 우연히 발견한 물건에 대한 관리권이 이동물체가 되어 누구의 손 안으로 들어가거나(kommen) 떨어지게(fallen) 되는 것을 나타낸다. 따라서 이 관용어에서 *Hand*는 임의의 관리권이 도달하는 용기로 은유된다. (139다)의 손 관용어 *etw. in die Hand/in seine Hände nehmen* '무엇에 대해 책임을 지다'는 무언가에 관한 책임권을 손 안으로 받아들이는(nehmen) 것을 나타낸다. 이 관용어에서도 *Hand*는 이 동물체로 인지되는 임의의 물건에 관한 책임권이 도달하는 용기로 은 유된다. (139라)의 손 관용어 *jmdm etw. zu treuen Händen übergeben* '누 구를 믿고서 무엇을 넘겨주다'는 형용사 *treu*의 뉘앙스에 따라 무언가에 관한 책임권을 신임하는 누군가의 손으로 넘겨주는(übergehen) 것을 나 타낸다. 여기서도 *Hand*는 책임권이 도달하는 영역으로 은유된다. 그 이 외에도 형용사 *gut*의 뉘앙스에 따라 인간성이 좋은 믿을만한 사람의 책 임영역(손) 안으로 이동물체가 이동하는 것을 나타내는 손 관용어 *in gute Hände kommen* '믿을만한 사람의 손에 맡겨지다', *jm. etw. in die Hand geben* '누구에게 무엇을 맡기다/위임하다' 그리고 *etw. in jmds. Hand/Hände legen* '무엇을 누구에게 위임하다', '무엇을 누구의 손에 맡 기다'에서도 *Hand*는 무언가에 관한 책임권이 도달하는 용기로 은유된 다. 그러므로 (139가,나,다,라)의 독일어 손 관용어에서 손의 의미는 은유 적 개념구조 **손은 도착용기이다**로 설명되므로, 이 독일어 손 관용어들은 이동물체, 즉 임의의 물건에 대한 소유권, 관리권, 책임권 등이 누구의 손으로 이동하여 도착하는 것을 나타낸다.

4.1.2. 손은 존재용기이다

임의의 이동물체는 용기 안으로 이동한 후에 얼마동안 그 용기 안에 존재한다. 먼저 독일어 손 관용어에서 *Hand*가 존재용기로 은유되는 경우를 보자. 예를 들면 (140가)의 손 관용어 *alle/beide Hände voll zu tun haben* '할 일이 산더미 같이 많다'는 두 손에 할 일이 많이 들어 있는 것을 나타낸다. 그러므로 이 관용어에서 *Hand*는 할 일이 많이 들어 있는 존재용기로 은유된다. 그 이외에 독일어 손 관용어 *mit vollen Händen* '풍부한', '남아돌아 갈 정도로 풍부한', '낭비하는'에서도 *Hand*는 돈 같은 물질들이 많이 들어 있는 존재용기로 은유된다.

(140가) Petra *hat beide Hände voll zu tun*, weil sie drei Kinder hat.
'페트라는 어린아이가 셋이라, 할 일이 산더미 같이 많다.'
(140나) Unter den Zollbeamten gab es einige, die *eine hohle Hand machten*.
'세관공무원 중에서 뇌물을 받은 공무원들이 일부 있었다.'
(140다) Es ist gut, wenn man in so einer Situation *einen Automechanker an der Hand hat*.
'그런 상황에서 자동차기술자를 알고 있다는 것은 좋은 일이다.'
(140라) Die Reaktion der Bürger *liegt klar auf der Hand*.
'시민들의 반응은 명백하다.'

형용사 *hohl*에서 풍기듯이 텅 비어 있는 손을 뇌물로 채우는 것을 나타내는 (140나)의 손 관용어 *eine hohle Hand machen* '뇌물을 받다'에서도 *Hand*는 뇌물로 채워져 있는 용기로 은유된다. 그러므로 이 독일어 손 관용어에서 *Hand*는 뇌물로 받은 것들이 존재하는 용기로 은유된다. (140다)의 손 관용어 *jmdn. an der Hand haben* '(도움을 청할) 누군가를 알고 있다'는 도움을 청할 누군가를 손 안에 갖고 있는 것을 나타내므로, 여기서도 *Hand*는 누군가가 존재하는 용기로 은유된다. 손에 놓여 있는 물체들은 누구나 다 명확하게 볼 수 있다. 이를 반영하는 (140라)의 손 관용어 *(klar) auf der Hand liegen* '명백하다, 불을 보듯 뻔하다'에서 *Hand*는 무언가가 놓여 있는 존재용기로 은유된다. 그러므로 (140가, 나,다)의 독일어 손 관용어에서 신체명 손의 의미는 은유적 개념구조 손은 존재용기이다로 설명되므로, 이 독일어 손 관용어는 이동물체, 즉, 일, 뇌물, 사람 등이 누구의 손에 존재하는 것을 나타낸다.

(141가)의 손 관용어 *etw. in Händen halten* '무엇을 소유하다'는 무언가에 관한 소유권을 손 안에 갖고 있는 것을 나타낸다. 따라서 이 관용어에서 *Hand*는 소유권이 들어 있는 존재용기로 은유된다. 그 이외에도 독일어 손 관용어 *etw. in der Hand haben* '증거가 될 만한 무언가를 가지고 있다', *etw. bei der Hand haben* '무엇을 수중에 가지고 있다', *zur Hand sein* '수중에 무엇을 가지고 있다', *etw. zur Hand nehmen* '무엇을 손에 들다', *etw. gegen jmdn. in der Hand/in (den) Händen haben* '상대방에게 위협의 수단으로 사용되는 어떤 불리한 사실을 알고 있다'에서도 *Hand*는 소유물이 존재하는 용기로 은유된다.

(141가) Mein Bruder *hält die Aktien seiner Firma in Händen.*
'내 동생은 자기 회사의 주를 소유하고 있다.'
(141나) Das Resultat des Projekts *liegt/steht in deiner Hand.*
'이 프로젝트의 결과는 당신의 책임 하에 있다/당신의 손에 달려 있다.'
(141다) Wir *haben sein Geld zu treuen Händen.*
'우리는 그의 돈을 잘 보관하고 있다.'
(141라) Er *hatte sich nicht mehr in der Hand* und schlug eine Fensterscheibe ein.

'그는 자제하지 못해서 창문을 때려 부수었다.'
(141마) Mein Vater *hat das Wahlergebnis in der Hand.*
'아버지는 선거결과를 마음대로 조종할 수 있다.'
(141바) Mein Vater hat *meine verstorbene Mutter auf Händen getragen.*
'우리 아버지는 고인이 된 엄마를 애지중지 하셨다.'
(141사) Inzwischen *ist* er wieder *in festen Händen.*
'그러는 사이에 그는 다시 누군가와 안정된 관계를 갖고 있다.'

   (141나)의 손 관용어 *in jmds Hand/Hände liegen/stehen* '누구의 책임 하에 있다'는 무엇에 관한 책임권이 누구의 손 안에 있는 것을 나타내므로, *Hand*는 책임권이 존재하는 용기로 은유된다. 그 이외에 손 관용어 *in jmds. Hand/Händen sein* '누구의 지배하에 있다'에서도 *Hand*는 무엇에 관한 책임권이 존재하는 용기로 은유된다. (141다)의 손 관용어 *etw. zu treuen Händen haben* '무엇을 잘 보관하고 있다'에서 *Hand*는 형용사 *treu*에서 느껴지듯이 무엇에 관한 관리권이 누구의 손에서 안전하게 보관되고 있는 것을 나타내므로, 여기서 손은 존재용기로 은유된다. 이 이외에도 형용사 *sicher*와 *gut*을 통해 무엇이 안전하게 관리를 받고 있는 것을 표현하는 *in sicheren/guten Händen sein/liegen* '안전하게 보관되어 있다'에서도 *Hand*는 무언가가 관리를 잘 받으면서 존재하고 있는 용기로 은유된다. 욕심이나 감정 등을 억제하기 위해 스스로를 자기의 통제영역인 손 안에 두고 있는 것을 나타내는 (141라)의 손 관용어 *sich (Akk) in der Hand haben* '자제하다'에서 *Hand*는 통제를 받는 누군가가 존재하는 용기로 은유된다. (141마)의 손 관용어 *jmdn./etw. in der Hand haben* '누구를/무엇을 마음대로 조종하다'는 누군가/무언가를 마음대로 조종할 수 있는 권한을 손 안에 갖고 있음을 나타낸다. 그러므로 *Hand*는 권한이 존재하는 용기로 은유된다. (141바)의 손 관용어

jmdn. auf Händen tragen '누구를 애지중지하다'는 누군가를, 특히 여자를 손 안의 보호영역 안에서 애지중지하는 것을 나타내므로, 여기서 *Hand*는 보호받는 사람이 존재하는 용기로 은유된다. (141사)의 손 관용어 *in festen Händen sein* '누구와 안정된 관계를 갖다'는 형용사 *fest*의 뉘앙스에 힘입어 누구와 결혼할 확실한 관계에 있음을 나타내므로, *Hand*는 누군가와의 확실한 관계가 존재하는 용기로 은유된다. (141가, 나,다,라,마,바)의 독일어 손 관용어에서 *Hand*의 의미도 은유적 개념구조 손은 존재용기이다로 설명되므로, 이 손 관용어들은 이동물체, 즉 임의의 사람, 그리고 임의의 물건에 관한 소유권, 책임권, 관리권 등이 누구의 손 안에 있음을 나타낸다.

독일어에서 만큼은 아니지만, 한국어에도 (142)와 같은 손 관용어에서 신체명 손은 영향권이 존재하는 용기로 은유되므로, 은유적 개념구조 손은 존재용기이다를 기저로 한다.

(142) 물가는 결국 청와대 손 안에 (놓여) 있다.

그러므로 (142)의 한국어 손 관용어 손 안에 (놓여) 있다 '영향권에 있다'는 무언가에 대한 누군가의 영향력이 손 안에 들어있음을 나타낸다.

4.1.3. 손은 출발용기이다

특정한 용기에 존재했던 다양한 물체들은 다시 이동물체가 되어 이런 저런 이유로 그곳을 떠난다. 예를 들면 독일어 손 관용어 (143가) *jmdm. etw. aus der Hand nehmen* '누구에게서 무엇을 박탈하다/빼앗다'에서 *Hand*는 이동물체로 간주되는 임의의 물건에 관한 권한이 출발하는 용기로 은유된다. 따라서 이 독일어 손 관용어는 누군가의 힘에 의거하여 이동물체인 돈이나 재산, 또는 무엇에 관한 권한이 박탈되는 것을 나타낸다. 독일어 손 관용어 *etw. aus der Hand geben* '무엇을 포기하다'에서 *Hand*는 권한의 출발용기로 은유되므로, 이 관용어는 이동물체로 간주되는 무엇에 관한 권한을 떼어 주는 것을 나타낸다.

> (143가) Die Versammlung beschloß, *dem Trainer die Betreuung der Jugendmannschaft aus der Hand zu nehmen.*
> '회의에서는 코치에게서 청소년팀의 지도권을 박탈할 것을 결정했다.'
> (143나) Das Vermögen *zerrinnt/zerfließt ihm unter den Händen.*
> '재산이 그의 수중에서 점차로 사라진다.'

(143나)의 독일어 손 관용어 *jmdm. unter den Händen zerrinnen/zerfließen* '(돈, 재산 따위가) 끊임없이 누구의 수중에서 사라지다'는 이동물체로 간주되는 돈이나 재산이 누구의 손에서 사라지는 것을 나타내므로, 여기서도 *Hand*는 출발용기로 은유된다. 따라서 (143가,나)의 독일어 손 관용어에서 *Hand*의 의미는 은유적 개념구조 **손은 출발용기이다**로 설명되므로, 이 손 관용어들은 이동물체인 돈이나 재산, 또는 이에 관한 권한이 누구의 손을 떠나는 것을 나타낸다.

독일어에서만큼 다양하지는 않지만, (144)의 한국어 손 관용어 *손에서/손아귀에서 벗어나다* '영향권에서 벗어나다'도 이동물체인 임의의 물체에 관한 영향권이 누군가의 손에서 벗어나는 것을 나타낸다.

(144) 자식들은 언젠가 부모의 *손에서/손아귀에서 벗어나려고* 한다.

그러므로 (144)의 한국어 손 관용어에서 손의 의미도 은유적 개념구조 손은 **출발용기이다**로 설명된다.

독일어 손 관용어 *von Hand₁ zu Hand₂ gehen*은 (145가)에서는 '급속도로 빨리 퍼지다'의 뜻으로 사용되고, (145나)에서는 '자주 소유권이 바뀌다'의 뜻으로 사용된다. 전자의 경우에는 이동물체로 인지되는 무언가가 이 사람의 손₁에서 저 사람의 손₂으로 빨리 퍼져 나가는 것을 나타내고, 후자의 경우에는 이동물체로 인지되는 임의의 물건에 관한 소유권이 이 사람의 손₁에서 저 사람의 손₂으로 자주 넘어가는 것을 나타낸다. 그러므로 (145가)의 독일어 손 관용어에서 *Hand₁*은 이동물체가 출발하는 용기로, 그리고 *Hand₂*는 이동물체가 도착하는 용기로 은유된다. 그러므로 *Hand₁*는 은유적 개념구조 손은 **출발용기이다**로 그리고 *Hand₂*는 은유적 개념구조 손은 **도착용기이다**로 설명된다.

(145가) Die Flugblätter *gingen* in den Betrieben *von Hand zu Hand*.
　　　　 '이 선전 삐라는 기업체들 사이에서 급속도로 퍼져 나갔다.'
(145나) Diese Firma ist *von Hand zu Hand gegangen*.
　　　　 '이 회사는 자주 소유권이 바뀌었다.'
(145다) Dieses Bild ist schon *durch viele Hände gegangen*.
　　　　 '이 그림은 여러 사람의 손을 거쳤다.'

(145나)의 손 관용어와 동일한 뜻으로 사용되는 (145다)의 독일어 손 관용어 *durch viele Hände gehen* '소유권이 자주 바뀌다'도 이동물체로 간주되는 임의의 물건에 관한 소유권이 여러 사람의 손을 거치는 것을 나타낸다. 따라서 이 독일어 손 관용어에서 *Hände*는 소유권이 당도하는 도착용기이면서 동시에 소유권이 떠나는 출발용기로 은유된다. 그러므로 *Hände*는 전자의 경우에는 은유적 개념구조 손은 **도착용기이다**로 설

명되고, 후자의 경우에는 **손은 출발용기이다**로 설명된다.

4.2. 손은 이동물체이다

특히 한국어 손 관용어에서 신체명 손은 움직이는 이동물체로 은유된다. 예를 들면 (146가)의 손을 *뻗치다* '(이제까지 해 보지 않던 일을 하며) 세력을 넓히다'에서 손은 세력의 실체로서 특정한 분야(용기)로 이동하는 물체로 인지된다. 그러므로 이 한국어 손 관용어는 아직껏 해보지 않은 분야로 나서는 것을 나타낸다.

> (146가) 배우가 돈을 많이 벌면 영화제작에 까지 *손을 뻗친다.*
> (146나) 지금 우리는 청와대에 *손이 닿는/미치는* 사람이 필요해.

(146나)의 손 관용어 *손이 닿다/미치다* '영향이/힘이 미치다'에서도 손은 힘이나 세력의 실체로서 특정한 영역이나 분야(용기)로 이동하는 물체로 인지된다. 그러므로 이 한국어 손 관용어는 특정한 영역이나 분야에 직접 영향이나 힘이 미치는 것을 나타낸다. 그러므로 (146가,나)의 한국어 손 관용어에서 신체명 손은 실재물 은유적 개념구조 **손은 이동물체이다**가 적용된다.

4.3. 손 관용어의 은유성

손 관용어의 의미는 신체명 손을 통해 은유적으로 설명된다. 즉 손은 이동물체가 당도하는 도착용기, 이동물체가 머무는 존재용기, 그리고 이동물체가 떠나는 출발용기로 은유된다. 이 세 가지 경우 손 관용어의 의미는 이동물체, 즉 임의의 사람이나 일, 그리고 돈이나 임의의 재산, 이에 관한 소유권, 관리권, 책임권, 권한 등이 누구의 손으로 들어오고, 그 손에 존재하고, 그리고 그 손을 떠나는 것으로 이해된다.

손이 도착용기로 은유되는 경우의 손 관용어는 한국어와 독일어에 골고루 나타나며, 존재용기와 출발용기로 은유되는 경우는 주로 독일어에 나타난다. 손은 이동물체로도 은유되는데, 이는 한국어 손 관용어에서 그렇다.

05 문화 특유의 관용어

　문화를 동질 집단의 사회구성원들이 함께 공유하며 이해하는 지식, 신념, 행위의 총체로 본다면, 일상생활에서 일어나는 많은 사건들에 관한 주관적이고 내면적인 감정 등이 상이한 다른 문화집단에서 그들 고유문화에 특유한 상상을 통해 표현되는 것은 아주 자연스러운 언어현상이다.[1] 이러한 관점에서 분노, 기쁨, 슬픔을 나타내는 감정관용어, 금전관용어, 손 관용어의 의미를 문화 특유의 은유과정을 통해 설명해 보고자 한다. 먼저 분노관용어의 경우를 보자.

---

[1] 이에 관해서는 Geeraerts/Grondelaers(1995), Dobrovol'skij/Piirainen(2005) 등을 참조할 것.

5.1. 분노관용어

5.1.1. 어휘적 동인에 의거한 분노관용어

독일어 분노관용어 중에는 그의 구성성분들의 어휘적 의미에 동인되는 (147)의 분노관용어 *jmd. läuft die Galle über* '몹시 화를 내다'가 있다.

> (147) *Dem Vater läuft die Galle über.*
> '아버지가 몹시 화를 낸다.'

(147)에서 *Galle* '쓸개'는 관습적 환유에 의거하여 사람의 마음으로 환유되고, 인간의 마음은 용기은유에 의거하여 용기로 은유된다. 그리고 은유적 개념구조 분노는 용기 속의 뜨거운 액체이다에 의거하여 분노는 용기 안에 들어 있는 뜨거운 액체로 은유된다. 그러므로 (147)의 독일어 분노관용어는 몹시 화를 내는 것을 언급한 관습적 환유와 은유의 과정들을 통해 마음(쓸개)의 용기 안에 들어 있는 뜨거운 액체가 끓어올라 용기 밖으로 유출되는 이미지로 표현한다.

그러나 Geeraerts/Grondelaers(1995 : 170f.)는 (147)의 독일어 분노관용어의 의미를 어휘적 의미인 '누구의 쓸개의 담즙이 넘쳐흐르다(überlaufen)'에 동인된 것으로 설명한다. 즉 고대 히포크라테스의 의학이론에 의하면 우리 몸의 건강 상태는 4가지 체액, 즉 혈액, 점액, 흑담즙, 그리고 황담즙의 균형으로 이루어지며, 이 균형이 깨지면 우리 몸에는 병이 생긴다. 또한 이 4체액설에 의하면 인간의 기질은 4 가지로, 즉 다혈질, 점액질, 우울질, 그리고 담즙질로 분류된다. 다혈질은 혈액과 관련된 쾌활한 기질을, 점액질은 점액과 관련된 냉정한 기질을, 우울질은 흑담즙과 관련된 우울해 하는 기질을, 그리고 담즙질은 황담즙과 관련된 성을 잘

내는 기질을 말한다. Geeraerts/Grondelaers(1995)는 언급한 히포크라테스의 4체액설과 기질과의 관계를 통해 (148)의 독일어 분노관용어를 쓸개 안의 황담즙이 과잉 생산되어서 성을 잘 내게 되는 담즙질에 비유한 것으로 설명한다. 이미 히포크라테스의 4체액설과 기질과의 관계는 이미 18세기에 과학적으로 전혀 근거가 없는 것으로 판명되었고, 현대의학에서도 무시되고 있다.[2)]

(148)의 영어 분노관용어 *hit the ceiling* '화를 내다'도 Lakoff(1987/1995)에 의하면 용기 안의 액체가 끓어서 부피가 팽창되어 폭발하면서 용기의 일부가 날아가게 되는 이미지(Lakoff 1995 : 475)로 설명되지만, Dobrovol'skij/Piirainen(2005 : 126ff.)는 영어 분노관용어 (148)의 뜻을 그의 구성성분인 *hit* '치다', *the ceiling* '천정'의 어휘적 의미에서 도출되는 '천정을 치다'로 설명한다. 다시 말하면, 격한 분노의 감정을 이겨내지 못하고 날뛰면서 천정을 치거나 천정에 부딪치는 광적인 행동에서 (148)의 뜻이 도출된다는 것이다.

> (148) He *hit the ceiling.*
>   '그는 벌컥 화를 냈다.'

이러한 주장의 타당성을 Dobrovol'skij/Piirainen(2005)는 (149)의 영어 관용어와 어휘적으로 동일한 독일어 관용어 (150가,나)에서 찾는다.

---

2) 인구어에는 독일어 관용어 (147) 이외에 영어의 *bilious* '성미가 까다로운', '담즙에 이상이 생긴', 네델란드어의 *zwartfallig* '우울해 하는', '검은 담즙을 갖고 있는' 등 체액설과 관련된 몇몇 잔재가 눈에 띈다. 이는 인간의 언어사용이 과학적으로만 이루어지는 않는다는 점에 관한 예시로 여겨진다. 비과학적인 언어사용은 *해돋이*, *해넘이/Sonnenaufgang, Sonnenuntergang/sunrise, sunset*에서도 알 수 있다(이에 관한 자세한 내용은 Dobrovol'skij/Piirainen(2005126)을 참조할 것).

(149가) Er *ging an die Decke.*
'그는 벌컥 화를 냈다.'
(149나) Er *ging vor Freude an die Decke.*
'그는 기뻐서 날뛰었다.'

독일인들은 화날 때나 기뻐할 때의 격한 감정을 *an die Decke gehen* '천장으로 가다'로 표현한다. 그러므로 *an die Decke gehen*은 분노의 감정을 나타내는 (149가)의 문장에서도 그리고 기쁨의 감정을 나타내는 (149나)의 문장에서도 사용된다. 그러므로 독일인들도 미국인들과 마찬가지로 기쁨의 감정뿐만 아니라 분노의 감정도 *an die Decke gehen*의 어휘적 의미에서 도출되는 천장을 치거나 천장에 부딪치는 광적인 행동으로 표출한다고 하겠다.

5.1.2. 문화적 동인에 의거한 분노관용어

먼저 한국문화에 동인된 분노관용어들을 보자.

5.1.2.1. 분노는 울화병이다

독일인들과 달리 한국인들은 분노의 감정을 외부로 표출하지 않고 마음속에 쌓아두면서 혼자 억누르고 억제하고 삭이는 것을 미덕으로 삼는 유교주의의 전통에 익숙해 있다. 특히 이 미덕은 특히 시부모, 남편, 자식, 사기, 빚 등 여러 가지 가정생활 내에서 일어나는 부정적인 일들로 인해 갈등을 겪는 한국여성들에게는 가부장적 유교사회의 강요 내지는 압박이다. 이 강요와 압박은 한국문화 특유의 분노의 증후군이라 할 수 있는 울화병 내지는 화병을 초래한다. 이를 나타내는 한국어 분노관용어 (150가,나)를 보자.

> (150가) 3년 이상 아무 일도 하지 않고 빈둥빈둥 놀면서 바람만 피는 남
> 편을 보면 울화가 치민다.
> (150나) 아버지에 이어 자식도 도박에 빠져 있으니 울화통/분통/열통/부
> 아통이 터져서 죽을 지경이다.

(150가,나)의 한국어 분노관용어 *울화가 치밀다* '하는 짓이나 상황이 마음에 들지 않고 화가 치밀 정도로 거슬리다'와 *울화통/분통이 터지다* '몹시 분하다'는 이미 (40가,다)에서 은유적 개념구조 **분노는 용기 속의 뜨거운 액체다**로 설명되었다. 그러나 이 한국어 분노관용어들은 분노의 감정을 밖으로 표출하지 못하고 혼자 답답하게 억누르면서 마음속에 쌓아두어 결국 마음의 병, 즉 울화병을 앓는 것을 나타낸다. 그러므로 이 한국어 분노관용어의 의미는 한국문화 특유의 은유적 개념구조 **분노는 울화병이다**로도 설명된다.

혼자 몸부림치면서 삭이고 또 감내해야 하기에 한국인의 울화병 내지 화병은 치유하기 어려운 마음의 깊은 상처를 남기고, 때로는 장기의 손상을 초래해 생명까지 위협한다. 이러한 신체의 증상을 나타내는 한국어 분노관용어들을 보자.

5.1.2.1.1. 분노는 상처이다

(151)의 한국어 분노관용어 *속을 긁다* '속상하게 하다'는 누구에게 말도 못하고 혼자 속상해 하면서 마음속에 깊은 분노의 상처를 남기는 것을 뱃속이나 위장을 칼날처럼 날카로운 도구로 긁어서 상처를 내게 하는 것으로 표현한다.

(151) 그렇게 잔인하게 남의 속을 긁으면 너도 언젠가는 하늘에서 천 벌
을 받을 것이다.

그러므로 (151)의 한국어 분노관용어는 한국문화에서 도출되는 은유
적 개념구조 **분노는 울화병이다**의 하위개념구조 **분노는 상처이다**를 기저로
한다.

5.1.2.1.2. 분노는 장기의 손상이다

누구에게 말도 못하고 장기간 혼자 속을 끓이다 보면, 가슴과 배 안
의 장기는 손상되어 결국 목숨까지 잃게 된다. 그런 이유에서인지 한국
인들은 의학이 발달하지 못했던 시대에 누가 *화병으로 죽었다*는 말을
사용했다. 그런 맥락에서 (152가)의 *속/복장이 뒤집히다* '화가 나고 답답
하다'는 몹시 분노하고 있는 상태를 속, 즉 배 안이나 위장, 그리고 복장,
즉 가슴의 한 복판 안의 심장이나 폐 같은 장기들이 뒤집혀져서 손상을
입어 불능상태가 되는 것으로 표현한다. *오장이 뒤집히다* '분통이 터져
견딜 수가 없다'는 몹시 분노하고 있는 상태를 간장, 비장, 폐장, 심장
그리고 신장을 가리키는 오장이 뒤집혀지면서 기능이 상실되고, 목숨의
위협까지 초래하는 것으로 표현한다.

> (152가) 믿었던 친구에게 배신당한 것을 생각하면, *속이/복장이/오장이*
>   *뒤집힌다.*
> (152나) 못된 며느리를 생각하면, *피가 거꾸로 솟는다/돈다.*
> (152다) 돈 많은 사람들이 사는 것을 보면, *눈이 돌아간다/곤두선다/뒤집*
>   *힌다.*

(152나)의 *피가 거꾸로 솟다/돌다* '하는 짓이나 상황이 마음에 들지 않고 화가 치밀 정도로 거슬리다'는 피가 반대방향으로 흐른다는 가상의 상황을 빌려서 극단적인 분노를 표현한다. (152다)의 분노관용어 *눈이 돌아가다/곤두서다/뒤집히다* '몹시 화가 나다'는 눈알이 돌아가거나, 거꾸로 꼿꼿이 서거나, 뒤집어져서, 결국 눈이 손상되는 것을 몹시 화가 난 상태로 표현한다. 그러므로 (152가,나,다)의 한국어 분노관용어들의 의미는 한국문화에서 도출된 은유적 개념구조 **분노는 울화병이다**의 하위 개념구조 **분노는 장기의 손상이다**로 설명된다.[3]

5.1.2.2. 분노는 기생충 감염이다

독일인들은 한국인들보다 기생충 감염에 더 예민한 반응을 보인다. 이를 반영하는 (153가,나)의 독일어 분노관용어 *jmd. ist eine Laus über die Leber gelaufen* '화가 나다'와 *die beleidigte Leberwurst spielen* '화를 내다'를 보자.

> (153가) Was *ist dir eine Laus über die Leber gelaufen*.
> '너는 무슨 일로 화가 났니?'
> (153나) Immer wenn Hans seinen Wunsch nicht erfüllt, *spielt er die beleidigte Leberwurst*.
> '한스는 자기가 바라는 것이 이루어지지 않으면 항상 화를 낸다.'

---

3) 일본인들은 그들의 사무라이 문화에서 나타내듯이 배/복부를 감정 통제기관으로 삼는다. 이는 분노의 감정을 나타내는 (i)의 일본어 관용어에 반영된다(Dobrovol'skij/ Piirainen 2005 : 133ff.) : (i) *腹が立つ* '화가 나다'. 이 일본어 분노관용어에서 *腹*은 배/복부를 의미하며, 이 관용어의 어휘적 의미는 "배가 일어서다"이다. 즉 일본인들은 배/복부가 일어서는 것을 분노하는 것으로 표현한다.

즉, (153가)의 독일어 분노관용어는 대사나 분비 및 노폐물 제거, 효소 합성 등 신체의 중요한 기능을 담당하는 간에 이가 기생하면서 피를 빨아 먹으며 여러 가지 병을 옮기는 현상에 대해 독일인들이 보이는 예민한 반응을 은유적으로 분노의 감정으로 표현한다. (153나)의 분노관용어는 기생충이나 균에 감염될 때 보이는 간의 예민한 반응을 빌어서 사람들이 모욕을 당해서 화가 나는 것을 표현한다.4) 그러므로 (153가,나)의 독일어 분노관용어들의 의미는 독일문화에서 도출되는 은유적 개념구조 분노는 기생충 감염이다로 설명된다.

5.1.2.3. 분노는 비정상적인 것이다

사람들은 일반적으로 오른손이나 오른발을 사용하는 것을 정상적인 것으로 여기고, 왼손이나 왼발을 사용하는 것을 비정상적인 것으로 여긴다. 그리고 정상적인 것은 좋은 것으로 그리고 비정상적인 것은 좋지 않은 것으로 믿는 경향이 있다. 그래서 유럽인들은 아침에 왼손잡이를 만나면 재수 없다는 미신을 믿었나 보다. 이러한 유럽인들의 미신문화에서 도출된 독일어 분노관용어 (154)의 *mit dem linken Fuß zuerst aufgestanden sein* '기분이 언짢다'는 유럽문화에 특유한 은유적 개념구조 분노는 비정상적인 것이다에 의거하여 기분이 언짢아서 화가 나는 것을 표현한다고 볼 수 있다.5)

(154) Manfred ist heute überraschend brumming. Er ist wahrscheinlich mit

---

4) Lupson(1984 : 2)에 의하면 (153나)의 관용어에서 *Wurst*는 익살스러움을 가미하기 위한 표현임.
5) Lupson(1984 : 1)을 참조할 것.

dem linken Fuß aufgestanden.
'만프레드는 오늘 이상하게 투덜거리네. 아마 아침부터 기분이 언짢은 가봐.'

미신과 관련된 한국어 분노관용어는 눈에 띄지 않는다. 그러나 불교 문화에서 왼쪽을 분노의 감정으로 표현하는 흔적이 눈에 띈다. 즉 불교의 십일면 관음상은 정면에 3면, 후면에 1면, 좌우에 각각 3면, 왼쪽에 3면, 그리고 정상에 1면, 즉 11면의 얼굴하고 있는데, 이중 왼쪽 3면은 악에 대한 분노를 나타내는 얼굴을 하고 있다. 그러나 이를 은유하는 한국어 분노관용어는 없어 보인다.

5.1.2.4. 분노는 증기기관이다

18세기 영국의 산업혁명으로 증기기관을 이용하는 증기기관차, 증기선이 생산되었고, 뒤이어 자동차, 비행기도 생산되었다. 이러한 교통수단의 등장은 마차가 교통수단의 전부였던 그 당시 사람들의 생활방식과 사고방식에 큰 변화를 불러 일으켰다. 이러한 삶의 변화에서 도출되는 분노관용어들을 보자. Burger(2003 : 90f.)는 (155)의 독일어 분노관용어 *Dampf ablassen* '화가 나다'를 압력을 줄여 폭발하지 않고 증기가 빠져 나가게 하는 증기기관의 이미지에 비유한 관용어로 설명한다.

(155) Ich habe *Dampf abgelassen*, als ich gewusst habe, dass meine Freundin unsere Versprechung nicht gehalten hat.
'내 여자친구가 약속을 어겼다는 것을 알았을 때 나는 화가 났었다.'

Burger(2003)의 입장을 받아들인다면, (155)의 분노관용어는 유럽의 산업혁명에서 도출된 은유적 개념구조 분노는 증기기관이다에 의거하여 증기가 빠져 나가는 증기기관의 이미지를 분노의 감정에 비유한다.

5.1.2.5. 분노는 자동차의 높은 속도/가속과정이다

현대인의 자동차문화에서 시속 80Km는 그리 빠른 속도가 아니겠지만, 자동차가 생산된 초창기에는 아마 매우 빠른 속도였을 것이다. 이런 사정을 배경으로 (156가)의 *auf achzig sein* '화가 나다'는 80Km의 속도로 빨리 달리는 것으로 화가 난 상태를 표현한다. 그러므로 이 독일어 분노관용어의 의미는 독일의 자동차문화에서 도출되는 은유적 개념구조 분노는 자동차의 높은 속도이다로 설명된다.

> (156가) Hans *war auf achzig*, als er hörte, in der Prüfung durchzufallen.
> '한스는 시험에 떨어졌다는 소식을 들었을 때, 화가 났었다.'
> (156나) Peter *kommt in Fahrt*, weil sein Sohn nicht fleißig auf die Abitur vorbereitet.
> '페터는 아들이 아비투어를 열심히 준비하지 않아서 화가 났다.'

(156나)의 *in Fahrt kommen* '화가 치밀다'는 시동을 걸고 천천히 달리기 시작하다가 정상적인 속도에 이르게 되는 가속과정을 화가 치밀어 오르는 과정으로 표현한다. 그러므로 (156가,나)의 독일어 분노관용어들의 은유성은 자동차문화에서 도출된 은유적 개념구조 분노는 자동차의 가속과정이다로 설명된다.

독일보다 늦게 시작된 산업화 때문인지, 한국어에는 증기기관이나 자동차문화와 연관된 분노관용어가 없다.

5.1.3. 분노관용어의 문화 특유의 은유성

한국인들은 분노의 감정을 외부로 표출하기보다 혼자 억제하고 참고 삭이면서 가슴 속에 담아 두는 것을 미덕으로 여기는 유교문화의 전통에 익숙해 있다. 그러나 이러한 감정의 통제방식은 억울하게 당한 일을 혼자 이겨내야 하는 특히 한국의 여인들에게는 가부장적 유교적 한국문화 특유의 가슴앓이인 울화병 내지는 화병을 초래한다. 이 병은 장기간 지속되면, 마음 깊은 곳에 지워지지 않는 상처를 남게 하고, 때로는 장기의 손상 내지는 불능을 초래하여 심지어는 생명을 위협한다. 분노의 감정을 이러한 한국인의 울화병에 비유한 분노관용어가 한국어에 많다.

반면 기생충 감염에 예민한 독일인들의 기질을 반영한 분노관용어, 증기기관의 증기 배출방법 그리고 자동차의 높은 속도 및 가속 과정에 비유한 분노관용어, 그리고 왼손잡이에 관한 유럽인들의 부정적인 미신을 반영한 독일문화 특유의 분노관용어들이 독일어에 있다.

5.2. 기쁨관용어

독일문화에 특유한 슬픔관용어는 기독교문화, 밀문화, 춤문화 그리고 미신문화에서 유래한 것들이 눈에 띄며, 한국문화에 특유한 슬픔관용어는 한국인의 쌀문화, 미신문화 그리고 노래 부르기를 좋아하는 한국인들의 기질에서 유래한 것들이 눈에 띈다.

5.2.1. 기쁨은 천국이다

(157가,나,다)의 독일어 기쁨관용어에서 *Himmel* '하늘'은 기쁨의 은유적 동인으로서 기독교에서 말하는 하나님이 계신 축복의 나라인 천국을 의미한다. 그러므로 이 기쁨관용어들은 천국으로부터 축복을 받는 것을 최고의 기쁨으로 표현한다.

> (157가) Ich würde *den Himmel auf Erden haben*, wenn ich Peter heirate.
> '페터와 결혼하면, 나는 매우 행복할 것이다.'
> (157나) Sie *war im siebten Himmel*, nachdem sie die Goldmedaille gewonnen hatte.
> '그녀는 금메달을 딴 후에 매우 행복해 했다.'
> (157다) In den ersten Jahren seiner Ehe *hing ihm der Himmel voller Geigen.*
> '결혼 후 첫 몇 년 동안 그는 너무 행복해서 희망에 차 있었다.'

즉, (157가)의 기쁨관용어 *den Himmel auf Erden haben* '매우 행복하다'는 지상에서 천국을 갖고 있으니 더 말할 것도 없는 행복한 상태를 표현한다. 특히 (157나)의 기쁨관용어 *im siebten Himmel sein* '행복에 넘치다'는 서양문화에서 행운의 숫자로 여겨지는 7이 추가되어 더 높은 축복 속에 처해 있는 행복한 상태를 표현한다. (157다)의 기쁨관용어 *jmdm. hängt der Himmel voller Geigen* '행복해서 희망에 차 있다'는 기쁨을 천국으로부터 받은 축복으로 꽉 차있는 것을 표현한다. 따라서 이 독일어 기쁨관용어들은 독일인들의 기독교문화에서 유래된 은유적 개념구조 **기쁨은 천국이다**에 의거하여 기쁨을 표현한다.

5.2.2. 기쁨은 아브라함의 품이다

(158)의 독일어 기쁨관용어 *wie in Abrahams Schoß sein* '아주 안락하게 지내다'는 기쁨을 유대인의 아버지인 아브라함의 무릎이나 품에 안겨 있는 아주 편안한 기분으로 표현한다.

> (158) Hier *sind* wir sicher *wie in Abrahams Schloß*
> '여기서 우리는 정말 편안하게 지낸다.'

그러므로 이 독일어 기쁨관용어는 독일의 기독교문화에서 유래한 은유적 개념구조 기쁨은 아브라함의 품이다에 의거하여 기쁨을 표현한다.

5.2.3. 기쁨은 길조의 동물이다

독일인들은 돼지를 행운의 상징동물로 여긴다. 이를 반영하는 (159)의 독일어 기쁨관용어 *bei etw. Schwein haben* '운이 좋다/행운을 잡다'는 (159)의 독일어 예문에서와 같이 자동차 사고가 났는데도 다행히 다치지 않은 운 좋은 상황에서 사용된다.[6]

> (159) *Bei seinem Autounfall* hat er noch *Schwein gehabt*, dass er sich nicht
> verletzt hat.
> '그는 자동차사고에서 운 좋게도 다치지 않았다'

즉, 이 기쁨관용어는 사건이 일어났는데도 돼지를 갖고 있어서 운 좋

---

6) 독일인들이 새해에 돼지모양의 마치판 과자(Marzipanschwein)를 사는 것도 이 맥락에서 이해된다.

게 다치지 않았다는 느낌을 표현한다. 그러므로 이 독일어 기쁨관용어는 독일의 미신문화에서 유래한 은유적 개념구조 기쁨은 길조의 동물이다를 근간으로 기쁨을 표현한다.

미신문화는 한국인들에게서도 나타난다. 그런데 한국인들은 돼지뿐만이 아니라 용도 길조(吉兆)의 동물로서 복, 행운의 상징으로 여긴다.

(160가) 어제 돼지꿈을 꾸었는데 복권이나 사 볼까?
(160나) 용꿈을 꾸어서 그런가? 오늘 일이 술술 잘 풀리네.

즉, (160가,나)의 한국어 기쁨관용어 돼지꿈을 꾸다와 용꿈을 꾸다는 재수 좋은 일이 생겼거나 생길 것 같은 예감이 들 때 하는 말이다. 그러므로 이 두 한국어 기쁨관용어는 한국인의 미신문화에서 나온 은유적 개념구조 기쁨은 길조의 동물이다에 의거하여 기쁨을 표현한다.

5.2.4. 기쁨은 빵/밥이다

(161가)의 독일어 기쁨관용어 *kleine Brötchen backen* '(부족하지만) 만족하다'는 독일인들의 주식인 빵에 비유한 관용어로서 충분하지는 않지만 현재 갖고 있는 작은 것, 즉 *kleine Brötchen* '작은 빵'에 만족하고 흡족해 하는 기쁨을 표현한다. 그러므로 (161)의 독일어 기쁨관용어는 독일의 밀문화에서 동인된 은유적 개념구조 기쁨은 빵이다에 의거하여 기쁨을 표현한다.

(161가) Wenn die Wirtschaftslage sich nicht bessert, müssen wir alle *kleine Brötchen backen*.

'경제사정이 좋아지지 않을 경우, 우리 모두는 부족하지만 만족
해야 할 것이다.'
(161나) 자식들이 맛있게 먹는 것을 보니 어머니는 *밥을 먹지 않아도 배
부르다고* 하신다.

밥은 한국인의 주식이다. 그러므로 한국인에게 밥을 먹고 산다는 것
은 그렇지 못한 경우와 비교해 보면 생활을 해 나갈 수 있다는 기쁨일
수 있다. 그런데 그런 밥을 먹지 않아도 배부르다는 것을 나타내는 (161
나)의 한국어 기쁨관용어 *밥(을) 먹지 않아도 배부르다* '뿌듯하다'는 한
국의 쌀문화에서 동인된 은유적 개념구조 **기쁨은 밥이다**에 의거하여 생
활의 기쁨인 밥을 먹지 않아도 충만하게 느낄 정도의 벅찬 기쁨을 표현
한다.

5.2.5. 기쁨은 노래이다

노래 부르기를 좋아하는 한국인의 기질을 반영한 (162)의 한국어 관
용어 *콧노래가 나오다* '기분이 좋다'는 기쁨을 일이 잘 되어서 기분이
좋아서 콧노래가 저절로 나오는 것으로 표현한다.

(162) *콧노래가* 나오는 것을 보니, 남자친구와 일이 잘 되어가나 보다.

그러므로 (78가)에서 방향은유적 개념구조 **기쁨은 바깥쪽이다**로 설명한
(162)의 한국어 관용어의 은유적 의미는 한국인의 기질에서 동인된 은
유적 개념구조 **기쁨은 노래이다**로도 설명된다.

5.2.6. 기쁨관용어의 문화 특유의 은유성

독일어에는 기독교문화에서 유래된 기쁨관용어들이 있다. 여기서는 하나님이 계신 축복의 나라인 천국과 유대인의 아버지 아브라함의 품에 동인된 기쁨관용어들이 있다. 그리고 독일에는 길조(吉兆), 즉 돼지를 행운의 상징으로 믿는 미신문화가 있고, 한국에는 돼지뿐만이 아니라 용을 길조의 상징으로 믿는 미신문화가 있다. 이 두 미신문화를 배경으로 하는 기쁨관용어가 한국어와 독일어에 있다. 한국인에게 밥이 주식이라면, 독일인에게는 빵이 주식이다. 그래서 쌀문화에서 유래한 기쁨관용어는 한국어에 있고, 밀문화에서 유래한 기쁨관용어는 독일어에 있다.

한국문화 특유의 기쁨관용어로 노래 부르기를 좋아하는 한국인들의 기질에서 동인된 것도 있다.

5.3. 슬픔관용어

분노관용어에서도 언급했듯이, 한국인들은 억울하게 당한 슬프고 원통한 일들을 겉으로 표현하지 않고, 혼자 삭이면서 감내하는 것을 덕행으로 여긴다. 유교문화의 가부장적 사회인 한국에서 이는 특히 여인들에게 암묵적으로 부과되는 윤리적 도덕적 강요이다. 이 강요는 많은 여성들의 마음에 응어리진 한(恨)이 맺히게 한다. 이 한이 풀리지 않고 오래 지속되면, 가슴이 답답한 증세가 생기고, 마음의 깊은 상처가 생기는 가슴앓이를 한다. 그래서 그런지 한국어에는 한국문화 특유의 한(恨)에 비유된 슬픔관용어가 많다. 또한 대부분의 한국인들은 합리성을 추구하는 독일인들과 달리 태어날 때 이미 하늘로부터 운명을 부여받는다는 사주팔자의 운명론적 법칙을 믿곤 한다. 이를 반영하는 슬픔관용어도 한국어에 있다. 먼저 전자의 경우를 보자.

5.3.1. 슬픔은 한(恨)이다

5.3.1.1. 슬픔은 막힘이다

(163가)의 슬픔관용어 *가슴이/속이 답답하다* '마음이 우울하고 답답하다'와 (163나)의 슬픔관용어 *가슴이 막히다* '슬픔이나 고통으로 가득 차 견디기 힘들다'에서 *가슴*과 *속*은 관습적 환유에 의거하여 마음으로 환유되고, 마음은 용기은유적 개념구조 **마음은 용기이다**에 의거하여 용기로 은유된다. 이 두 비유과정에 의거하여 (163가,나)의 한국어 슬픔관용어는 억울하고 원통한 일을 참고 참다가 응어리져 맺힌 마음(가슴, 속)의 한(恨)을 원활하지 않은 심장의 혈액 공급으로 인해 산소가 부족하여 가슴이 답답하고 숨쉬기 어려운 증상으로 표현한다.

> (163가) 실직당한 남편만 생각하면 *가슴이/속이 답답하다.*
> (163나) 자동차 사고로 젊은 나이에 돌아가신 아버지를 생각하면 원통하고 *가슴이 막힌다.*
> (163다) 그 사람은 *목이 막혀* 더 이상 어려웠던 지난 이야기를 이어나가지 못했다.
> (163라) 한 환경미화원의 죽음에 이토록 *목이 메이는* 이유는 뭘까.

(163다,라)의 한국어 슬픔관용어 *목이 막히다* '설움이 북받치다'와 *목이 메이다* '슬픔 감정이 북받치다'에서 목은 관습적 환유에 의거하여 마음으로 환유되고, 마음은 용기은유에 의거하여 용기로 은유된다. 그러

므로 (163다)의 관용어는 목구멍에 생긴 단단한 멍울 때문에 목이 답답하고 숨 막히게 되는 증상으로 숨을 쉬지 못할 정도로 마음(목)의 용기 안에 걱정과 아픔이 많이 들어 있어서 설움과 슬픔이 북받치게 되는 한(恨)의 증상을 표현한다. (163라)의 관용어 *목이 메이다* '슬픈 감정이 북받치다'도 목구멍에 생긴 멍울로 목이 막히는 것으로 마음(목구멍) 속의 심한 고통이나 한의 슬픔이 북받침을 표현한다. 그러므로 (163가,나,다,라)의 한국어 슬픔관용어들의 의미는 한국문화에서 동인된 은유적 개념구조 **슬픔은 한(恨)이다**의 하위개념구조 **슬픔은 막힘이다**로 설명된다.

5.3.1.2. 슬픔은 상처이다

한(恨)은 분노의 울화병같이 치유되기 어려운 마음의 상처를 남긴다. 그래서 한국어에는 슬픔을 맞거나 부딪친 자리에 남겨지는 피멍 같은 상처로 은유하는 슬픔관용어들이 있다. 예를 들면 (164가)의 슬픔관용어 *가슴에 멍/피멍이 들다* '한이 맺히다'는 맞거나 부딪힌 가슴에 피멍이 드는 것으로 마음(가슴)에 한의 슬픔이 깊게 맺혀 있음을 표현한다.

> (164가) 북한의 가족과 헤어진 지 반세기가 되지만, 지금도 그들을 생각하면 *가슴에 피멍이 든다.*
> (164나) 민주화 과정에서 희생당한 사람들의 *피 맺힌* 사연을 우리는 잊어서는 안 된다.
> (164다) 슬픔이 한이 되어 *가슴에 맺힌* 사람들을 만나면 마음이 숙연해진다.
> (164라) 자식을 키우다 보면 *속(이) 상한* 일이 한 두 가지가 아니다.

(164나,다)의 슬픔관용어 *피가 맺히다* '한이 사무치다'와 *가슴에 맺히*

다 '(통절한 원한이나 근심 따위가) 마음에 뭉쳐 있다'는 꼬집히거나 얻어맞을 때 생기는 피의 맺힘과 응어리로 마음(몸/가슴) 속에 잊혀 지지 않고 뭉쳐져서 깊게 자리 잡고 있는 통절한 원한을 표현한다. (164라) 슬픔관용어 속상하다 '괴롭다'는 속(뱃속)이 다쳐서 상처를 입은 것으로 걱정이나 근심 따위들로 마음(뱃속)의 상처를 입어 매우 언짢고 괴로운 상태를 표현한다. 그러므로 (164가,나,다,라)의 한국어 슬픔관용어의 의미도 한국문화에서 동인된 은유적 개념구조 슬픔은 한(恨)이다의 하위개념구조 슬픔은 상처이다로 설명된다.

5.3.1.2. 슬픔은 가슴앓이이다

(165)의 한국어 슬픔관용어 속으로 앓다 '밖으로 들어 내지 않고 마음 속으로만 괴로워하다'는 이미 (85바)에서 은유적 개념구조 슬픔은 질병이다로 설명한 바 있다. 그러나 이 슬픔관용어는 한국문화에 특유한 관용어로서 한국인들의 한(恨)이 야기한 일종의 속병 같은 가슴앓이로 슬픔을 표현한다.

> (165) 소심한 성격이라 김 씨는 고민거리들을 누구에게 이야기하지 않고 늘 혼자 속으로만 앓는다.

즉, 이 한국어 슬픔관용어는 속, 즉 뱃속의 위장에 질병이 생겨 아픈 것을 아픔이나 속상함을 밖으로 드러내지 않고 마음(속) 안에 담아 두면서 혼자 참고 견뎌내면서 얻은 가슴앓이를 슬픔으로 표현한다.

5.3.2. 슬픔은 나쁜 사주이다

한국인들이 믿는 사주팔자식 운명 타령을 슬픔으로 나타내는 (166)의 슬픔관용어 *팔자타령을 하다* '신세한탄하다'는 정해진 운명이 좋지 않은 것을 자꾸만 이야기하면서 자기의 불행한 신세를 한탄하는 것으로 나타낸다.

> (166) 그 아줌마는 만나면 늘 남편을 잘 못 만났다고 하면서 *팔자 타령을 한다.*

그러므로 이 한국어 슬픔관용어의 의미는 운명론을 믿는 한국인들의 문화에서 유래한 은유적 개념구조 **슬픔은 나쁜 사주이다**로 설명된다.

5.3.3. 슬픔관용어의 문화 특유의 은유성

전통이라는 것도 바뀌고는 있지만, 여전히 억울하고 원통한 슬픈 일들을 겉으로 표현하지 않고, 혼자 삭이고 감내하면서 마음에 응어리져 맺힌 한(恨)을 갖고 사는 한국 여성들이 많다. 따라서 한국어에는 이러한 가부장적 유교문화의 맥락에서 쌓이게 된 한으로 인한 가슴의 답답함, 치유되기 어려운 마음의 상처, 그리고 가슴앓이로 슬픔을 표현하는 관용어들이 많다.

또한 한국어에는 사주팔자의 운명을 믿는 한국인의 기질을 나타내는 슬픔관용어도 있다. 반면 독일문화에서 동인된 독일어 슬픔관용어는 찾지 못했다.

5.4. 금전관용어

일부 한국어 금전관용어들의 의미는 한국문화에 특유한 삶의 방식에서 비유된 금전용기로 설명된다. 금전용기는 암시적으로 표출되기도 하는데, 이 경우 금전은 한국문화에서 동인된 다양한 사물들로 은유된다.

5.4.1. 집

독일인들과 달리 한국인들은 집을 자산 가치 1위로 생각하는 경향이 있다. 그런 까닭에 한국인들은 집을 먹을 것이 들어 있는 금전용기로 생각한다. 이는 (167)의 한국어 속담에서 집을 곡식이 들어 있는 금전용기로 비유하는 것에서도 알 수 있다.

(167) 곳집이 차야 예절을 안다

이 속담은 곳집, 즉 곡식을 쌓아두는 곳간이 비면, 다시 말해 가난해서 먹을 것이 없으면, 염치고 예절이고 없다는 점에서 '곡식창고가 먹을 것으로 그득히 차야 사람답게 예절을 지키면서 살 수 있다'의 뜻으로 사용된다. 그러므로 이 속담에서 곳집은 금전용기로, 그리고 금전용기를 채우고 있는 곡식은 금전으로 비유된다. 이런 맥락에서 (168가,나,다)의 한국어 금전관용어들을 보자.

(168가) 아버지가 신용불량자가 되어서 철수네 가족은 *거리에 나앉게 되었다.*
(168나) *집도 절도 없는 사람*을 데려다가 가르쳤더니, 어느 날 대 기업의 CEO가 되었다.

(168다) 돈이 많다고 거들먹거렸던 최씨집 아들이 하루아침에 논두렁을 베고 말았다.

(168가)의 금전관용어 *거리에 나앉다* '집을 잃어 무일푼이 되다'는 숙식이 해결되는 집(금전용기)을 잃고 거리에 나앉는 무일푼의 상태를 표현한다. (168나)의 금전관용어 *집도 절도 없다* '몸을 기탁할 데나 기댈 데가 없는 무일푼의 거지 신세가 되다'는 허기를 해결할 수 있는 집(금전용기)은 물론 일반 사람도 숙식이 가능한 승려의 집인 절(금전용기)마저도 없다는 것으로 집도 재산도 없이 여기저기 떠돌아다니는 무일푼 신세를 표현한다. 한국의 논농사 문화에서 나온 (168다)의 금전관용어 *논두렁을 베다* '빈털터리가 되어 처량하게 죽다'는 집(금전용기)도 없이 밖으로 돌다가 처참하게 객사하는 것을 논두렁을 베개처럼 베면서 지내다가 죽는 것으로 표현한다.

5.4.2. 깡통/쪽박

전후 50~60년대에는 깡통을 옆에 차고 밥을 동냥하러 다니는 거지들이 종종 눈에 띄었다. 이렇게 가난했던 시절을 연상하게 하는 (169)의 한국어 금전관용어 *깡통/쪽박을 차다* '재산이 거덜 나 빌어먹는 거지 신세가 되다', '알거지가 되다'에서 깡통이나 쪽박은 돈이 하나도 들어 있지 않은 빈 통, 즉 빈 금전용기이면서 동시에 동냥질해서 얻은 돈으로 채워지게 될 금전용기로 비유된다.

(169) 친구의 빚보증 때문에 우리 삼촌은 *깡통/쪽박을 찰* 신세가 되어 버렸다.

따라서 이 한국어 금전관용어는 돈이 없는 신세를 빈 금전용기, 즉 깡통이나 쪽박을 옆구리에 차고 구걸하러 다니는 거지들의 모습으로 표현한다.

5.4.3. 방석

방석은 딱딱한 온돌방에서 좌식생활을 하는 한국인들에게 오랫동안 그리고 편안하게 바닥에 앉을 수 있게 바닥에 까는 작은 깔개이다. 그러므로 좋은 방석일수록 양질의 솜으로 속을 두툼하게 채운다. (170)의 한국어 금전관용어 *돈방석에 앉다* '이미 벌어드린 많은 돈으로 안락하고 편안한 처지가 되다'에서 *돈방석*은 속을 돈으로 채운 방석으로서 돈이 많이 들어 있는 금전용기로 비유된다.

(170) 영화 주인공에 발탁된 그는 이제 *돈방석에 앉게 되었다.*

그러므로 이 한국어 금전관용어는 돈을 많이 벌어 부자가 되어 있는 처지를 돈방석을 깔고 앉아 있는 것으로 표현한다.

그 밖에 한국의 음식문화, 전설문화, 놀이문화, 노동문화, 가족문화 등에서 도출되는 일부 금전관용어에서 금전용기는 암시적으로 인지되는데, 이 경우 금전은 한국문화에서 동인된 다양한 사물들로 표현된다.

5.4.4. 암시적 금전용기

첫째, 전후 가난했던 시절에 주식인 따뜻한 밥을 아침, 점심, 저녁끼니로 먹는다는 것은 가정의 재정상태가 좋다는 것을 상징했다. 여기에서 밥은 쌀을, 그리고 쌀은 그것을 살 수 있게 하는 금전을 의미했다. 그런 맥락에서 (171가)의 금전관용어 밥을 먹다 '그럭저럭 생활 해 나가다'는 부자는 아니더라도 남에게 동냥하지 않고 쌀을 사서 밥을 해 먹을 수 있을 정도의 돈은 있다는 것을 나타낸다.

> (171가) 9급 공무원만 되면 밥을 먹을 수는 있다.
> (171나) 직업명이 밥 먹여주는 것도 아니니, 구멍가게 주인을 해도 행복하기만 하면 된다.

(171나)의 금전관용어 밥(을) 먹여주다 '실제로 경제적 도움을 주다'는 끼니를 먹여줄 수 있는 생활의 실질적인 경제적 도움을 준다는 뜻을 나타낸다.

하루 세끼 따듯한 밥을 지어 먹을 쌀이 풍부하지 않았던 시절에 쌀을 빻아 가루로 만들어 떡을 만들어 먹는다는 것은 특별한 날에만 가능했던 일이다. 그러므로 (172가)의 금전관용어 떡이 생기다 '돈이나 이득이 생기다'는 생각지도 않은 특별한 돈(금전)이나 이득(금전)이 생기는 것을 나타낸다.

> (172가) 아무 생각하지 않고 열심히 일만 했는데, 생각지도 않게 떡이 생겼다니깐.
> (172나) 열심히 일만하면 떡고물이라도 떨어질 줄 알았는데, 실망이다 실망.

떡의 켜 사이에 깔거나 겉에 묻힌 떡고물은 떡을 먹을 때 떨어지기 십상이다. 이에 비유되는 (172나)의 금전관용어 떡고물이 떨어지다 '이익이 생기다'는 주수입(떡)에서 떨어져 나온 부수입(떡고물)이 생기는 것을 표현한다.[7]

둘째, 한국인들은 중국전설에서 상서로움을 나타내는 상상의 동물인 봉황을 복과 행운의 상징으로 받아들인다. 그러므로 봉황의 준말인 봉과 결합한 (173)의 금전관용어 봉(을) 잡다 '횡재하다'에서는 상상 속에서만 존재하는 진귀한 봉황을 금전으로 비유한다.

(173) 어제 밤에 봉 잡는 꿈을 꾸었으니, 오늘 로또를 사야겠다.

그러므로 (173)의 한국어 금전관용어는 봉황을 잡는 것을 복과 행운을 잡은 것에 비유하여, 뜻하지 않게 재물(봉)을 얻게 되는 것을 표현한다.

---

7) 예를 들면 한국인들은 푹푹 찌는 듯한 여름날의 무더위를 합성어 *찜통더위*로 표현하는데 반해, 독일인들은 합성어 *Waschküchen-Wetter*로 표현한다(김경욱 2004 : 90f. 참조). 즉, 숨이 막힐 것 같은 여름날의 무더위를 한국인들은 찜통에 그리고 독일인들을 세탁장에 비유한다. 이는 한국과 독일간의 문화적 차이에서 기인한다. 즉, 쌀을 주식으로 하는 한국인의 음식문화에서 찜통은 없어서는 안 될 요리 도구이다. 쌀로 한국인들은 밥뿐만 아니라 떡 같은 간식을 만들어 먹는다. 예를 들면 찹쌀가루나 쌀가루를 찜통속의 물이 끓어오를 때 발생하는 뜨거운 김으로 쪄내는 공정을 거쳐 인절미나 시루떡을 만든다. 따라서 합성어 *찜통더위*는 열기와 습기로 가득 찬 떡방아간이 연상되듯이 뜨거운 찜통에서 김이 나와 후끈해서 땀을 흘리는 것을 푹푹 찌는 무더운 여름 날씨에 비유한다. 밀을 주식으로 하는 독일인들에게 오븐은 중요한 요리 도구이다. 그러나 빵을 구워낼 때 오븐에서는 뜨거운 김이 밖으로 새어 나오지 않는다. 독일인들이 무더위를 오븐에 비유하지 않는 것은 이런 사정 때문일 것이다. 그러나 독일인들은 세탁기가 없던 60년대의 지하실 세탁장에서 큰 빨래통에 물과 비누와 빨래를 넣고 밑에서 불을 때면서 빨래를 삶을 때 느껴지는 뜨거운 열기와 습기를 여름날의 후덥지근한 무더위를 합성어 *Waschküchen-Wetter*로 표현한다. 그러나 쌀문화와 밀문화 속에서 비록 상이하게 형성되었다 해도 이 두 합성어는 모두 액체가 끓어 오를 때 발생하는 뜨거운 김을 출발 개념으로 그리고 여름날의 무더운 날씨를 도달 개념으로 하는 은유적 개념 구조 HITZE IST HEISSER DAMPF '열기는 뜨거운 증기이다.'가 적용된 합성어로 간주된다. 그러므로 이 두 합성어는, 비록 문화적인 차이로 인해 서로 상이한 대상을 비유대상으로 삼고 있지만, 결국은 한국인과 독일인들은 동일한 은유적 상상을 하고 있음을 알 수 있다.

셋째, 한국의 놀이문화에서 형성된 (174가)의 금전관용어 땡을 잡다 '뜻밖에 큰 이익을 얻게 되다'에서 땡은 화투놀이에서 그림이 같은 화투 2장으로 만들어지는 패로서, 이 패를 잡으면 보통 게임에서 이겨 돈을 얻게 된다는 사정을 반영하여 바로 금전에 비유된다. 즉, (174가)의 한국어 금전관용어는 우연히 큰 이익이 생기게 되는 행운을 잡는 것을 나타낸다.

> (174가) 돈 많은 여자와 결혼해서 땡을 잡았으니, 한 턱 내도 크게 내야겠다.
> (174나) 박 씨는 늘 손을 털어야만 노름판에서 떠난다.

한국의 도박문화에서 유래한 (174나)의 금전관용어 손(을) 털다 '가지고 있는 돈, 즉 본전을 탕진하여 빈털터리가 되다'에서 신체명 손은 금전 내지는 놀음판에서의 밑천으로 비유된다. 그러므로 이 한국어 금전관용어는 임의의 금전용기 안에 있던 돈이 다 나갔다는 것을 의미하므로, 가지고 있는 돈, 즉 사업이나 놀음판에 밑천으로 들인 돈을 죄다 잃었음을 나타낸다.

넷째, 노동문화에 비유되는 금전관용어 (175가,나)를 보자.

> (175가) 손끝에 물 한 방울 묻히지 않고 사는 사람을 며느리로 맞아들인다니, 시어머니와의 관계가 걱정스럽다.
> (175나) 발바닥에 흙 안 묻히고 살았던 사람이 남편을 잘못 만나 그 고생을 했으니, 병나지 않을 수 없었을 거다.

한국 주부들은 따뜻한 밥과 국, 그리고 여러 가지 반찬들로 이루어진 세끼 식사를 준비하려면 물에 손을 담가야 하는 가사노동에 많은 시간을 보내야 한다. 이러한 측면에서 (175가)의 금전관용어 손끝에 물 한 방울 묻히지 않다 '고생을 모르고 풍족하게 생활하다'는 손끝에 물 한 방울 튀기지 않고 사는 부유한 사람들의 풍족하고 편안한 금전상태를 나타낸다. (175나)의 금전관용어 발바닥에 흙 안 묻히고 살다 '가만히 앉아서 편하게 충족하게 살다'는 농경사회에서 발바닥에 흙을 묻혀야 하는 논밭 일을 해서 먹고 사는 서민들의 생활상태와 달리 소작을 주어서 스스로 발바닥에 흙 묻힐 필요가 없는 부자들의 편안한 금전상태를 나타낸다.

다섯째, 한국의 가족문화를 연상하게 하는 (176)의 금전관용어 도련님 천량 '아껴서 오붓하게 모아 놓은 돈'은 세상 물정을 몰라 아직 돈쓸 줄 모르는 어린 시동생인 도련님의 돈주머니 안에 쓰지 않고 고스란히 모아둔 돈을 나타낸다.

(176) 먹자고 버는 것인데, 돈 많으면 뭐하나 도련님 천냥인데.

여섯째, 일상생활에서 접하게 되는 행동들에 비유되는 한국어 금전관용어 (177가,나,다)를 보자.

(177가) 코 묻은 돈인데, 왜 어른들이 거기에 매달리는지 모르겠네.
(177나) 손가락을 물고/빨고 사는 한이 있어도 그 더러운 놈의 돈은 먹지 않겠다.
(177다) 힘없는 노인들을 등쳐먹다니, 해도 해도 너무한다.

돈을 많이 가질 수 없는 코흘리개 어린아이들이 사탕 사먹기 위해 갖고 있는 얼마 안 되는 돈을 코 묻은 손으로 만지작거리면 돈에 코가 묻는다. 이를 연상하게 하는 (177가)의 금전관용어 코 묻은 돈이다 '얼마 안 되는 돈이다'는 재산이 별로 없는 사람이 갖고 있는 얼마 안 되는 돈임을 나타낸다. (177나)의 금전관용어 손가락(을) 물다/빨다 '먹을 것이 없어서 굶다'는 무언가를 먹고 싶은데, 먹을 것이 없어서 손가락을 빨아 먹는 어린아이들의 행위를 굶을 정도로 돈이 없는 금전상태에 빗댄다. (177다)의 금전관용어 등쳐먹다 '남을 속여 재물을 빼앗다'는 무엇을 먹고 있는데, 뒤에서 누군가가 슬쩍 등을 치고는 그 사람이 돌아보는 사이에 먹던 음식을 가로채 가는 행동으로 남의 돈을 가로채는 것을 나타낸다.

문화적 배경에서 형성된 독일어 금전관용어는 거의 찾지 못했지만, 그럼에도 불구하고 (113나)에서 금전용기를 건초더미로 비유한 바 있는 (178)의 금전관용어 *Geld wie Heu haben* '돈이 많다'는 독일의 목축 농경 사회를 연상케 한다.

> (178) Sie *hat Geld wie Heu.*
>   '그녀는 돈이 아주 많다.'

즉 이 독일어 금전관용어는 소의 먹이용으로 베어서 말려 쌓아 놓은 건초더미를 금전더미에 비유하므로, 건초더미 만큼이나 부피가 클 정도로 돈이 많음을 나타낸다.

5.4.5. 금전관용어의 문화 특유의 은유성

한국문화에서 동인된 금전관용어들의 의미는 한국문화 특유의 상황에서 비유되는 한국적 금전용기들을 통해 다양한 금전상황 내지는 상태들을 나타낸다. 즉 한국인들은 자신들이 자산 제1호로 삼는 집을 금전용기로 비유하고, 전후 가난했던 시절을 연상하게 하는 깡통과 쪽박 그리고 한국인의 좌식 생활에서 유래하는 방석도 금전 용기로 비유한다.

그밖에 한국인의 음식문화, 전설문화, 놀이문화, 노동문화, 가족문화 등에서 도출되는 일부 금전관용어에서는 금전용기가 암시적으로 언급된다. 이 경우 쌀, 떡고물, 봉황, 땅, 심지어는 신체명 손이 금전으로 비유되고, 이를 근거로 한국어 금전관용어들은 다양한 금전상황 내지는 상태를 나타낸다.

독일문화에서 유래된 금전관용어는 찾기가 쉽지 않았지만, 독일의 목축 농경사회를 연상케 하는 건초더미를 금전용기로 비유하면서 부유한 금전상태를 나타내는 금전관용어가 독일어에 있다.

5.5. 손 관용어

감정관용어에서도 언급하였듯이, 한국인들에게는 손 관용어에서도 신체의 증상이나 생리적 현상을 은유적 표현의 근원영역으로 삼는 경향이 있다. 이러한 한국인의 기질을 반영한 일부 한국어 손 관용어에서 손은 생리현상이나 사건이 발생하는 용기로 은유되기도 한다.

5.5.1. 손은 생리현상의 발생 용기이다

독일어에서는 찾아 볼 수 없지만, 한국어 손 관용어에서 신체명 손은 생리현상이 발생하는 용기로 은유된다. 즉, 긴장하면 혈압과 체온이 상승하고, 체온이 상승하면 온 몸에 땀이 나고, 특히 땀샘이 많은 손바닥에도 땀이 난다. 손 관용어에서 손은 바로 이런 생리현상이 발생하는 용기로 은유된다. 이런 맥락에서 (179)의 한국어 손 관용어 *손에 땀을 쥐다*

'긴장하다'는 몹시 긴장한 상태를 손에 땀이 난다는 것으로 나타낸다.

(179) 김연아가 점프하면 실수할까봐 손에 땀을 쥐지 않을 수 없다.

그러므로 이 한국어 손 관용어에서 손은 긴장감 때문에 땀이 발생하는 용기로 인지되므로, 한국인들 감정표현 성향에서 동인된 은유적 개념구조 **손은 생리현상의 발생 용기이다**로 설명된다.

5.5.2. 손은 사건발생 용기이다

한국의 장 문화에서 유래한 (180가,나)의 한국어 손 관용어 *손에/손바닥에 장을 지지다* '결코 그렇지 않다'는 손바닥에 간장을 붓고 밑에서 불을 때서 끓이는 상황을 말하는 것으로 이때 신체명 손은 사건이 일어나는 용기가 된다.

(180가) 내 말이 틀림이 없다구. 나를 믿어봐. 아니면 *내 손에/손바닥에 장을 지질게.*

(180나) 네가 그 일을 한다구? 정말 네가 그 일을 한다면 *내 손에/손바닥에 장을 지지겠다.*

이 한국어 손 관용어들은 두 가지 상황에서, 즉 (180가)에서와 같이 자기의 주장이 결코 틀리지 않다고 생각할 때, 그리고 (180나)에서와 같이 상대편이 어떤 일을 절대로 할 수 없다고 생각할 때 사용된다. 그러므로 이 두 경우에서 *손* 내지 *손바닥*은 간장을 끓이는 한국의 장 문화에서 동인된 은유적 개념구조 **손은 사건발생 용기이다**에 의거하여 사건이 발생하는 용기로 설명된다.

독일문화에서 기인한 독일어 손 관용어는 눈에 띄지 않는다.

5.5.3. 손 관용어의 문화 특유의 은유성

한국어에는 신체의 증상이나 생리적 현상을 은유적 표현의 근원영역
으로 삼는 한국인의 성향을 반영한 손 관용어들이 있다. 이 손 관용어
에서 손은 생리현상이 발생하는 용기로 은유된다. 간장을 끓이는 한국
의 장 문화에서 유래한 손 관용어도 있다.

독일 특유의 문화에서 동인된 손 관용어는 찾지 못했다.

06 시간은유

6.1. 시간표현의 은유성

시간개념은 직접 이해되기 보다는 공간, 행위나 운동, 때로는 사건과의 관계를 통해 이해된다. 이를 반영하듯 유사한 내용을 표현하는 (181가,나,다)의 한국어, 독일어, 그리고 영어문장에서는 거리표현이 시간으로 비유되고, (182가,나,다)의 한국어, 독일어 그리고 영어문장에서는 시간표현이 거리로 비유된다.[1]

(181가) 난 엄마가 *50킬로* 운전하는 동안 잠을 잤어.
(181나) Ich habe *50km* lang geschlafen, als meine Mutter Auto gefahren ist.
(181다) I slept for *50miles*, while my mom drove.

(182가) 대전에서 공주는 *30분* 거리야.
(182나) Von Daejeon bis Gongju dauert es *30 Minuten*.
(182다) Gongju is *half an hour* from Daejeon.

---

1) 이에 관해서는 Lakoff/Johnson(1999 : 152/2002 : 228)을 참조할 것.

즉, (181가,나,다)에서 50킬로/마일을 운전하기 전과 운전한 후의 엄마의 위치는 동일하지 않으므로, 엄마의 공간적 위치이동은 바로 시간의 경과로 이해된다. 따라서 시간표현 *50킬로*와 *50km, 50miles*는 엄마가 운전할 때 잠을 잔 행위가 일어난 시간으로 이해된다. (182가,나,다)의 시간표현 *30분, 30Minuten, half an hour*는 대전에서 공주까지 이동하는데 필요한 시간으로서 30분 동안 이동한 공간적 거리로 이해된다.

시간개념과 공간개념의 은유적 관계는 Lakoff/Johnson(1999/2002)의 시간은유, <움직이는 관찰자 은유>(The Moving Observer Metaphor)와 <움직이는 시간 은유>(the Moving Time Metaphor)로 설명된다. 먼저 이 두 시간은유들이 영어와 호피어, 그리고 한국어와 독일어에서 어떻게 사용되고 있는가를 보자.

6.2. 〈움직이는 관찰자 은유〉

6.2.1. 〈움직이는 관찰자 은유〉 소개

시간은 그 자체로서 완전히 구체화된 개념으로 존재하지 않고, 운동이나 공간 같은 개념 속에서 이해된다. 이러한 측면에서 Lakoff/Johnson(1999 : 145ff./2002 : 218ff.)의 <움직이는 관찰자 은유>는 다음과 같은 공간도식에서 적용된다. 첫째, 관찰자는 말 그대로 움직이는 이동물체가 되어 한 위치에 고정되어 있지 않고, 자기 앞을 바라보면서 미래의 방향으로 이동한다.[2] 둘째, 시간은 과거에서 움직여서 관찰자의 현재 위치를 거쳐 미래의 방향으로 흐른다. 셋째, 움직이는 관찰자의 이동경로는 시간의

---

2) <움직이는 관찰자 은유>에서 관찰자는 이동행위의 주체, 즉 행위자가 된다.

경과로 간주된다. 넷째, 움직이는 관찰자의 이동경로 상의 모든 위치들은 특정한 시간들로 인지된다. 그러므로 <움직이는 관찰자 은유>가 적용되는 공간도식에서 관찰자가 현재의 시간과 위치에서 미래의 방향으로 이동할 때, 미래의 모든 위치는 지나쳐온 과거의 위치가 그랬듯이 관찰자가 도달하기 이전에 이미 존재하고 있는 것으로 간주된다. 이런 관점에서 볼 때 <움직이는 관찰자 은유>에서 과거와 미래는 현재와 함께 존재하는 것으로 간주된다. 네 가지 요약에 의거하면 <움직이는 관찰자 은유>의 도식은 (183)3)과 같이 제시된다.4)

(183)

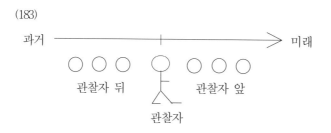

(183)에서 관찰자는 움직이는 물체로서 앞을 보면서 시간적으로는 미래의 방향으로 이동한다.5) 미래에서 만나거나 접하는 대상이나 사건이나 날들은 관찰자가 이동해 가는 미래의 시점에 이미 존재하고 있고, 현재 만나거나 접하는 대상이나 사건이나 날들도 관찰자 위치인 현재 시점에 존재하고 있고, 과거에 만났거나 접했던 대상이나 사건이나 날들도 관찰자가 지나온 과거의 어느 시점에 이미 존재해 있다. 이 시간

---

3) (183)의 그림은 Gentner/Imai/Boroditsky(2002 : 539)를 참조한 것임.

4) 이에 관해서는 Lakoff/Johnson(1999 : 159f./2002 : 237f.)를 참조할 것.

5) <움직이는 관찰자 은유>가 적용되는 문장에서 움직이는 관찰자는 많은 경우 명시적으로 표현된다.

은유가 자연언어에서 어떻게 반영되는가를 보자.

6.2.2. 영어에서의 〈움직이는 관찰자 은유〉

Lakoff/Johnson(1999 : 146/2002 : 219)이 제시한 영어 예문 (184가,나)를 보자.6)

  (184가) I *arrived* at 10 : 15 am.
  (184나) We are *getting close to* Christmas.

(184가)에서 움직이는 관찰자인 이동물체 *I*의 지시대상은 이미 과거의 특정한 시점인 오전 10시 15분의 위치로 이동해 갔다. (184나)에서 이동물체 *we*의 지시대상은 움직이는 관찰자가 되어 미래의 특정한 시점인 크리스마스를 향해 이동해 간다. 그러므로 시간의 흐름이 과거에서 미래 방향으로 흐르는 것으로 인지되는 (184가,나)에서 관찰자는 각각 과거의 어느 특정한 시점으로 이동해 갔고, 그리고 미래의 특정한 시점으로 이동해 가고 있다.

6.2.3. 호피어에서의 〈움직이는 관찰자 은유〉

푸에블로 인디안의 언어인 호피어에서도 <움직이는 관찰자 은유>가 사용된다. 즉 (185)의 호피어 문장에서 동사 *hayvingw*는 영어 동사 *approach*에 해당한다. 영어로 번역된 문장을 보면, 관찰자인 이동물체

---

6) 영어에서 나타나는 <움직이는 관찰자 은유>에 관한 자세한 내용은 Lakoff/Johnson (1999 : 141ff./2002 : 213ff.)을 참조할 것.

*they*의 지시대상은 *the last day*가 지시하는 특정한 시간으로 이동했다.[7]

> (185) nuutungk talong-va-ni-qa-t a-qw *hayvingw*-na-ya
> last daylight-REAL-FUT-REL-ACC it-to(EX) approach-CAUS-PL
> "They approached the last day."

6.2.4. 한국어에서의 〈움직이는 관찰자 은유〉

한국어에서 〈움직이는 관찰자 은유〉는 (186가,나)에서와 같이 관찰자가 특정한 사람이나 특정한 장소로 이동하는 경우에 적용된다.

> (186가) 우리는 2시간 전에 부엌 쪽으로 *가까이 다가갔다.*
> (186나) 우리는 지금부터 그에게 좀 더 *가까이 다가가려고 한다.*
> (186다) *우리는 지금 크리스마스에 점점 *가까이 다가가고 있다.*

즉 (186가)에서 우리는 움직이는 관찰자로서 이동물체가 되어 현재의 시점에서부터 2시간 전인 과거의 시점에서 특정한 장소, 즉 부엌 쪽으로 이동해 갔고, 그리고 (186나)에서 우리는 움직이는 관찰자로서 지금부터 특정한 사람에게로 이동해 가려고 한다. 그러므로 (186가,나)에서 움직이는 관찰자인 우리의 공간이동은 시간의 흐름으로 은유된다. 왜냐하면 관찰자는 한 위치에 고정되어 있지 않고, 스스로 움직이는 물체가 되어, 특정한 장소로 이동해 갔고 그리고 이동하려고 하고, 바로 이러한 관찰자의 이동경로가 시간의 경과로 인지되기 때문이다. 그러나 〈움직이는 관찰자 은유〉는 (186가,나)에서와 같이 관찰자가 구체적으로 형상

---

7) 이에 관해서는 Lakoff/Johnson(1999 : 150f./2002 : 225f.)을 참조할 것.

화되는 특정한 사람이나 특정한 장소로 이동하는 경우에는 적용되지만, (186다)에서와 같이 구체적으로 형상화되지 않는 크리스마스 같은 추상적인 시간으로 이동하는 경우에는 적용되지 않는다. 이는 이미 언급한 영어와 호피어의 예문 (184가,나)와 (185) 그리고 앞으로 언급할 독일어의 예문 (187나)과 달리, 한국인의 언어사용과 관련된 특수한 현상으로 간주된다.

6.2.5. 독일어에서의 〈움직이는 관찰자 은유〉

독일어 예문 (187가)에서 움직이는 관찰자인 한스는 시애틀로 출발한 과거의 특정한 시점인 어제 14시의 시점을 이미 지나갔다. 독일어 예문 (187나)에서는 비문인 한국어 예문 (186다)에서와 달리, 주어 *wir*의 지시대상들이 움직이는 관찰자가 되어 구체적으로 형상화되지 않는 추상적인 시간인 미래의 특정한 날 크리스마스로 이동해 가고 있다.

> (187가) Hans ist *gestern um 14Uhr nach Seattle geflogen.*
> '한스는 어제 14시에 시애틀로 갔다.'
> (187나) Wir *kommen allmählich in die Nähe von Weihnacht.*
> '우리들은 점점 크리스마스 가까이로 다가가고 있다.'

그러므로 (187가)에서 나타내는 과거에서의 공간이동과 (187나)에서 나타내는 미래로의 공간이동은 〈움직이는 관찰자 은유〉에 의거하여 시간의 흐름으로 인지된다.

미래 방향으로의 시간의 흐름 속에서 관찰자의 이동은 (188)의 독일어 관용어 *mit der Zeit gehen* '그때그때의 세상형편에 보조를 맞추다'에서도 인지된다.

(188) Unser Geschäftsführer ist einer, der *mit der Zeit geht.*
　　　'우리 상사는 그때그때의 세상형편에 보조를 맞추는 사람이다.'

즉, (188)의 예문에서 관찰자인 *unser Geschäftsführer*의 지시대상은 미래의 방향으로 이동하면서 그때마다의 세상형편에 부닥친다.

6.3. 〈움직이는 시간 은유〉

6.3.1. 〈움직이는 시간 은유〉 소개

Lakoff/Johnson(1999/2002)의 <움직이는 시간 은유>는 다음과 같은 아주 특수한 공간도식에 적용된다. 첫째, 시간은 스스로 움직이는 이동물체가 되어 미래에서 현재를 거쳐 과거의 방향으로 흐른다.8) 둘째, 관찰자는 고정된 위치에서 시간이 흐르는 방향만을 바라본다. 셋째, 시간은 미래에서 과거의 방향으로 흐르므로, 미래는 관찰자 쪽으로 다가오고, 과거는 현재인 관찰자 곁을 떠나 이미 이동해 갔다.9) 따라서 <움직이는 시간 은유>의 공간도식은 (189)와 같이 제시된다.10)

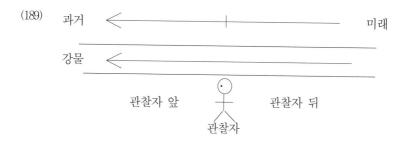

(189)

---

8) <움직이는 시간 은유>에서 이동물체인 시간은 문장에서 명시적으로 표현된다.
9) 이에 관해서는 Lakoff/Johnson(1999 : 158/2002 : 236)을 참조할 것.
10) 그림 (189)는 Gentner/Imai/Boroditsky(2002 : 539)에서 참조한 것임.

즉, (189)에서 시간은 강물이 흐르듯이 미래에서 관찰자의 현재 위치를 거쳐 과거의 방향으로 흐르고, 그리고 관찰자는 정지한 상태에서 강물이 흘러가는 방향만을 바라보듯이, 시간이 흐르는 방향만을 바라본다. 이 <움직이는 시간 은유>가 자연언어에서 어떻게 반영되는가를 보자.

6.3.2. 영어에서의 〈움직이는 시간 은유〉

시간의 이동이 인지되는 Lakoff/Johnson(1999 : 143/2002 : 214)의 영어 예문 (190가,나)를 보자[11]

> (190가) The deadline *is approaching*.
> (190나) The time for action *has arrived*.

(190가,나)에서 관찰자는 임의의 고정된 위치에서 강물이 흘러가는 방향만을 바라보듯이, 시간이 흘러가는 방향만을 바라본다. 이러한 상황에서 이동물체인 *the deadline*, 즉 마감시간은 관찰자 쪽으로 다가오고 있고, (190나)에서 이동물체인 *the time for action*, 즉 행동의 시간은 이미 관찰자에게 다가 와 있다.

6.3.3. 호피어에서의 〈움직이는 시간 은유〉

호피어 예문 (191)에서도 시간은 이동물체가 되어 관찰자 쪽으로 이동한다.[12]

---

11) 영어에서 사용되는 <움직이는 시간 은유>에 관한 자세한 내용은 Lakoff/Johnson (1999 : 141ff./2002 : 218ff.)을 참조할 것.

(191) pu'hapi a-w *pitsi*-w-iw-ta
now EMPH 'REF'-to arrive-STAT-IMPERF-(temp. adv.)
"Now the [appropriate time] for it has arrived."

즉, (191)의 호피어 문장에서는 영어로 번역된 문장에서 알 수 있듯이 이동물체인 *the appropriate time*, 즉 적절한 시점이 영어 동사 *arrive*에 해당하는 호피어 동사 *pitsi*를 통해 미래에서 관찰자의 위치인 현재로 이미 이동해 왔다.

6.3.4. 한국어에서의 〈움직이는 시간 은유〉

한국어의 예 (192가,나)와 (193가,나)에서도 시간은 이동물체가 되어 미래에서 과거의 방향으로 이동한다.

(192가) 휴가기간이 *끝났다*.
(192나) 크리스마스가 점점 *가까이 다가오고 있다*.

(193가) *가는* 세월
(193나) *오는* 세월

즉, (192가)에서는 이동물체인 휴가기간이 이미 관찰자의 위치를 지나쳐 이동해 버렸고, (192나)에서는 이동물체인 크리스마스가 미래에서 관찰자 쪽으로 이동해 오고 있다. (193가)에서는 이동물체인 세월이 관찰자의 위치를 떠나 과거로 흘러가고 있고 그리고 (193나)에서는 이동물체인 세월이 관찰자 쪽으로 다가오고 있다.

---

12) 이에 관한 토론은 Lakoff/Johnson 1999 : 150f./2002 : 225f.)을 참조할 것.

6.3.5. 독일어에서의 〈움직이는 시간 은유〉

독일어 예문 (194가,나,다)에서도 시간은 이동물체가 되어 미래의 방향에서 관찰자의 위치인 현재를 거쳐 과거로 이동한다.

> (194가) Meine Urlaubszeit *ist schon vorbei.*
> '나의 휴가기간은 이미 끝났다.'
> (194나) Weihnacht *kommt allmählich.*
> '크리스마스가 점점 다가오고 있다.'
> (194다) *Von jetzt an beginnt* meine Urlaubszeit.
> '지금부터 나의 휴가기간이 시작된다.'

즉, (194가)에서는 휴가기간이 관찰자 위치인 현재를 지나쳐 이미 과거로 이동해 버렸고, (194나)에서는 크리스마스가 미래의 방향에서 관찰자 쪽으로 이동해 오고 있다. 그리고 (194다)에서는 휴가기간이 *jetzt*로 표현되는 관찰자의 위치인 현재의 시점을 막 이동하기 시작한다.

(195가,나,다)의 독일어 표현에서도 <움직이는 시간 은유>에 의거하여 시간의 흐름이 미래에서 과거의 방향으로 흐르는 것이 인식된다.

> (195가) in *alten* Zeiten '옛날에'
> (195나) in einer *kurzen* Zeit '얼마 전에'
> (195다) die *kommende* Zeit '장래'

즉, (195가)에서 시간은 형용사 *alt*의 뉘앙스에서 느껴지듯이 관찰자의 위치를 이미 한참 지나쳐 버린 과거로 흘러갔다. 이러한 점에서 (195가)는 '옛날에'의 뜻으로 사용된다. (195나)에서 시간은 관찰자 앞을 지나쳐 과거로 이동하였지만, 형용사 *kurz*의 이미지에 의거하여 그리 오래되지 않은 과거를 나타낸다. 그러므로 (195나)는 '얼마 전에'의 뜻으로 사용된다. (195다)에서는 형용사 *kommend*에서 풍기듯이 시간이 관찰자 쪽으로 다가오고 있다. 따라서 (195다)는 '장래', '미래'의 뜻으로 사용된다.

<움직이는 시간 은유>는 독일어 시간관용어 (196가,나,다)에도 적용되는데, 여기서 시간은 움직이는 이동물체가 되어 관찰자 쪽으로 다가오는 것으로 인지된다.

> (196가) Soll ich sie heiraten oder nicht? Die Entscheidung fällt mir schwer, aber *kommt Zeit, kommt Rat.*
> '결혼해야 할지 말아야 할지 결정하기 어렵지만, 시간이 해결해 준다.'
>
> (196나) *Mit der Zeit* löst es sich.
> '시간이 지나야 해결된다.'
>
> (196다) *Es ist Zeit/wird Zeit* für mich, schlafen zu gehen.
> '잠자러 갈 시간이다/잠자러 갈 시간이 올 것이다'

즉, (196가)의 시간관용어 *Kommt Zeit, kommt Rat* '때가 오면 좋은 생각이 떠오르게 되다', '시간이 해결해 주다'는 당장 결정하기 어려운 중요한 사건을 시간의 흐름에 맡기면 이에 관한 좋은 생각이 떠오르게 된다는 것을 나타낸다. 그러므로 이 관용어에서 이동물체인 시간은 관찰자 쪽으로 다가오는 것으로 인지된다. (196나)의 시간관용어 *mit der Zeit* '시간이 지나야'도 시간이 흘러야 무언가가 해결된다는 것을 나타낸다. 이 관용어에서도 이동물체인 시간은 관찰자 쪽으로 흘러오는 것으로 느껴진다. (196다)의 시간관용어 *es ist/wird Zeit* '무엇을 할 시기가 왔다/올 거다'에서도 시간은 이동물체가 되어 미래의 방향에서 관찰자의 위치로 이동해 왔거나 이동해 올 예정임을 나타낸다.

한국인과 독일인, 그리고 미국인과 푸에블로 인디언들은, 서로 다른 세상 경험과 서로 다른 문화적 배경 속에서 언어생활을 하지만, 그들의 시간 개념 사용에서 <움직이는 관찰자 은유>와 <움직이는 시간 은유>를 은유적 기저로 하고 있다는 점에서는 같다. 이는, 비록 제한된 일부 언어 현상만을 고려하였다는 한계 때문에 최종적으로 충분하다고 할 수는 없겠지만, <움직이는 시간 은유>의 보편적 타당성을 생각해 보게 하기에는 충분하다고 본다.

더욱 더 흥미로운 현상은 <움직이는 관찰자 은유>와 <움직이는 시간 은유>에서 미래와 과거가 상이한 방향으로 인지된다는 점이다. 즉, 그림 (183)과 (189)에서도 암시하였듯이, 미래와 과거는 <움직이는 관찰자 은유>에서는 관찰자의 앞과 뒤로, 그리고 <움직이는 시간 은유>에서는 관찰자의 뒤와 앞으로 인지된다. 그러므로 미래와 과거는 언급한 두 시간은유 중에 어느 은유가 적용되는가에 따라 상이하게 인지된다. 즉 전자의 은유에서는 미래와 과거는 시간은유적 개념구조 미래는 앞이다와 과거는 뒤이다로 설명되고, 후자의 은유에서는 시간은유적 개념구조 미래는 뒤이다와 과거는 앞이다로 설명된다.

미래와 과거는 문법적으로 표현되는 시제이기도 하다. 그러나 이 글에서는 한국어의 명사 앞/전, 뒤, 그리고 독일어의 전치사 *vor, hinter, nach* 등이 관용어와 복합어를 포함하는 그들의 언어에서 어떻게 해서 상이한 시간은유적 개념구조에 의거하여 서로 다른 방향의 미래와 과거로 인지되는가를 보기로 한다.

6.4. 미래와 과거에 관한 상이한 시간은유적 개념구조들

6.4.1. 〈움직이는 관찰자 은유〉에서의 미래는 앞이다/과거는 뒤이다

6.4.1.1. 한국어에서의 미래는 앞이다/과거는 뒤이다

한국어의 예 (197가,나)에서 시대는 '지금 있는 시기'로 이해된다. 그러므로 (197가,나)에서 앞과 뒤는 〈움직이는 관찰자 은유〉에서 도출된 시간은유적 개념구조 미래는 앞이다와 과거는 뒤이다가 적용되어, 지금의 시기를 기준으로 해서 각각 미래와 과거로 이해된다.

> (197가) 시대를 앞서가다
> (197나) 시대에 뒤지다

즉, (197가)에서는 이동물체인 관찰자가 지금의 시기에 안주하지 않고 앞으로의 세상을 예견하며 미래로 나아가므로, (197가)는 '새로운 세상에 걸맞게 계획을 세우고 이를 실행에 옮기면서 살아가다'의 뜻으로 사용된다. (197나)에서는 이동물체인 관찰자가 세상 변한 줄 모르고, 지금이 아닌 케케묵고 낡아빠진 과거의 세상으로 돌아가려고 하므로, (197나)는 '케케묵고 진부하게 그리고 낡아빠지게 살아가다'의 뜻으로 사용된다.

한국어 시간관용어 (198가,나,다,라,마,바,사)에서도 앞에는 시간은유적 개념구조 미래는 앞이다가 적용되고, (198아)에서 뒤에는 시간은유적 개념구조 과거는 뒤이다가 적용된다.

> (198가) 나이가 40인데 아직도 자기 앞가림도 못하니 정말 걱정된다.

(198나) 이제 앞(을) 가릴 나이가 되었으니, 너의 일은 스스로 결정하도
록 해라.
(198다) 앞길이 먼 아들이 애인과 헤어졌다고 죽겠다고 하니 한심하구먼.
(198라) 좋은 대학만 나오면 앞날이 훤할 줄 알았는데, 취업시장이 얼어
붙어서 큰일났다.
(198마) 10년 앞을 내다 볼 수 있는 투자 전략을 세워라.
(198바) 앞을 보면서 긍정적인 생각으로 살아야 한다.
(198사) 힘든 하루하루를 어떻게 살아내야 할지 앞이 깜깜/캄캄/막막하다.
(198아) 인생의 후반부가 되니 자주 살아온 인생을 뒤돌아보게 된다.

즉, (198가)의 시간관용어 앞가림 '자기 앞에 닥친 일을 제 힘으로 처
리해 내는 것'의 앞은 시간은유적 개념구조 미래는 앞이다에 의거하여 미
래로 이해된다. (198나)의 시간관용어 앞(을) 가리다 '제 앞에 닥친 일이
나 처리할 만하다'의 앞도 동일한 개념구조에 의거하여 미래로 이해된
다. 젊다는 것을 나타내는 (198다)의 시간관용어 앞길이 멀다 '앞으로 다
가 올 미래에 할 일이 많이 남아 있다', '앞으로 살아갈 날이 많이 남아
있다'의 앞길 '앞으로 살아갈 길'에서 앞도 미래는 앞이다에 의거하여 미
래로 이해된다. (198라)의 시간관용어 앞(날)이 훤하다 '미래가 기대되다'
의 앞날 '앞으로 올 날이나 때', '앞으로 남은 세월'도 미래는 앞이다에 의거
하여 미래로 이해된다.13) (198마)의 앞을 내다 보다 '예측하다', (197바)의
앞을 보다 '전망하다' 그리고 (198사)의 앞이 깜깜/캄캄/막막하다 '미래에
희망이 안 보이고 전망이 서지 않다'에서도 앞은 미래는 앞이다에 의거하여
'장차 펼쳐질 미래의 시간'으로 이해된다. 반면, (198아)의 시간관용어 뒤
를 돌아보다 '지나간 일을 회고하다'에서 뒤 '지난 일' 또는 '과거의 일'은
시간은유적 개념구조 과거는 뒤이다에 의거하여 과거로 이해된다.

---

13) (198라)의 관용어는 부정적인 뜻으로 '미래를 예상할 수 있다'의 뜻으로 사용된다.

6.4.1.2. 독일어에서의 미래는 앞이다/과거는 뒤이다

독일어 예문 (199가,나)에서 알 수 있듯이 전치사 *vor*와 *hinter*는 시간 은유적 개념구조 미래는 앞이다와 과거는 뒤이다에 의거하여 각각 미래와 과거로 이해된다.

> (199가) Die glückliche Zukunft steht *vor* dir.
> '행복한 미래가 네 앞에 펼쳐진다.'
> (199나) Diese schrecklichen Zustände reichen *hinter* den Ersten Weltkrieg zurück.
> '힘든 상황들은 일차 대전으로 거슬러 올라간다.'

즉, (199가)에서 *vor*는 시간은유적 개념구조 미래는 앞이다에 의거하여 관찰자가 이동해 갈 미래로 이해된다. (199나)에서 *hinter*는 구어체에서 사용되기는 하지만, 관찰자가 마음속으로 과거 일차 세계대전 이전의 시간으로 이동해 간 것으로 상상하게 한다. 그러므로 (199나)에서 *hinter* 는 시간은유적 개념구조 과거는 뒤이다에 의거하여 과거로 이해된다.

시간은유적 개념구조 미래는 앞이다와 과거는 뒤이다는 (200)의 독일어 시간관용어 *et. vor sich haben* '무엇을 앞에 두고 있다', '누구의 면전에 무엇을 두고 있다'에도 적용된다.

> (200) Er *hat eine schwere Prüfung vor sich.*
> '그는 어려운 시험을 앞두고 있다.'

즉, (200)의 관용어에서 *vor*는 시간은유적 개념구조 미래는 앞이다에 의 거하여 움직이는 관찰자의 앞, 즉 미래로 이해된다.

(201가,나,다)의 관용어에서 *hinter*는 시간은유적 개념구조 과거는 뒤이
다에 의거하여 움직이는 관찰자의 뒤, 즉 과거로 이해된다.

> (201가) Er *bleibt hinter der Zeit/Mode zurück.*
> '그는 시대/유행에 뒤떨어지고 있다.'
> (201나) Ich habe *die Ausbildung hinter mich gebracht.*
> '나는 교육을 마쳤다.'
> (201다) Ich *habe die Ausbildung hinter mir.*
> '나는 교육을 마쳤다.'

먼저 (201가)의 관용어 *hinter der Zeit/Mode zurückbleiben* '시대/유행
에 뒤떨어지다'는 관찰자의 시점으로 여겨지는 지금의 시기, 지금의 추
세나 유행에 뒤처져 따라가게 되는 것으로 이해된다. 그러므로 여기서
*hinter*는 시간은유적 개념구조 과거는 뒤이다에 의거하여 관찰자의 뒤로
인지된다. (201나,다)의 관용어 *etwas hinter sich bringen* '무엇을 마치다/
끝내다'와 *etwas hinter sich haben* '무엇을 마치다/끝내다/겪다'은 관찰자
의 현재 시점 이전에 무언가가 종료된 것을 표현한다.14) 그러므로 (201
나,다)에서 *hinter*도 시간은유적 개념구조 과거는 뒤이다에 의거하여 과거
로 이해된다.

독일어 복합어 (202가,나,다)에서 *vor, zurück*도 시간은유적 개념구조
미래는 앞이다와 과거는 뒤이다로 설명된다.

> (202가) *vorangehen, vorankommen, voraussehen*
> (202나) *zurück*fragen

---

14) (201나,다)의 인지구조에 관해서는 (232)와 (239)를 참조하기 바람.

(202다) einige Monate *zurück'*

(203) Wir müssen *zurückfragen*, um unsere Geschichte kennenzulernen.
"우리의 역사를 알기 위해서는 과거에 관해 물어야 한다."

즉, (202가)의 복합동사 *vorangehen* '앞장서서 가다', *vorankommen* '앞으로 나가다', *voraussehen* '예견하다'의 복합동사들에서 전철 *vor*는 시간은유적 개념구조 미래는 앞이다에 의거하여 시간적으로 미래로 인지된다. *zurückfragen*의 의미는 '반문하다'이지만, 구어체의 예문 (203)에서는 '과거에 관해 물어 보다'의 뜻으로 이해된다. 그러므로 *zurückfragen*의 *zurück*는 시간은유적 개념구조 과거는 뒤이다에 의거하여 과거로 이해된다. 마찬가지로 (202다)에서 *zurück*도 시간은유적 개념구조 과거는 뒤이다에 의거하여 과거로 이해된다. 따라서 (202다)는 "2, 3개월 전에"의 뜻으로 사용된다.

6.4.2. 〈움직이는 시간 은유〉에서의 미래는 뒤이다/과거는 앞이다

6.4.2.1. 한국어에서의 미래는 뒤이다/과거는 앞이다

(204가)의 *1년 뒤*는 1년 후로 이해되므로, 여기서 뒤는 〈움직이는 시간 은유〉에서 도출되는 시간은유적 개념구조 미래는 뒤이다에 의거하여 관찰자의 뒤, 즉 미래의 시간으로 이해된다.

(204가) 우리 1년 뒤에 바로 그 자리에서 다시 만나자.
(204나) 앞에서 언급한 대로 비만은 만병의 근원이다.

(204나)의 앞에서 언급한 대로 '이전에 언급한 바와 같이'의 앞은 시간 은유적 개념구조 과거는 앞이다에 의거하여 이미 관찰자의 앞으로 이동해 가버린 과거의 시간으로 이해된다.

최지훈(2007b : 197ㄴ.)은 시간은유적 개념구조 미래는 뒤이다와 과거는 앞이다가 한국어의 일반 표현에는 적용되지만, 한국어 관용어에는 적용되지 않는다고 주장한다. 그러나 필자는 이 두 시간은유적 개념구조가 (205가,나,다,라,마,바)의 한국어 관용어에 적용된다고 본다.

> (205가) 네가 성공하는 길은 형의 *전철*을 *밟지* 않는 것이다.
> (205나) 복잡한 상속관계 일을 *뒤로 미루지* 않고 오늘 바로 처리하려고 합니다.
> (205다) 작은 삼촌이 일을 저지를 때마다 *뒤를 거두어야* 하니 지겹기 짝이 없다.
> (205라) 이것이 나의 마지막 도움이니 동생에게 단단히 *뒤를 다지세요.*
> (205마) 그 사람은 *뒤를 사리는* 사람인데, 이번에는 정말 일을 크게 벌렸네.
> (205바) 신혼부부들은 10년 *뒤를 내다보고* 미래 설계를 해야 한다.

즉, (205가)의 *전철*(前轍)의 뜻은 '앞에 지나간 수레바퀴'이다. 이를 반영한 (205가)의 관용어 *전철을 밟다* '과거의 잘못된 점을 또다시 행하다'는 앞에 간 사람의 행동의 자취나 흔적을 뒤따라 이동하는 것을 나타내므로, 여기서 *전철*의 *전*은 시간은유적 개념구조 과거는 앞이다에 의거하여 과거로 이해된다. (205나)의 관용어 *뒤로 미루다* '나중으로 연기하다'에서 *뒤* '나중'은 시간은유적 개념구조 미래는 뒤이다에 의거하여 미래로 이해된다.[15] (205다)의 *뒤를 거두다* '뒷일을 수습하다', (205라)의 *뒤를 다지*

---

15) (205나)의 관용어는 '(사람, 요구 등을) 회피하다'의 의미로도 이해된다.

다 '뒤의 일이 잘못되지 않게 하기 위해 미리 다짐을 하다', 그리고 (205
마)의 *뒤를 사리다* '뒷일을 염려하여 미리 발뺌을 하거나 경계하다'에서
뒤 '장차 생기는 일', '훗일', '후사(後事)'도 뒷일과 동일한 뜻으로서 시간
은유적 개념구조 미래는 뒤이다에 의거하여 미래로 이해된다. 최지훈
(2007b : 197f.)은 (205바)의 한국어 관용어 *뒤를 내다보다*가 단독으로 사용
되지 않고 *10년* 같은 시간표현과 함께 사용되므로, 한국어 관용어에 시
간은유적 개념구조 미래는 뒤이다가 적용되지 않는다는 견해를 피력한다.
그러나 (205바)의 관용어 *뒤를 내다보다*가 홀로 사용되기보다 *10년* 같은
시간표현과 함께 사용되는 특수한 관용어로 간주된다면, 이 관용어에서
*뒤*는 시간은유적 개념구조 미래는 뒤이다에 의거하여 미래로 인지된다.
그래서 (205바)에서 *10년 뒤를 내다보다*는 '10년 후 미래의 상황을 미리
헤아리다'의 뜻으로 이해된다.

(206)의 한국어 관용어 *앞뒤로*의 *앞뒤* '먼저와 나중'에서 *앞*과 *뒤*는 각
각 시간은유적 개념구조 과거는 앞이다와 미래는 뒤이다에 의거하여 관찰
자를 중심으로 해서 앞과 뒤, 즉 과거와 미래로 이해된다.

(206) 그들은 앞뒤로 군대에 갔다.

(206)에서 *앞*이 나타내는 시간과 *뒤*가 나타내는 시간의 차이는 문맥
에서 규정되겠지만, 그러나 후자의 시간이 전자의 시간보다 늦은 시간
임은 분명하다.

같은 맥락에서 (207가,나,다)의 *앞*과 *뒤*도 각각 시간은유적 개념구조
과거는 앞이다와 미래는 뒤이다가 적용되어, 과거와 미래로 이해된다.

(207가) 말의 앞뒤가 맞는 것을 보니, 적어도 거짓말을 하지 않는 것 같다.
(207나) 앞뒤를 가려야지 큰 화를 면할 수 있다.
(207다) 앞뒤 걸음을 재지 못하는 분별력이 없는 분이시군요.

즉, (207가)의 관용어 앞뒤가 맞다 '조리에 맞다', '이치에 맞다'에서 앞뒤 '앞말과 뒷말'은 각각 과거는 앞이다와 미래는 뒤이다에 의거하여 과거와 미래로 이해된다. 그러므로 이 관용어는 앞, 즉 과거에 한 말과 뒤, 즉 나중에 한 말이 잘 맞아 떨어진다는 것을 표현한다. (207나)의 관용어 앞뒤를 가리다 '어떤 일을 할 때 자신의 이해나 득실을 신중하게 따지고 이것저것 계산하면서 행동하다'에서 앞뒤 '사건이나 상황의 전후'의 앞과 뒤는 과거는 앞이다와 미래는 뒤이다에 의거하여 각각 과거와 미래로 이해된다. (207다)의 관용어 앞뒤 걸음을 재다 '행동을 이모저모로 따져 보다'에서 앞뒤 '행동의 전후'의 앞과 뒤도 과거는 앞이다와 미래는 뒤이다에 의거하여 각각 과거와 미래로 이해된다.

한국어에서 후는 미래의 시간을 나타내는 뒤의 의미로 사용된다. 예를 들면 (208가)의 훗날 '앞으로 닥쳐올 세월'에서 후는 미래의 어느 날을 뜻하므로, <움직이는 시간 은유>에서 도출된 시간은유적 개념구조 미래는 뒤이다에 의거하여 관찰자의 뒤, 즉 미래의 시간으로 이해된다.

(208가) 먼 훗날 오늘을 뒤돌아보면서 그래도 그때가 좋았다고 말하게 될 거다.
(208나) 후에 보자는 사람 무섭지 않다.

한국어 속담 (208나)에서도 후는 시간은유적 개념구조 미래는 뒤이다에 의거하여 미래로 인지된다. 그래서 이 속담은 '그 자리에서 화풀이를 하지 못하고 나중에 두고 보자고 하는 사람을 무서워할 필요가 없다'의 뜻으로 사용된다.

6.4.2.2. 독일어에서의 미래는 뒤이다/과거는 앞이다

독일어 예문 (209가)에서 관찰자의 위치를 *Telefongespräch*의 시점으로 볼 경우, 전치사 *nach*는 전화 통화 이후의 시점, 즉 미래의 시간으로 이해된다.

> (209가) Die Sitzung wird *nach* dem Telefongespräch stattfinden.
> '회의는 전화통화 후에 개최될 거다.'
> (209나) Ich sah ihn *vor* 4 Uhr.
> '나는 4시 전에 그를 보았다.'

(209나)에서 전치사 *vor*는 관찰자의 위치를 4시로 볼 경우 그 이전, 즉 관찰자를 앞질러 이동해 간 과거 시간으로 이해된다. 그러므로 (209가, 나)에서 전치사 *nach*와 *vor*는 시간은유적 개념구조 미래는 뒤이다와 과거는 앞이다에 의거하여 각각 미래와 과거로 이해된다. 이 두 개념구조는 독일어 복합어 (210가)와 (210나)에도 나타난다.

> (210가) *hinter*lassen, *nach*bewilligen *nach*holen
> (210나) *vor*benannt, *vor*eiszeitlich

(210가)에서 전철 *hinter-*와 *nach-*는 시간은유적 개념구조 미래는 뒤이다에 의거하여 미래로 이해된다. 그러므로 *hinterlassen*은 비분리동사로서 '뒤에 남기다'의 뜻으로, 그리고 *nachbewilligen*과 *nachholen*은 분리동사로서 각각 '뒤에 추가로 승인하다'와 '(뒤떨어진 것을) 추후에 만회하

다'의 뜻으로 사용된다. (210나)에서 전철 *vor-*는 시간은유적 개념구조 과거는 앞이다에 의거하여 과거로 이해되므로, *vorbenannt, voreiszeitlich*는 각각 '이미 앞에서 언급한'과 '빙하기 이전에'의 뜻으로 사용된다.

(211가)의 관용어 *von vorne bis hinten* '처음부터 끝까지', '철두철미하게'에서 *vorne*과 *hinten*은 각각 과거는 앞이다와 미래는 뒤이다에 의거하여 과거와 미래로 이해된다.

> (211가) Er bedient seine Frau *von vorne bis hinten.*
> '그는 처음부터 끝까지 자기 부인의 시중을 들고 있다.'
> (211나) Er lehnt *nach wie vor* eine Einigung ab.
> '그는 여전히 조정을 거절한다.'

(211나)의 관용어 *nach wie vor* '여전히', '변함없이'에서도 *nach*와 *vor*는 미래는 뒤이다와 과거는 앞이다가 적용되어 각각 미래와 과거로 이해된다.

6.5. 시간표현의 은유성

시간개념은 행위나 운동, 또는 사건 등이 일어나는 공간의 개념으로 은유된다. 따라서 거리표현이 시간으로, 그리고 시간표현이 거리로 비유된다. 이러한 시간표현들에는 Lakoff/Johnson(1999/2002)의 시간은유, 즉 <움직이는 관찰자 은유>(The Moving Observer Metaphoer)와 <움직이는 시간 은유>(the Moving Time Metapoor)가 기저를 이룬다. 즉 전자의 시간은 유는 관찰자가 말 그대로 움직이는 이동물체가 되어 한 위치에 고정되어 있지 않고, 자기 앞을 바라보면서 미래의 방향으로 이동하는 맥락에서 도출된다. 후자의 시간은유는 시간 스스로가 움직이는 이동물체가 되어 미래에서 과거의 방향으로 흐르고, 관찰자는 고정된 위치에서 흐르는 강물을 쳐다보듯이 시간이 흐르는 방향만을 쳐다보는 맥락에서 도출된다.

따라서 <움직이는 관찰자 은유>가 적용되느냐 아니면 <움직이는 시간 은유>가 적용되느냐에 따라 한국어 명사 *앞/전*과 *뒤*, 그리고 독일어 전치사 *vor*와 *hinter, nach* 등은 시간표현으로 사용될 경우 때로는 미래, 때로는 과거로 은유된다.

시간개념은 용기은유에 의거하면 공간과 동일한 개념으로 인지된다. 이에 관해서는 7에서 언급된다.

07 시간개념과 공간개념의 은유적 동일성

7.1. 시간의 공간적 용기개념

Lakoff/Johnson(1980/1998)에 의하면 공간에서 직접 경험한 용기개념은 시간개념에도 적용되어, 용기은유적 개념구조 시간은 공간이다가 도출된다. 따라서 시간은 공간적 용기개념으로 은유되고, 이로 인해 구체적인 공간개념과 추상적인 시간개념이 동일한 것으로 간주된다. 그런 맥락에서 (212가,나,다)에서 한국어 시간표현 *10분 내에*, 독일어 시간표현 *in zehn Minuten* 그리고 영어 시간표현 *in ten minutes*는 특정한 행동이 수행되는 공간적 시간용기로 인지된다.[1]

> (212가) 그는 *10분 내에* 그것을 했다.
> (212나) Er machte das *in zehn Minuten*.
> (212다) He did it *in ten minutes*.

---

[1] (212나,다)는 Lakoff/Johnson(1998 : 73/1980 : 59)에서 인용한 것임.

결국 한국인, 독일인, 그리고 미국인들은 상이한 문화적 배경을 갖고 있지만, 마음속에 은유적 개념구조 시간은 공간이다를 갖고 있다는 점에서는 마찬가지다.2)

더욱이 Vandermeeren(2004 : 188)은 독일어 3격 전치사 in의 다의어 형성과정을 은유적 개념구조 시간은 공간이다에 의거하여 (213)과 같이 설명한다.

(213)

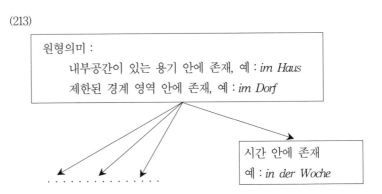

원형의미 :
  내부공간이 있는 용기 안에 존재, 예 : im Haus
  제한된 경계 영역 안에 존재, 예 : im Dorf

시간 안에 존재
예 : in der Woche

즉, 3격 전치사 in의 원형의미는 임의의 제한된 경계 영역 안의 공간을 의미한다. 이 원형의미는 여러 가지 의미로 확장되는데, 그 중 하나가 은유적 개념구조 시간은 공간이다에 의거한 시간의미로의 확장이다.

---

2) Lakoff/Johnson(1980 : 59f.)은 직접적인 공간 경험에서 in의 은유적 개념을 추론한다 : (i) *Harry is in the kitchen.*(ii) *Harry ist in the Elks.* (iii) *Harry is in love.* 즉, 전치사 in은 (i), (ii), (iii)에서는 각각 공간적 영역, 사회적 영역, 그리고 사랑의 영역을 나타낸다. (i)에서 in은 공간 경험에서 직접 도출된 의미로 사용되고, (ii)과 (iii)에서는 은유적 의미로 사용된다. 따라서 in의 의미는 (ii)에서는 사회그룹을 공간으로 은유하는 개념구조 SOCIAL GROUPS ARE CONTAINERS '사회그룹은 공간이다'로 설명된다. (iii)에 적용되는 은유적 개념구조를 Lakoff/Johnson(1980)은 제시하고 있지 않다.

(214) Sie haben *im Januar* geheiratet.
'그녀는 1월에 결혼했다.'

Vandermeeren(2004)은 (214)에서 시간표현 *im Januar* '1월에'가 은유적 개념구조 시간은 공간이다에 의거하여 *in*의 원형의미인 공간적 용기에서 확장된 것으로 설명한다.

문제는 Lakoff/Johnson(1980/1998)도 Vandermeeren(2004)도 구체적인 입증과정 없이 시간개념과 공간개념을 은유적으로 동일한 것으로 간주하고 있다는 점이다.

여기서는 시간개념과 공간개념이 왜 동일한 것인지를 은유적으로 입증할 것이다. 이를 위한 작업으로 먼저 한국어와 독일어 공간과 시간표현들을 다양한 공간 및 시간 유형별로 분류한다.

7.2. 공간과 시간표현의 유형별 분류

(215가,나)와 (215다,라)의 공간표현과 (216가,나)와 (216다,라)의 시간표현들은 장소와 시간을 나타내는 한국어 조사 *에서/에/부터*와 독일어 전치사 *aus*와 *ab*의 고유의미에 따라 출처 내지는 출발지의 공간용기와 출발시기의 시간용기로 인지된다.

(215가) 이 그림은 *장롱에서* 나왔다.
(215나) Dieses Bild ist *aus dem Schrank*.
(215다) 진수는 *프랑크푸르트에서* 비행기로 출발한다.
(215라) Maria fliegt *ab Frankfurt*.

(216가) 이 그림은 *1759년도에* 그려졌다.

(216나) Dieses Bild ist *aus dem Jahr 1759.*

(216다) 오늘부터 진수는 운동을 시작한다.

(216라) *Ab heute* treibt Maria Sport.

즉, (215가,나)의 *장롱에서와 aus dem Schrank*는 *이 그림의와 dieses Bild*의 지시대상의 출처지로서의 공간용기로 인지되고, (215다,라)의 *프 랑크푸르트에서와 ab Frankfurt*는 마리아와 진수가 비행기를 타고 어디 론가 떠나는 출발지로서의 공간용기로 인지된다. 반면 (216가,나)의 *1759 년도에와 aus dem Jahr 1759*는 *이 그림과 dieses Bild*가 지시하는 대상의 출처시기인 시간용기로 이해되고, (216다,라)의 *오늘부터와 ab heute*는 *진수와 Maria*의 지시대상이 운동을 할 예정인 시간용기의 시작용기로 이해된다.

(217가,나,다,라)의 공간표현과 (218가,나,다,라,)의 시간표현들은 어떤 동사와 결합하느냐에 따라 상이한 공간용기와 시간용기로 이해된다.

(217가) 민수가 사닥다리를 *나무에* 기대어 놓는다.

(217나) Hans lehnt die Leiter *an den Baum.*

(217다) 사닥다리는 *나무에* 기대어 있다.

(217라) Die Leiter lehnt *an dem Baum.*

(218가) 우리 아들은 *크리스마스날에* 집에 온다.

(218나) Mein Sohn kommt *an Weihnachten* nach Hause..

(218다) *크리스마스날에* 우리 아들은 독일에 간다.

(218라) *An Weihnachten* fliegt mein Sohn nach Deutschland.

즉, (217가,나)의 *나무에*와 *an den Baum*은 한스와 민수의 힘의 도움으 로 이동한 *사닥다리*와 *die Leiter*의 지시대상이 도달하는 공간용기로 인지된다. 그러나 (217다,라)의 *나무에*와 *an dem Baum*은 누군가의 힘에 의거하여 *사닥다리/die Leiter*의 지시대상이 이동된 후 존재하게 되는 공간용기로 인지된다. (218가,나)의 *크리스마스날에*와 *an Weihnachten*은 우리 아들과 *mein Sohn*의 지시대상이 스스로 이동하여 도착하게 되는 시간용기로 인지된다. 그러나 (218다,라)의 *크리스마스날에*와 *an Weihnachten*은 이동물체인 우리 아들과 *mein Sohn*의 지시대상이 비행기를 타고 독일로 출발하는 시간용기로 인지된다.

한국어 *-에/-에서*, 그리고 독일어 *in*과 결합하는 (219가,나,다,라)의 공간표현과 (220가,나,다,라)의 시간표현들은 사건명사나 사건동사(구)와 결합하느냐 아니면 행위동사와 결합하느냐에 따라 상이한 공간적 그리고 시간적 용기로 인지된다.

(219가) *회사에서 엄청난 싸움이 일어났다.*
(219나) *In der Firma* gab es einen heftigen Streit.
(219다) *회사에서 두 사람이 심하게 다투었다.*
(219라) *In der Firma* stritten die beiden heftig.

(220가) *올 여름에 비가 엄청 내렸다.*
(220나) *In diesem Sommer* hat es viel geregnet.
(220다) *올 여름에 나는 열심히 일해야 한다.*
(220라) *In diesem Sommer* muss ich fleißig arbeiten.

예를 들면, *회사에서/in der Firma*는 사건명사 *싸움/Streit*와 결합한 (219가,나)에서는 사건발생지의 공간용기로, 그리고 행위동사 *다투다/streiten*과 결합한 (219다,라)에서는 행위 수행지의 공간용기로 인지된다. *올 여름에/in diesem Sommer*는 사건동사 *regnen/비내리다*와 결합한

(220가,나)에서는 사건발생시기의 시간용기로, 그리고 행위동사 *arbeiten/ 일하다*와 결합한 (220다,라)에서는 행위 수행시기의 시간용기로 인지된다.

세상경험을 언어의 의미 분석에 중요한 요인으로 간주하는 인지의미론에서 공간과 시간표현들의 인지구조와 개념구조는 한국어 조사나 독일어 전치사의 내재적 의미와 상관없이 실제로 문장에서 그들이 어떻게 사용되고 인지되는가에 따라 분석된다. 이를 고려하면 공간과 시간 표현들은 용기은유에 의거하여 도착지/도착시기, 출발지/출발시기, 존재장소/존재시기, 행동수행지/행동수행시기, 사건발생지/사건발생시기, 그리고 상태의 지속장소/상태의 지속시기로 분류된다.[3]

7.3. 용기은유에 의거한 공간적 인지구조와 은유적 개념구조

7.3.1. 도착지로서의 공간적 인지구조와 은유적 개념구조

7.3.1.1. 도착지로서의 공간표현의 인지구조

(221가,나,다,라)의 한국어와 독일어 문장은 목적어로 표현되는 이동 물체[4]가 주어의 힘에 의거하여 특정한 공간으로 이동하는 과정을 나타낸다.

> (221가) 만수는 화분을 *식탁 위에/아래에/앞에/곁에* 놓았다.
> (221나) Peter hat den Blumentopf *auf/unter/vor/an den Tisch* gestellt.
> (221다) 세희는 엄마를 *두 아들 사이에* 앉혔다.
> (221라) Petra hat seine Mutter *zwischen die beiden Kinder* gesetzt.

---

3) 비교의 편의를 위해 동일한 의미의 한국어 문장과 독일어 문장을 함께 제시한다.
4) 여기서 "이동물체"는 Langacker(1987)의 "trajector"를 의미한다.

즉, (221가)와 (221나)의 *식탁 위에/아래에/앞에/곁에*와 *auf/unter/vor/ an den Tisch*는 이동물체인 화분과 *den Blumentopf*의 지시대상이 주어인 페터와 만수의 힘에 의거하여 도착하는 공간용기로 인지된다. (221다)와 (221라)의 *두 아들 사이에*와 *zwischen die beiden Kinder*는 이동물체인 *그의 엄마*와 *seine Mutter*가 지시하는 대상이 주어인 세희와 페트라의 힘에 의거하여 도착하는 공간용기로 인지된다.

(222가,나,다,라)에서는 주어 자신이 이동물체가 되어 도착용기로 이동한다.

(222가) 내 동생이 *학교로* 오고 있다.
(222나) Maria kommt *zur Universität.*
(222다) 아이가 *가게 안으로* 쳐다본다.
(222라) Michael blickt *in den Laden.*

즉, (222가,나)의 *학교로*와 *zur Universität*는 이동물체인 내 동생과 마리아가 도착하려는 용기로 이해되고, (222다,라)의 *가게 안으로*와 *in den Laden*은 이동물체인 아이와 미하헬의 눈길이 도착하는 용기로 이해된다. 그러므로 (222가,나)와 (222다,라)의 독일어와 한국어 예문들에서 인지되는 이동물체의 이동과정은 은유적 개념구조 **공간은 용기이다**에 의거하여 (223)의 구조로 제시된다.

(223)

(223)에서 ○는 이동물체를, ▢는 임의의 용기를 나타낸다. ▉는 문장이나 문맥에서 관련되는 용기로서 인지구조에서 중요하다. 그리고 화살표——↘는 물체의 이동과정을 나타낸다. 따라서 (223)의 구조는 이동물체가 문장에서 규정되는 해당 도착용기로 이동하는 과정을 나타낸다.

7.3.1.2. 도착지로서의 은유적 공간표현의 개념구조

(223)의 인지구조는 은유적으로 공간을 표현하는 (224가,나), (224다, 라), (224마,바) 그리고 (224사,아)의 *나에게로*와 *zu mir*, *토론에와 ins Diskutieren*, *어려움에와 in die Schwierigkeit* 그리고 *생각을 하다*와 *in den Sinn*에서도 나타난다. 특히 한국어 문장(224사)의 *생각을 하다*는 누군가가 특정한 생각의 용기 안으로 들어가는 것으로 이해되므로, 여기서 생각은 용기로 인지된다.

> (224가) 민수가 *나에게로* 왔다.
> (224나) Hans ist *zu mir* gekommen.
> (224다) 성우가 방금 *토론에* 참석하러 왔다.
> (224라) Uta ist gerade *ins Diskutieren* gekommen.
> (224마) 민희가 *어려움에* 빠졌다.
> (224바) Maria hat sich selbst *in die Schwierigkeit* gebracht.
> (224사) 수영이가 창문을 열 *생각을* 했다.
> (224아) Hans ist *in den Sinn* gekommen, das Fenster aufzumachen.

즉, (224가,나)에서 인칭대명사 *나*와 *mir*는 은유적 개념구조 인간은 공간이다에 의거하여 공간으로 은유된다. 그러므로 *나에게로*와 *zu mir*는 만수와 한스가 특정한 이동경로를 통해 도착하게 되는 용기로 은유된다. (224다,라)의 행위명사 토론과 *Diskutieren*은 각각 행위는 공간이다에 의거하여 공간으로 은유된다. 그러므로 (224다,라)의 토론에와 *ins Diskutieren*은 이동물체인 한스와 성우가 특정한 이동경로를 통해 도착한 용기로 은유된다. (224마,바)의 상태명사 어려움과 *Schwierigkeit*는 개념구조 **상태는 공간이다**에 의거하여 공간으로 은유되므로, *어려움*에와 *in die Schwierigkeit*는 이동물체인 마리아와 민희가 빠져 들어오게 되는 용기, 즉 도착용기로 은유된다. (224사,아)의 추상명사 *생각*과 *Sinn*은 은유적 개념구조 **사고는 공간이다**에 의거하여 공간으로 은유되므로, 여기서 *생각을 하다*와 *in den Sinn*은 이동물체인 한스와 수영이의 마음이 움직여서 창문을 열게 하는 생각의 용기로 은유된다. 그러므로 (224가,나)의 *나에게로*와 *zu mir*, (224다,라)의 토론에와 *ins Diskutieren*, (224마,바)의 *어려움*에와 *in die Schwierigkeit*, 그리고 (224사,아)의 *생각을 하다*와 *in den Sinn* 같은 은유적 공간표현들은 은유적 개념구조 **공간은 용기이다**의 하위 개념구조 **공간은 이동물체가 이동하여 들어오는 용기이다**에 의거하여 임의의 이동물체가 특정한 이동경로를 통해 도착하는 공간용기로 이해된다.

7.3.1.3. 도착지로서의 시간표현의 개념구조

시간은 추상적인 개념이므로, 공간적 용기로의 은유화 과정을 통해 인지된다. 즉, 사람들의 마음속에는 은유적 개념구조 **시간은 공간이다**가 존재하고, 이에 의거하여 임의의 이동물체가 시간의 공간적 용기 안으로 이동하는 것으로 인지된다. 따라서 도착시간을 나타내는 (225가,나)와 (225다,라)의 시간표현의 인지구조는 시간의 흐름에 직접 제약을 받

는 것을 제외하고는 도착지로서의 공간표현의 인지구조 (223)과 동일하
게 설명된다.

(225가) 우리들은 *정오쯤/5분 안에* 돌아온다.
(225나) Wir kommen *gegen Mittag/in fünf Minuten* zurück.
(225다) 우리 아들은 *크리스마스에* 온다.
(225라) Mein Sohn kommt *an Weihnachten.*

즉, (225가,나)의 한국어와 독일어 시간표현 *정오쯤/5분 안에*와 *gegen
Mittag/in fünf Minuten* 그리고 (225다,라)의 한국어와 독일어 시간표현
*크리스마스에*와 *an Weihnachten*은 이동물체인 *우리들*과 *wir*, 그리고 우
리 *아들*과 *mein Sohn*의 지시대상이 이동하여 도착하는 시간용기로 인
지된다. 그러므로 시간표현들은 용기은유적 개념구조 시간은 용기이다의
하위개념구조 시간은 이동물체가 이동하여 들어오는 용기이다가 적용되어, 임
의의 이동물체가 이동해 들어가는 용기로 설명된다.

7.3.1.4. 도착지로서의 은유적 시간표현의 개념구조

인간의 삶은 특정한 시기에 시작해서 특정한 시기에 종료되는 시간
의 흐름으로 본다면, 은유적 개념구조 인생은 시간이다로 설명된다. 그런
맥락에서 (226가,나)의 사건명사 *영면*과 *Tod*는 인생의 마지막 시간용기
로 간주된다.

(226가) 이틀 후에 그 시인은 *영면에* 드셨습니다.
(226나) Nach zwei Tagen ist der Dichter *in den Tod* gegangen/*zu Tode*
gefallen.

그러므로 (226가,나)의 독일어와 한국어 은유적 시간표현 영면에와 *in den Tod/zu Tode*는 이동물체인 *der Dichter*와 그 시인이 지시하는 인물의 인생 최종 도착지인 죽음의 시간적 용기로 들어간 것으로 이해된다. 그러므로 이 은유적 시간표현들은 용기은유적 개념구조 시간은 용기이다의 하위개념구조인 시간은 이동물체가 이동해 들어가는 용기이다에 의거하여 임의의 이동물체가 이동해 들어가는 용기로 은유된다.

7.3.2. 출발지로서의 공간적 인지구조와 은유적 개념구조

7.3.2.1. 출발지로서의 공간표현의 인지구조

(227가,나)의 한국어와 독일어 공간표현 독일에서와 *aus Deutschland*, (227다,라)의 창가에서와 *vom Fenster*, (227마,바)의 프랑크푸르트에서와 *ab Frankfur*는 이동물체인 재민과 *Petra*, 그 고양이와 *die Katze*, 그리고 가희와 *Maria*의 지시대상이 오다/*kommen*, 뛰어 내리다/*springen*, 비행기로 출발하다/*fliegen*의 행동을 통해 이동해 나오는 출발용기로 이해된다.

> (227가) 재민이는 독일에서 왔다.
> (227나) Petra kommt *aus Deutschland*.
> (227다) 그 고양이가 창가에서 뛰어 내린다.
> (227라) Die Katze springt *vom Fenster*.
> (227마) 가희는 프랑크푸르트에서 비행기로 출발한다.
> (227바) Maria fliegt *ab Frankfurt*.

이 이동과정의 인지구조는 용기은유적 개념구조 시간은 용기이다에 의거하여 (228)과 같이 제시된다.

(228)

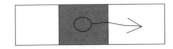

즉, (228)은 이동물체가 관련 용기 밖으로 이동하여 나오는 것을 나타낸다.

7.3.2.2. 출발지로서의 은유적 공간표현의 개념구조

출발지로서의 공간표현의 인지구조 (228)은 은유적으로 공간을 나타내는 (229가,나)의 한국어와 독일어 표현 *나에게서*와 *von mir*, (229다,라)의 *토론에*와 *aus der Diskussion*과 그리고 (229마,바)의 *가슴 깊은 곳에서부터*와 *aus dem tiefsten Herzen*에도 적용된다.

(229가) 용수는 *나에게서* 떠나갔다.
(229나) Peter ist *von mir* weggegangen.
(229다) 정희는 *토론에서* 나와 버렸다.
(229라) Petra verabschiedet sich *aus der Diskussion*.
(229마) 지혜는 부모의 별거를 *가슴 깊은 곳에서부터* 안타깝게 생각한다.
(229바) Uta bedauert die Trennung ihrer Eltern *aus dem tiefsten Herzen*.

즉, (229가,나)의 한국어와 독일어의 은유적 공간표현 *나*와 *mir*는 용기은유적 개념구조 인간은 공간이다에 의거하여 은유적으로 공간으로 인지되므로, *나에게서*와 *von mir*는 이동물체인 용수와 페터가 떠나가버린 출발용기로 은유된다. (229다,라)에서 행위명사 토론과 *Diskussion*은 개념구조 행위는 공간이다에 의거하여 은유적으로 공간으로 인지되므로, 토론에서와 *aus der Diskussion*은 이동물체인 정희와 페트라가 빠져 나온 곳, 즉 출발용기로 은유된다. (229마,바)의 신체명사 *가슴*과 *Herz*도 개념구조 신체일부는 공간이다에 의거하여 공간으로 인지되므로, *가슴 깊은 곳에서부터*와 *aus dem tiefsten Herzen*은 진심으로 부모의 별거를 안타까워하는 마음이 도출되는 출발용기로 은유된다. 그러므로 언급한 (229가, 나,다,라,마,바)의 독일어와 한국어의 공간은유적 공간표현들은 은유적 개념구조 공간은 용기이다의 하위개념구조 공간은 이동물체가 이동해 나오는 용기이다에 의거하여 이동물체가 떠나는 출발용기로 설명된다.

7.3.2.3. 출발지로서의 시간표현의 개념구조

출발지로서의 공간표현의 인지구조 (228)은 시간의 흐름에 직접 제약을 받는 것을 제외하고는 출발시기를 표현하는 (230가,나)의 한국어와 독일어 시간표현 *18세기에*와 *aus dem 18. Jahrhundert*에서도 감지된다.

> (230가) 이 그림은 *18세기에* 나온 것이다.
> (230나) Dieses Bild ist *aus dem 18. Jahrhundert.*

즉, (230가)의 *18세기에*와 (230나)의 *aus dem 18. Jahrhundert*는 이동물체인 *이 그림*과 *dieses Bild*가 지시하는 대상의 출처시기를 나타내므로, 용기은유적 개념구조 시간은 용기이다의 하위개념구조 시간은 이동물체가 이동해 나오는 용기이다에 의거하여 이동물체가 이동해 나오는 출발용기로 이해된다.

7.3.2.4. 출발지로서의 은유적 시간표현의 개념구조

인간은 (224가,나)와 (229가,나)에서는 공간적 존재물로 은유되었지만, (231가)의 *나는*의 *나*와 (231나)의 독일어 관용어 *etwas hinter mich bringen* '무엇을 치르다/끝내다'의 *mich*는 어느 특정한 시간에 태어나서 어느 특정한 시간에 죽는 시간적 존재물로 은유된다.[5]

> (231가) *나*는 시험을 보았다.
> (231나) Ich habe die Prüfung *hinter mich gebracht.*

그러므로 (231가)의 *나*와 (231나)의 *mich*는 은유적 개념구조 인간은 시간이다와 시간은 공간이다에 의거하여 더 이상의 시험부담이 없는 시간적 용기로 이해되고, 이동물체인 *시험*과 *die Prüfung*의 지시대상이 대화문맥에서 규정되는 *나*와 *mich*의 시간용기 이전의 시간용기로 이동하는 것으로 이해된다. 이동물체인 *시험*과 *die Prüfung*의 이동경로는 (232)와 같이 제시된다.

(232)

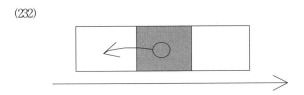

(232)에서 긴 화살표는 시간의 흐름을 나타내며, 이는 은유적 시간표현

---

5) (231나)에서 *hinter*는 (183)의 <움직이는 관찰자 은유>에서 도출되는 시간은유적 개념구조 과거는 뒤이다가 적용되어 과거로 인지된다.

들이 시간의 흐름에 직접 제약을 받는다는 것을 의미한다. 즉 (230가,나)의 *18세기에와 aus dem 18. Jahrhundert*, 그리고 (231가,나)의 *나와 mich*는 이동물체가 이동해 나간 이탈용 시간용기로 이해되지만, 전자의 경우에서는 이동물체가 관련 시간용기 이후의 시간용기로 이동해 나오고, 후자의 경우에서는 관련 시간용기 이전의 시간용기로 이동해 나간다. 상이한 이동방향에도 불구하고, 언급한 (231가,나)의 은유적 시간표현인 *나와 mich*의 인지구조는 용기은유적 개념구조 시간은 용기이다의 하위개념구조 시간은 이동물체가 이동해 나가는 용기이다가 적용되어, 임의의 이동물체가 이동해 나가는 출발용기로 은유된다.

7.3.3. 존재장소로서의 공간적 인지구조와 은유적 개념구조

7.3.3.1. 존재장소로서의 공간표현의 인지구조

(233가,나)의 한국어의 공간표현 *식탁 위에/아래에/앞에/곁에*와 독일어 공간표현 *auf/unter/vor/an dem Tisch*는 이동물체인 *그 화분*과 *der Blumentopf*의 지시대상이 누군가의 힘에 의해 이동된 후 존재하게 되는 장소를 나타낸다. 마찬가지로 (233다,라)의 한국어와 독일어 공간표현 *두 아들 사이에*와 *zwischen den beiden Kindern*은 이동물체인 *우리 엄마*와 *meine Mutter*의 지시대상이 존재하게 되는 장소를 나타낸다.

> (233가) 그 화분이 *식탁 위에/아래에/앞에/곁에* 있다.
> (233나) Der Blumentopf steht *auf/unter/vor/an dem Tisch.*
> (233다) 우리 엄마는 *두 아들 사이에* 앉아 계신다.
> (233라) Meine Mutter sitzt *zwischen den beiden Kindern.*

(234가,나,다,라,마,바)의 공간표현도 동일한 존재상태를 표현한다.

(234가) 우체국 건너편에 경찰 한 명이 서 있다.
(234나) *Gegenüber der Post* steht ein Polizist.
(234다) 그의 오빠는 아직도 부모님 집에서 살고 있다.
(234라) Sein Bruder wohnt noch *bei den Eltern.*
(234마) 우타는 교외에서/시내에서 사는 것을 좋아한다.
(234바) Uta wohnt lieber *außerhalb/innerhalb der Stadt.*

즉, (234가,나)의 공간표현 우체국 건너편에와 *gegenüber der Post*는 이동물체인 경찰이 움직이지 않고 서 있는 공간용기로 이해되고, (234다,라)의 공간표현 부모님 집에서와 *bei seinen Eltern*은 이동물체인 그의 오빠가 아직도 살고 있는 공간용기로 이해된다. (234마,바)의 *교외에서/시내에서*와 *außerhalb/innerhalb der Stadt*는 이동물체인 우타가 살고 싶어하는 공간용기로 이해된다. 그러므로 (234가,나,다,라,마,바)의 공간표현들의 인지구조는 용기은유적 개념구조 공간은 용기이다에 의거하여 (235)와 같이 설명된다.

(235)

(235)의 인지구조는 해당 용기 안에 임의의 이동물체가 존재하는 상태를 나타낸다.

7.3.3.2. 존재장소로서의 은유적 공간표현의 개념구조

존재장소로서의 공간표현의 인지구조 (235)는 (236가,나,다,라,마,바)의 은유적 공간표현에도 적용된다.

> (236가) 나의 친구는 *실신상태*에 빠졌다.
> (236나) Mein Freund ist *in Ohnmacht*.
> (236다) 영수는 *학회*에 참석 중이다.
> (236라) Peter ist *auf einer Tagung*.
> (236마) 아픈 기억이 *내 가슴속*에 있다.
> (236바) Die bittere Erinnerung ist *in meinem Herzen*.

즉, (236가,나)에서 *실신상태*와 *Ohnmacht*는 은유적 개념구조 **상태는 공간이다**에 의거하여 공간으로 인지되므로, *실신상태*에와 *in Ohnmacht*는 내 친구가 실신한 상태로 존재하고 있는 은유적 공간용기 안을 나타낸다. (236다,라)의 *학회*와 *Tagung*은 각각 개념구조 **사건은 공간이다**에 의거하여 공간으로 인지되므로, *학회*에와 *auf einer Tagung*은 영수와 페터가 학회 참석차 머물고 있는 존재공간 안을 나타낸다. (236마,바)의 *가슴*과 *Herz*는 은유적 개념구조 **신체부위는 공간이다**에 의거하여 공간으로 인지되므로, *in meinem Herzen*과 *내 가슴속*에는 아픈 추억이 존재하고 있는 은유적 마음의 공간 안을 나타낸다. 그러므로 언급한 (236가,나,다,라,마,바)의 한국어와 독일어의 은유적 공간표현들은 용기은유적 개념구조 **공간은 용기이다**의 하위개념구조 **공간은 이동물체가 머무는 용기이다**에 의거하여 임의의 이동물체가 존재하고 있는 용기로 은유된다.

7.3.3.3. 존재장소로서의 시간표현의 개념구조

존재장소로서의 공간표현의 인지구조 (235)는 존재의 공간으로 은유되는 (237가,나,다,라,마,바,사,아)의 시간표현에도 적용된다.

> (237가) 내 친구는 *1월 27일부터 2월 24일까지* 휴가다.
> (237나) Meine Sekretärin hat *vom 27. Januar bis 24. Februar* Urlaub.
> (237다) 지금 우리는 휴가 중이다.
> (237라) *Zu dieser Zeit* sind wir im Urlaub.
> (237마) 우리 가족은 *3주간* 로마에 있다 왔다.
> (237바) Meine Familie war *drei Wochen lang* in Rom.
> (237사) 김씨 가족은 *2년간* 그리스에 살았다.
> (237아) Herr Huber war *für zwei Jahre* in Griechenland.

예를 들어 (237가,나)의 *1월 27일부터 2월 24일까지*와 *vom 27. Januar bis 24. Februar*는 내 친구와 나의 여비서의 휴가기간을 나타내고, (237다,라)의 *휴가 중*과 *zu dieser Zeit*는 우리들의 휴가기간을, 그리고 (237마,바)의 *3주간*과 *drei Wochen lang*, 그리고 (236사,아)의 *2년간*과 *für zwei Jahre*는 각각 우리 가족이 로마에 체류했던 시기와 후버씨가 그리스에 체류했던 시기를 나타낸다. 따라서 언급한 독일어와 한국어의 시간표현들의 인지구조는 시간의 흐름에 직접 제약을 받는 것 말고는 (235)로 설명된다. 따라서 이 시간표현들은 용기은유적 개념구조 시간은 용기이다의 하위개념구조 시간은 이동물체가 머무는 용기이다가 적용됨으로써 임의의 이동물체가 누군가의 힘에 의거하여 이동한 후 머물게 되는 존재용기로 은유된다.

7.3.3.4. 존재장소로서의 은유적 시간표현의 개념구조

(231가,나)에서 언급하였듯이 인간은 어느 특정한 시간에 태어나서 어느 특정한 시간에 죽는 시간적 존재물이다. 이는 (238가,나)의 *나는*의 *나*와 독일어 관용어 *etwas hinter mir haben* '무엇을 *치르다/끝내다*'의 *mir*에 적용된다.

> (238가) *나*는 시험을 보았다.
> (238나) Ich habe die Prüfung *hinter mir.*

즉, (238가,나)는 현재의 *나*와 *mir*가 관련되는 시간용기에 더 이상의 시험 부담이 없다는 뜻으로 이해되므로, *시험을*과 *die Prüfung*이 지시하는 대상은 현재의 *나*와 *mir*의 시간용기 이전의 시간용기, 다시 말하면 *나*와 *mir*의 과거 시간용기에 존재한다.6) 그러므로 (238가)의 한국어 문장과 (238나)의 독일어 관용어의 인지구조는 (239)와 같이 제시된다.

(239)

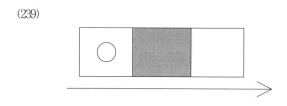

(239)에서 긴 화살표는 시간의 흐름을 나타내며, 이는 은유적 시간표현들이 시간의 흐름에 직접 제약을 받는다는 것을 말한다. 그러므로 이 구조에서 이동물체는 (235)에서와 달리 *나*와 *mir*의 과거 시간용기에 존

---

6) (238나)에서 *hinter*는 (231나)에서와 같이 (183)의 <움직이는 관찰자 은유>에서 도출되는 시간은유적 개념구조 과거는 뒤이다가 적용되어 과거로 인지된다.

재한다. 따라서 (239)의 인지구조는 용기은유적 개념구조로 개념구조 시간은 용기이다의 하위개념구조 시간은 이동물체가 머무는 용기이다로 설명된다.

우리의 몸이 피, 살, 뼈, 장기 등으로 채워져 있듯이, 용기는 임의의 물질들로 채워진다. 이와 같은 은유적인 관점에서 필자는 이 책에서 용기를 채우는 물질을 "편의상" 행동, 사건, 그리고 상태로 구분하고, 이러한 물질로 채워진 공간적/시간적 용기를 행동수행, 사건발생 그리고 상태지속을 위한 용기로 제시한다. 먼저 행동수행지의 경우 시간개념과 공간개념의 은유적 동일성을 보자.

7.3.4. 행동수행지로서의 공간적 인지구조와 은유적 개념구조

7.3.4.1. 행동수행지로서의 공간표현의 인지구조

(240가,나)의 우체국에서/회사에서와 *auf der Post/bei einer Firma*, 그리고 (240다,라)의 정원에서와 *im Garten*은 그와 *er*, 그리고 이이들과 *die Kinder*가 지시하는 대상들이 동사 일하다와 *arbeiten*, 놀다와 *spielen*의 행동을 수행하는 공간으로 이해된다.

> (240가) 그는 우체국에서/회사에서 일한다.
> (240나) Er arbeitet *auf der Post/bei einer Firma*.
> (240다) 아이들은 정원에서 논다.
> (240라) Die Kinder spielen *im Garten*.

따라서 임의의 행동이 수행되는 공간의 인지구조는 용기은유적 개념구조 공간은 용기이다에 의거하여 (241)로 설명된다.

(241)

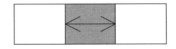

(241)에서 쌍화살표<——>는 문장에서 관련되는 용기 안에서 수행되는 행동을 의미한다. 즉, (241)은 관련 용기 안에서 임의의 행동이 수행된다는 것을 나타낸다.

7.3.4.2. 행동수행지로서의 은유적 공간표현의 개념구조

(241)의 인지구조는 공간용기로 은유되는 (242가,나,다,라)의 *식사하는 동안에*와 *während des Essen*, 그리고 *마라톤에서*와 *im Rennen* 같은 은유적 공간표현에서도 나타난다.

> (242가) *식사하는 동안에 마리아는 나에게 여행에 관한 많은 것을 이야기해 주었다.*
> (242나) *Während des Essens hat Maria mir viel von ihrer Reise erzählt.*
> (242다) *마라톤에서는 훌륭한 레이스가 있었다.*
> (242라) Es gab viele gute Rennabschnitte *im Rennen.* (Lakoff/Johnson 1998 : 42)

(242가,나)의 *식사*와 *Essen* 그리고 *Rennen*과 *마라톤*도 은유적 개념구조 **행동은 공간이다**에 의거하여 공간으로 은유된다. 그러므로 (242가,나)의 *식사하는 동안에*와 *während des Essens*는 여행에 관한 이야기를 하는 행위가 수행되는 공간용기로 이해되고, (242다,라)의 *마라톤에서*와 *im Rennen*은 좋은 레이스의 행위가 수행되는 공간용기로 이해된다. 그러므로 이 은유적 공간표현들은 용기은유적 개념구조 **공간은 용기이다**의 하

위개념구조 공간은 행위가 수행되는 용기이다가 적용되어, 임의의 행위가 수행되는 용기로 은유된다.

7.3.4.3. 행동수행지로서의 시간표현의 개념구조

(241)의 인지구조는 행동수행지로 이해되는 (243가,나,다,라,마,바,사, 아,자,차)의 시간표현들에도 나타난다.

> (243가) 의사는 *며칠 동안* 여행을 떠났다.
> (243나) Der Arzt ist *auf ein paar Tage* verreist.
> (243다) 우리 엄마는 *월요일부터* 방문하고 계신다.
> (243라) Meine Mutter ist *seit Montag* zu Besuch.
> (243마) *부활절에* 우리는 스페인으로 갈 것이다.
> (243바) *An Ostern* werden wir nach Spanien fahren.
> (243사) 나는 *다음 주*에 수학 숙제를 할 것이다.
> (243아) Ich mache die mathematische Aufgabe *in der nächsten Woche*.
> (243자) 한스는 *주말에* 여행을 갈 거다.
> (243차) Hans fährt *am Wochende* weg.

즉, (243가,나)의 *며칠 동안*과 *auf ein paar Tage*, 그리고 (243다,라)의 *월요일부터*와 *seit Montag*과 각각 의사가 여행을 떠난 시간용기와 우리 엄마가 방문하고 있는 시간용기로 인지된다. (243마,바)의 *부활절에*와 *an Ostern*은 우리들이 스페인으로 떠난 시기의 용기를 나타내며, (243사,아)의 *다음 주*와 *in der nächsten Woche*, 그리고 (243자,차)의 *주말에*와 *am Wochende*는 각각 수학숙제를 하는 시간용기와 여행을 떠나는 시간용기를 나타낸다. 그러므로 이 시간표현들은 시간의 흐름에 직접 제약을 받는 것 말고는 (241)의 인지구조를 근간으로 한다. 그러므로 (243가,나,다,

라,마,사,아,자,차)의 시간표현들은 용기은유적 개념구조 시간은 용기이다
의 하위개념구조 시간은 행위가 수행되는 용기이다가 적용됨으로 해서 임의
의 행위가 수행되는 용기로 은유된다.

7.3.4.4. 행동수행지로서의 은유적 시간표현의 개념구조

인지구조 (241)은 (244가,나)의 은유적 시간표현 만남에서와 *in der
ersten Begegnung*에도 적용된다.

> (244가) 나는 그 남자와의 첫 만남에서 아주 불가사의한 느낌을 받았다.
> (244나) *In der ersten Begegnung* mit dem Mann fühlte ich ein Mysterium.

즉, (244가,나)의 행동 명사 만남과 *Begegnung*은 은유적 개념구조 행
동은 시간이다에 의거하여 시간으로 은유된다. 그러므로 (244가,나)의 첫
*만남에서*와 *in der ersten Begegnung*은 그 남자와 만나는 행위가 수행된
시간적 공간으로 인지되므로, 용기은유적 개념구조 시간은 용기이다의 하
위개념구조 시간은 행위가 수행되는 용기이다가 적용되어 임의의 행위가 수
행된 용기로 은유된다.

7.3.5. 사건발생지로서의 공간적 인지구조와 은유적 개념구조

7.3.5.1. 사건발생지로서의 공간표현의 인지구조

(245가,나,다,라)의 우체국에서와 *auf der Post*, 학교에서와 *in der Schule*
는 각각 살인, 총격 같은 사건들이 일어난 공간용기로 이해된다.

(245가) 우체국에서 살인 사건이 일어났다.

(245나) *Auf der Post* geschah ein Mord.

(245다) 학교에서 총격사건이 일어났다.

(245라) *In der Schule* geschah eine Schießerei.

그러므로 사건이 일어나는 (245가,나,다,라)의 공간표현들의 인지구조는 용기은유적 개념구조 공간은 용기이다에 의거하여 (246)과 같이 제시된다.

(246)

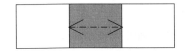

(246)에서 쌍화살표<-‑-‑>는 관련 용기 안에서 사건이 일어나는 것을 의미한다. 그러므로 (246)의 인지구조는 관련 용기 안에서 임의의 사건이 일어나는 것을 나타낸다.

7.3.5.2. 사건발생지로서의 은유적 공간의 개념구조

(246)의 인지구조는 공간으로 은유되는 (247가,나)의 *in meinem Herzen*와 *in sich*에서도 나타난다.

(247가) 내 머리에 온갖 생각이 들었다.

(247나) *In meinem Herzen* war viel Schneegestöber.

(247다) 마리아의 몸속에서 아이가 자라고 있었다.

(247라) Maria trug das Baby *in sich*. (Vandermeeren 2004 : 185)

(247가,나)에서 신체부위명사 *머리*와 *Herz*는 은유적 개념구조 신체부

위는 공간이다에 의거하여 공간으로 은유되므로, *내 머리에*와 *in meinem Herzen*은 심한 눈보라, 즉 온갖 생각이 일어나는 마음의 용기로 이해된다. (247다,라)의 몸과 *sich*도 신체의 일부로서 은유적 개념구조 신체부위는 공간이다에 의거하여 용기로 은유되므로, *몸속에서*와 *in sich*는 임신이 진행 중인 용기로 이해된다. 그러므로 (247가,나,다,라)의 *내 머리에*와 *in meinem Herzen*, 그리고 *몸속에서*와 *in sich*는 용기은유적 개념구조 공간은 용기이다의 하위개념구조 공간은 사건이 일어나는 용기이다가 적용되어, 임의의 사건이 일어나는 용기로 은유된다.

7.3.5.3. 사건발생지로서의 시간표현의 개념구조

(248가,나,다,라,마,바)의 *일요일에*와 *am Sonntag*, *18세기에*와 *im 18. Jahrhundert*, *1750년에*와 *um 1750*는 각각 눈이 많이 내린 시기, 모차르트가 태어난 시기, 괴테가 태어난 시기로 이해되고, (248사,아)의 *나의 지난 과거 세월에*와 *in meiner Vergangenheit*는 여러 사건들이 일어난 나의 과거시간으로 이해된다. 그러므로 사건들이 일어난 시간을 나타내는 이 시간표현들의 인지구조는 시간의 흐름에 직접 제약을 받는 것 말고는 사건발생지로서의 공간표현의 인지구조 (246)으로 설명된다.

(248가) 일요일에 눈이 많이 내렸다.
(248나) Es hat *am Sonntag* viel geschneit.
(248다) 모차르트는 *18세기에* 태어났다.
(248라) Mozart ist *im 18. Jahrhundert* geboren.
(248마) 괴테는 *1750년에* 태어났다.
(248바) J. W. von Goethe ist *so um 1750* geboren.
(248사) *나의 지난 세월에는* 많은 사건들이 있었다.
(248아) *In meiner Vergangenheit* sind viele Sachen passiert.

따라서 (248가,나,다,라,마,바,사,아)의 시간표현들은 용기은유적 개념 구조 시간은 용기이다에 의거한 하위개념구조 시간은 사건이 일어나는 용기 이다에 의거하여 임의의 사건이 일어나는 용기로 은유된다.

7.3.5.4. 사건발생지로서의 은유적 시간표현의 개념구조

(249가,나,다,라)에서 사건명사 *비*와 *Regen*, *지진*과 *Erdbeben*은 은유적 개념구조 사건은 시간이다에 의거하여 시간으로 인지된다.

> (249가) *비*온 후에 햇빛이 비쳤다.
> (249나) *Auf Regen* folgte Sonnenschein.
> (249다) *9.0도의 지진과 쓰나미 발생시* 도시 전체가 완전히 파괴되었다.
> (249라) *Bei dem letzten Erdbeben* wurde die ganze Stadt total zerstört.

그러므로 (249가,나)의 *비온 후*와 *auf Regen*, 그리고 (249다,라)의 *9.0도 의 지진과 쓰나미 발생시*와 *bei dem letzten Erdbeben*은 용기은유적 개 념구조 시간은 용기이다의 하위개념구조 시간은 사건이 일어나는 용기이다에 의거하여 임의의 사건, 즉 비나 지진이 일어나는 시간용기로 은유된다.

7.3.6. 상태지속을 위한 공간적 인지구조와 은유적 개념구조

7.3.6.1. 상태지속을 위한 공간표현의 인지구조

(250가,나,다,라)의 공간표현 *우리 정원에*와 *in seinem Garten*, *동해바 다에서*와 *an diesem Meer*는 튤립이 아름답게 피어 있는 상태 그리고 수 진이와 마리아가 행복해 하는 상태가 지속되는 공간용기로 인지된다.

(250가) 우리 정원에 튤립이 피어 있다.

(250나) *In unserem Garten* blühen die Tulpen.

(250다) 수진이는 동해바다에서 늘 행복해 한다.

(250라) Maria fühlt sich *an dem Westmeer* immer glücklich.

따라서 언급한 (250가,나,다,라)의 공간표현들의 인지구조는 용기은유
적 개념구조 공간은 용기이다에 의거하여 (251)과 같이 제시된다.

(251)

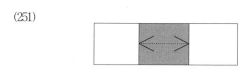

(251)에서 쌍화살표 <⋯⋯⋯> 는 임의의 상태의 지속을 나타낸다. 그러
므로 (251)의 인지구조는 관련 용기 안에서 임의의 상태가 지속되고 있
음을 나타낸다.

7.3.6.2. 상태지속을 위한 은유적 공간표현의 개념구조

인지구조 (251)은 은유적으로 상태지속의 공간을 나타내는 (252가,나)
의 어두어질 때와 *in der Dunkelheit*에서도 나타난다.

(252나) 내 친구는 어두워 질 때 외로움을 느낀다.

(252가) Mein Freund fühlt sich *in der Dunkelheit* einsam.

즉, (252가,나)의 은유적 공간표현 어두워 질 때와 *in der Dunkelheit*는
용기은유적 개념구조 공간은 용기이다의 하위개념구조 공간은 상태가 지속
되는 용기이다가 적용되어, 임의의 상태가 지속되는 용기로 은유된다.

7.3.6.3. 상태지속을 위한 시간표현의 개념구조

(253가,나)의 한국어와 독일어 시간표현 *그 날에/올 여름에/크리스마스 때*와 *an dem Tag/in diesem Sommer/zu Weihnachten*는 나의 불행했던 상태가 지속된 시기로 인지되고, (253다,라)의 시간표현 *4월 2일에서 5일 사이에*와 *zwischen dem 2. und 5. April*는 사무실이 닫힌 상태가 지속된 시기로 인지된다. 그러므로 이 시간표현들의 인지구조는 시간의 흐름에 직접 지배를 받는 것 말고는 상태지속을 위한 공간표현의 인지구조 (250)으로 설명된다.

> (253가) *그 날에/올 여름에/크리스마스 때* 나는 행복했다.
> (253나) *An dem Tag/in diesem Sommer/zu Weihnachten* war ich unglücklich.
> (253다) *4월 2일에서 5일 사이에* 사무실은 문을 닫았다.
> (253라) *Zwischen dem 2. und 5. April* ist das Büro geschlossen.

그러므로 언급한 (253가,나,다,라)의 시간표현들은 용기은유적 개념구조 시간은 용기이다의 하위개념구조 시간은 상태가 지속되는 용기이다가 적용되어, 임의의 상태가 지속되는 용기로 이해된다.

7.3.6.4. 상태지속을 위한 은유적 시간표현의 개념구조

인간의 삶을 특정한 시점에서 시작되어 특정한 시점에서 종료되는 시간의 연속으로 본다면, (254가,나)에서 *인생의 최후*와 *Lebensende*는 은유적 개념구조 인생은 시간이다에 의거하여 인생의 마지막 시간으로 인지된다.

(254가) 그의 아버지는 인생의 *최후까지* 건강했었다.
(254나) Sein Vater war gesund bis *an das Lebensende.*

그러므로 (254가,나)의 *인생의 최후까지*와 *an das Lebensende*는 용기
은유적 개념구조 시간은 용기이다의 하위개념구조 시간은 상태가 지속되는
용기이다가 적용되어 임의의 상태가 지속되는 시간용기로 은유된다.

7.4. 용기은유에 의거한 시간개념과 공간개념의 은유적 동일성

시간개념과 공간개념은 용기은유적 개념구조 시간은/공간은 용기이다에
의거하여 동일한 개념으로 설명된다. 먼저 이를 입증하기 위한 작업으
로 한국어와 독일어 시간표현과 공간표현들을 도착용기, 출발용기, 존
재용기, 행동수행용기, 사건발생용기, 그리고 상태지속용기로 분류한다.
이러한 분류를 근간으로 할 경우, 한국어와 독일어 시간표현과 공간표
현들은 용기은유에 의거하여 다음과 같은 은유적 개념구조들로 설명된
다 : 시간은/공간은 이동물체가 이동해 들어가는 용기이다, 시간은/공간은 이동물
체가 이동해 나가는 용기이다, 시간은/공간은 이동물체가 존재하는 용기이다, 시간
은/공간은 행위가 수행되는 용기이다, 시간은/공간은 사건이 일어나는 용기이다,
시간은/공간은 상태가 지속되는 용기이다. 이 개념구조들에 의하면 시간개념
과 공간개념은 임의의 이동물체가 도착하고, 출발하고, 머무는 용기로
은유되고, 그리고 임의의 행위가 수행되고, 임의의 사건이 발생하고, 임
의의 상태가 지속되는 용기로도 은유된다. 그러므로 시간개념과 공간개
념은 용기은유에 의거하여 동일한 개념임이 입증된다.

제3부

인간의 환유적 언어사용

사람들은 외부 세계로부터 어떤 자극을 받으면 심리적으로 동요되어서 특정한 감정을 느끼게 된다. 그럴 경우 신체 내부에서 상응하는 생리적 변화가 일어나고, 이에 따라 때로는 특이한 모습이나 행위를 보이기도 한다. 그리고 사람들은 이런 여러 가지 신체의 반응을 보고 상대방의 감정을 알아차리게 된다.

감정과 그 감정에 따른 신체의 여러 가지 반응은 원인과 결과의 관계로 설명된다. 예를 들어 한국어 슬픔관용어 *가슴을 치다*를 보자. 여기서 가슴을 치는 동작은 한국인들이 슬플 때 보이는 여러 행위 중의 하나로서 슬픔의 결과가 되고, 아울러 슬픔은 가슴 치는 동작의 원인이 된다. 이러한 원인과 결과의 관계는 감정을 단순히 더 이상 분해되지 않는 상태 그 자체로 보지 않고, 원인, 결과 등의 여러 하위사건들로 이루어진 하나의 복합사건 같은 것으로 본다면 더욱 더 분명해 진다.

감정표현에서의 원인과 결과의 관계는 환유적 개념구조 한 부분이 다른 부분을 대신한다의 하위개념구조 결과가 원인을 대신한다로 설명된다. 이 개념구조는 다양하고 구체적인 환유적 개념구조들로 표출되면서 여러 가지 감정관용어들의 의미를 설명하게 된다. 먼저 분노관용어를 보자.

08 감정관용어

8.1. 분노관용어

8.1.1. 붉은/핏기 빠진 얼굴색이 분노를 대신한다

화가 나면 흥분하게 되면서 감정표현기관인 얼굴에 피가 모여 얼굴 빛이 붉게 변한다. 다시 말하면 누군가가 얼굴을 붉히면서 씩씩거리면, 우리는 그가 화났다고 생각한다. 이 맥락에서 (255가,나)의 한국어 분노관용어 얼굴을 *붉히다* '화를 내다', 얼굴이 *붉어지다* '화가 나다'는 화를 내거나 화가 나 있는 상태를 환유적으로 화로 인해 피가 얼굴에 모여서 붉게 되는 생리적 현상으로 표현한다. 그러므로 이 한국어 분노관용어들의 의미는 환유적 개념구조 결과가 원인을 대신한다의 하위개념구조 붉은 얼굴색이 분노를 대신한다로 설명된다.

> (255가) 그는 금전문제로 인한 동료와의 갈등으로 *자주 얼굴을 붉힌다.*
> (255나) 호탕한 분들은 그 정도의 말에 별로 *얼굴이 붉어지지 않을 거야.*
> (255다) 그 사람은 별 것도 아닌 일에 *핏대를 올리며/세우며* 나에게 고함

을 쳤다.

(255라) 그는 화가 치밀 때면 얼굴에 핏대가 선다.

같은 맥락에서 (255다,라)의 한국어 분노관용어 핏대를 올리다/세우다 '성을 내다'와 핏대(가) 서다 '매우 화를 내다'는 핏대, 즉 큰 혈관에 피가 몰려서 얼굴이 붉어지는 것을 환유적 개념구조 붉은 얼굴빛은 분노를 대신한다에 의거하여 매우 화를 내는 것으로 표현한다.

(256)의 독일어 분노관용어 vor Wut einen roten Kopf bekommen '화가 나서 얼굴이 시뻘게 지다'에서 Kopf '머리' 내지 '두부(頭部)'는 사람의 목 위 부분으로서 얼굴을 포함한다. 따라서 이 독일어 분노관용어는 화가 나 있는 상태를 환유적으로 머리의 일부분인 얼굴이 붉어지는 것으로 표현한다. 그러므로 이 독일어 분노관용어의 의미도 환유적 개념구조 결과가 원인을 대신한다의 하위개념구조 붉은 얼굴색이 분노를 대신한다로 설명된다.

(256) Monika bekommt vor Wut einen roten Kopf.
　　　'마리아는 화가 나 얼굴이 시뻘게졌다.'

분노는 늘 빨강색으로만 표현되는 것이 아니라, 핏기 빠진 색으로도 표현된다. 예를 들면 (257)의 한국어 분노관용어 얼굴이 붉으락푸르락해지다/붉으락누르락해지다/검으락푸르락해지다 '파르르 화를 내다'도 화가 너무 난 얼굴의 색깔, 즉 핏기가 빠진 붉고 푸르스름한, 붉고 누르스름한, 그리고 검푸른 얼굴색을 화를 많이 내는 것으로 표현한다.

(257) 친구들의 비웃는 소리에 철수는 얼굴이 붉으락푸르락해지더니/붉으

락누르락해지더니/검으락푸르락해지더니 그만 울음을 터뜨렸다.

(258)의 독일어 분노관용어 *sich grün und gelb/grün und blau/schwarz ärgern* '무지무지하게 화가 나다'도 분노로 인해 시퍼렇게 질린 핏기 없는 창백한 얼굴에서 느껴지는 초록색, 노랑색, 푸른색, 또는 검은색으로 분노해 있음을 표현한다.

> (258) Der Autor *ärgert sich grün und gelb/grün und blau/schwarz* über die dummen Typfehler in seinem Manuskript.
> '저자는 원고의 사소한 타자 실수 때문에 엄청나게 화가 났다.'

그러므로 (257)의 한국어 분노관용어와 (258)의 독일어 분노관용어들은 환유적 개념구조 결과가 원인을 대신한다의 하위개념구조 핏기 빠진 얼굴빛이 분노를 대신한다에 의거하여 분노를 표현한다.

8.1.2. 행위가 분노를 대신한다

분노의 감정은 신체 일부를 이용한 분노의 행위들로 표출되기도 한다. 다시 말하면 A가 B에게 너무 화가 나서 그를 위협하는 행위로 악을 썼다고 하자. 그러면 우리는 B를 위협하는 A를 보고, A가 몹시 B에게 분노해 있다고 생각한다.

행위는 강도의 차이는 있겠지만, 위협형, 보복형 그리고 공격형으로 구분되어 설명된다. 한국인과 독일인의 기질 차이 때문인지, 분노는 한국어 관용어에서는 위협형과 보복형 행위로 그리고 독일어 관용어에서는 공격형 행위로 환유된다.

8.1.2.1. 위협형 행위가 분노를 대신한다

누군가에게 몹시 화가 날 때, 사람들은 그에게 소리를 지르며 달려들거나 또는 힘으로 으르고 협박하는 위협적인 행위를 한다. 이에 비유되는 (259)의 한국어 분노관용어 악을 쓰다 '화를 내다'는 너무 화가 난 나머지 큰 소리로 질러대며 상대방에게 강한 자극을 주려는 위협적인 행위로 몹시 화가 나 있는 상태를 표현한다.

> (259) 농사 빚에 지친 한 농민이 추곡수매가를 올려 달라고 악을 쓰다가 그만 쓰러져 의식을 잃었다.

그러므로 이 분노관용어는 환유적 개념구조 결과가 원인을 대신한다에서 나온 행위가 분노를 대신한다의 하위개념구조 위협형 행위가 분노를 대신한다에 의거하여 분노의 감정을 환유한다.

눈을 보면 그 사람의 기분이나 감정상태를 안다. 이를 반영하는 (260가,나,다,라,마)의 한국어 분노관용어들을 보자.

> (260가) 엄마가 눈을 부릅뜨자 아이는 쥐 죽은 듯이 조용해졌다.
> (260나) 그는 눈을 치뜨면서/까뒤집으면서 나에게 빌린 돈을 내놓으라고 으르렁 거렸다.
> (260다) 왜 가자미눈을 뜨는 거야. 슬슬 겁이 나는데, 무슨 일이 있니? 말 좀 해봐.
> (260라) 독사눈을 뜨면서 집세를 독촉하는 집주인을 생각하면 소름이 끼친다.
> (260마) 그는 도끼눈을 뜨고 돈을 갚지 않는 그 여자를 살벌하게 쳐다봤다.

(260가)의 눈을 부릅뜨다 '화를 내다'는 화가 나서 남보기 사납게 눈을

크게 뜨며 상대방을 위협하는 행위로 누구에게 화내고 있음을 표현한다. (47)과 (51나)에서 각각 방향은유적 개념구조 **분노는 위쪽이다**와 **분노는 바깥쪽이다**로 설명한 바 있는 (260나)의 두 분노관용어 *눈을 치뜨다*와 *눈을 까뒤집다* '몹시 화를 내다'는 눈을 위로 치켜뜨며 대항하는 보기 흉한 위협형 행위로 격노해 있음을 표현한다.[1] (260다)의 *가자미눈을 뜨다* '화를 내다'에서 *가자미눈*은 두 눈이 모두 몸의 한쪽으로 치우쳐서 붙어 있는 가자미의 눈을 말한다. 그러므로 이 관용어는 사람을 흘겨보면서 상대방을 위협하는 행위를 빌려 누구에게 화를 내는 행위를 표현한다. (260라)의 *독사눈을 뜨다* '화가 나다'는 이빨에서 독액을 분비하는 독사의 사악한 이미지를 풍기듯이 무서운 눈을 뜨는 것으로 화가 난 상태를 표현한다. (260마)의 분노관용어 *도끼눈을 뜨다* '분하거나 미워서 남을 쏘아 노려보다'는 나무를 팰 때 사용하는 도끼의 살벌하고 무서운 이미지가 서린 눈으로 상대방을 쏘아 보는 위협형 행위를 끌어들여 억울해서 남을 노려보는 행위를 표현한다. 따라서 (260가,나,다,라,마)의 한국어 분노관용어들은 환유적 개념구조 **행위가 분노를 대신한다**의 하위개념구조 **위협형 행위가 분노를 대신한다**에 의거하여 몹시 화를 내는 것을 표현한다.

(261가,나)의 한국어 분노관용어는 생명을 위협하는 데에 사용되는 살벌한 칼의 이미지를 띤 눈의 격렬한 모습으로 분노의 감정을 표현한다.

> (261가) *눈에 칼을 세우고/눈에 모를 세우고 노려보는* 그를 보는 순간 그녀는 멈칫하였다.

---

1) *까뒤집다*는 뒤집다를 강조하게 속되게 이르는 말이다.

(261나) 남성 우월주의자인 그는 여성들 *눈에 칼날이 설까봐* 겁을 내고
있었다.

즉, (261가)의 *눈에 칼을 세우다* '표독스럽게 눈을 번쩍이고 노려보다'
와 *눈에 모를 세우다* '성난 눈매로 노려보다'는 몹시 화가 나 있는 상태
를 다치기 쉬운 칼이나 다치기 쉬운 모서리, 즉 각(角)의 이미지가 느껴
지는 분노에 찬 눈매로 누구를 위협하기 위해 노려보는 것으로 표현한
다. (261나)의 분노관용어 *눈에 칼날이 서다* '표독스럽게 눈을 번쩍이고
노려보다'도 누구에게 몹시 화가 나 있는 것을 보복하기 위해 칼의 날
을 날카롭게 세우는 이미지의 눈으로 누구를 위협하기 위해 노려보는
행위로 표현한다. 그러므로 (261가,나)의 한국어 분노관용어는 환유적
개념구조 **위협형 행위가 분노를 대신한다**에 의거하여 분노의 감정을 환유
적으로 표현한다.

8.1.2.2. 보복형 행위가 분노를 대신한다

사람들은 분을 참지 못하면 마음속으로 보복형 행위를 준비하기도
한다. 이를 반영하는 (262가,나)의 한국어 분노관용어 *이가 갈리다* '(원
한이 섞여) 화가 치밀다'와 *이를 갈다* '몹시 원통하거나 분하여 앙갚음
을 하려고 벼르다'는 화가 날 경우 입을 앙다물면서 윗니와 아랫니를
마주 대고 문지르는 보복성의 행위를 몹시 화가 치밀거나 분노해하는
것으로 표현한다.

(262가) 일본군에게 당한 것을 생각하면 지금도 *이가 갈린다.*
(262나) 그는 동생이 동네 불량배들에게 맞았다는 소리를 듣고 *이(를) 갈
았다.*

(262다) 당한 것을 되갚아 주려고 그는 속니를 갈면서 차분히 복수를 준비하였다.

(262다)의 슬픔관용어 *속니를 갈다* '마음속으로 몹시 분해하다'는 *속니*의 속자가 관습적 환유에 의거하여 마음으로 환유되므로, 몹시 분해하고 있는 것을 남이 알지 못하게 숨긴 상태에서 혼자 마음으로 이를 갈면서 몰래 보복을 준비하는 모습으로 표현한다.[2] 그러므로 (262가,나,다)의 한국어 분노관용어는 환유적 개념구조 행위가 분노를 대신한다의 하위개념구조 보복형 행위가 분노를 대신한다에 의거하여 누구에게 분노해하는 감정을 환유적으로 표현한다.

사람들은 누군가에게 몹시 화가 나거나 분노할 때 이빨을 부들부들 떨면서 두고 보자라는 식의 보복형 행위를 준비한다. 이를 상상하게 하는 (263가,나)의 한국어 분노관용어 *치가 떨리다* '몹시 분하고 지긋지긋하다'와 *치를 떨다* '극도로 분한 상태가 되다'는 치(齒), 즉 치아를 부들부들 떨면서 누구에게 보복할 것을 계획하는 모습으로 극도로 분노해 있음을 표현한다.

(263가) 그 인간에 당한 것을 생각하면 지금도 *치가 떨린다.*
(263나) 진압군의 잔인함과 언론의 왜곡에 광주시민들은 모두 *치를 떨었다.*

그러므로 (263가,나)의 한국어 분노관용어는 환유적 개념구조 행위가 분노를 대신한다의 하위개념구조 보복형 행위가 분노를 대신한다에 의거하여 분노의 감정을 환유적으로 표현한다.

---

2) 한국어의 속담 *송곳니가 방석니가 된다*는 너무 분한 나머지 이를 하도 갈아서 송곳니가 닳아 방석 같은 어금니가 된다는 뜻을 나타낸다(김향숙 2001 : 98).

(264가)의 슬픔관용어 칼을 품다 '살의를 품다'는 기회가 오면 언제든지 찌르기 위해 칼을 품고 다니는 보복성 행위로 누군가를 죽이고 싶을 정도로 그에게 분노하고 있는 모습을 나타낸다.

> (264가) 그는 집안간의 원한 때문에 몇 년간 칼을 품고 살아 왔다.
> (264나) 그는 부도난 회사를 일으키기 위해 칼을 갈며 열심히 일을 하기 시작했다.

(264나)의 분노관용어 칼을 갈다 '몹시 분노해서 독한 마음으로 복수를 준비하다'는 실수 없이 누군가에게 복수하기 위해 예리하게 칼을 갈면서 남모르게 혼자 치밀하게 보복을 준비하는 모습으로 누구에게 앙갚음 하고 싶을 정도로 몹시 화나 있음을 표현한다. 그러므로 언급한 (264가,나)의 한국어 분노관용어들은 환유적 개념구조 행위가 분노를 대신한다의 하위개념구조 보복형 행위가 분노를 대신한다에 의거하여 분노의 감정을 환유적으로 표현한다.

8.1.2.3. 공격형 행위가 분노를 대신한다

분노의 감정을 위협형 내지는 보복형 행위로 환유하는 한국인들과 달리 독일인들은 직접 공격하는 행위로 환유한다. 물론 이에 관한 독일어 분노관용어는 많지는 않다. 그럼에도 불구하고 (265)의 분노관용어가 이에 해당한다.

> (265) Ein unerhlicher Journalist *tratt mich auf die Zehen.*
> '어떤 비열한 기자가 나를 화내게 했다.'

즉 (265)의 독일어 분노관용어 *jndn. auf die Zehen treten* '누구를 화내게 하다'는 누군가가 다른 사람의 발을 밟아서 순간적으로 발을 밟힌 사람이 발끈 화를 내는 것을 표현한다. 그러므로 이 독일어 분노관용어는 (40가)와 (50)에서 은유적인 관점에서 각각 개념구조 분노는 용기간의 뜨거운 액체이다와 분노는 아래쪽이다로 설명된 바 있지만, 그럼에도 불구하고 환유적인 관점에서 실제로 누군가의 발을 밟는 공격성 행위를 통해 누군가를 불끈 화내게 하는 것을 표현하는 것으로도 설명된다. 이러한 환유적 관점에서 (265)의 독일어 분노관용어는 환유적 개념구조 행위가 분노를 대신한다의 하위개념구조 공격형 행위가 분노를 대신한다로 설명된다.

8.1.3. 분노관용어의 환유성

특정한 감정을 갖게 될 때 신체가 보이는 여러 가지 생리적 변화나 특이한 모습 또는 특이한 행위는 상대방의 감정을 읽을 수 있는 중요한 요인이 된다. 그러므로 감정과 그 감정에 따른 신체적 반응은 원인과 결과의 관계로 설명된다. 따라서 감정을 원인, 결과 등의 하위 사건들로 이루어진 하나의 사건 같은 것으로 본다면, 감정의 의미는 환유적 개념구조 결과가 원인을 대신한다로도 설명된다.

한국어와 독일어 분노관용어들은 분노의 생리적 변화를 기반으로 하여, 붉은 얼굴색이나 핏기 빠진 얼굴색을 분노의 감정으로 환유한다. 한국어와 독일어 분노관용어에서는 행위가 분노의 감정으로 환유되는데, 한국인과 독일인의 기질 차이 때문인지, 한국어 분노관용어에서는 행위 유형 중에서 위협형과 보복형 행위가 분노의 감정으로 환유되고, 독일어 분노관용어에서는 공격형 행위가 분노의 감정으로 환유된다.

8.2. 기쁨관용어

사람들은 흥이 나면 웃으면서 춤도 추고 노래도 부른다. 다시 말하면 누군가가 웃고, 춤추고, 노래하면, 사람들은 그가 기쁜 상황이나 상태에 처해 있다고 생각한다. 이러한 환유적인 관점에서 먼저 춤을 기쁨으로 환유하는 기쁨관용어들을 보자.

8.2.1. 춤이 기쁨을 대신한다

흥겨운 몸짓은 춤으로 이어진다. 예를 들면 (265가,나)의 한국어 기쁨 관용어 *어깨춤을 추다* '기분이 좋다'와 *어깨춤이 절로 난다* '기분이 좋다'는 어깨를 으쓱거리면서 추는 춤, 즉 어깨춤을 추는 것을 기쁨으로 표현한다.

> (265가) 생막걸리 두 잔을 마시고, 기분이 좋았던지, 우리 엄마는 덩실덩실 *어깨춤을 추었다.*
> (265나) 신나는 가락에 *어깨춤이 절로 난다.*

그러므로 이 한국어 기쁨관용어들은 환유적 개념구조 **원인은 결과를 대신한다**의 하위개념구조 **춤이 기쁨을 대신한다**에 의거하여 기쁨을 표현한다.

> (267) Der Rock'n Roll ist gut. *Der geht in die Beine.*
> '록 음악은 흥겨워서, 저절로 발로 장단을 맞추게 된다.'

기뻐서 흥이 나면 손과 발로 장단을 맞추면서 춤을 추기도 하는데,

이를 반영하는 (267)의 독일어 기쁨관용어 *etw. geht in die Beine* '춤이 나오다'는 비록 (84다)에서 방향은유적 개념구조 기쁨은 안쪽이다로 설명되었지만, 여기서는 환유적 개념구조 춤이 기쁨을 대신한다에 의거하여 흥에 겨워 발로 리듬을 맞추는 것으로 기쁨 내지는 즐거움을 환유한다.

8.2.2. 노래가 기쁨을 대신한다

노래 부르는 것을 좋아하는 한국인의 기질에서 도출된 (268가)의 한국어 기쁨관용어 콧노래가 나오다 '기분이 좋다'는 기분 좋아 콧노래가 나오는 것으로 기분 좋은 상태를 표현한다. 이 한국어 기쁨관용어는 누군가가 기분 좋은 상태에 있는 것을 그에게서 콧노래가 나오는 것으로 표현한다. 그러므로 이 한국어 기쁨관용어의 의미는 이미 (79가)에서 방향은유적 개념구조 기쁨은 바깥쪽이다로 설명한 바 있지만, 환유적 개념구조 결과가 원인을 대신한다의 하위개념구조 노래가 기쁨을 대신한다로도 설명된다.

> (268가) 콧노래가 나오는 것을 보니 남자친구와 일이 잘 되어가나 보다.
> (268나) 콧노래를 부르는 것을 보니 기말고사 성적이 잘 나왔나 보다.

(268나)의 한국어 기쁨관용어 콧노래를 부르다 '일이 잘 되어 기분을 내다'에서는 일이 잘 되어 기분이 좋아서 콧노래를 부르는 것으로 기쁨을 표현한다. 그러므로 이 한국어 기쁨관용어도 환유적으로 기쁨을 콧노래 부르는 것으로 표현하므로, 환유적 개념구조 결과가 원인을 대신한다의 하위개념구조 노래가 기쁨을 대신한다로 설명된다.

8.2.3. 휘파람이 기쁨을 대신한다

누군가가 휘파람을 부는 것을 보면, 우리는 그가 기분 좋은 상황에 있다고 생각한다. 이러한 환유적 관점에서 (269)의 한국어 기쁨관용어 *휘파람을 불다* '일이 잘 되어 기분이 좋다'는 기쁨을 환유적 개념구조 **결과가 원인을 대신한다**의 하위개념구조 **휘파람이 기쁨을 대신한다**에 의거하여 환유적으로 표현한다.

> (269) *휘파람을 불면서 집에 들어온 아들이 대학 합격증을 보여주었다.*

8.2.4. 웃음이 기쁨을 대신한다

포복절도하면 배꼽 주위와 허리 근육이 심한 자극을 받아서 배꼽이 빠질 것 같고 허리가 부러질 것 같은 느낌이 든다. 이렇게 웃음이 정신과 신체의 상호관계를 보여주듯이, 누군가가 웃으면서 손으로 배꼽 주위를 짓누르거나 허리를 쥐어 잡으면, 우리는 그가 매우 재미있어 하거나 기뻐해 하고 있다고 생각한다. 이러한 환유적 관점에서 (270가) *배꼽을 쥐다/잡다* '우습다', (270나) *허리가 끊어지다/부러지다* '너무 우습다', (270다) *허리를 잡다* '폭소하다', 그리고 (79나)에서 방향은유적 개념구조 **기쁨은 바깥쪽이다**로 설명한 바 있는 (270라)의 *배꼽이 빠지다* '재미있어서 너무 많이 웃다'의 한국어 기쁨관용어들은 환유적 개념구조 **결과가 원인을 대신한다**의 하위개념구조 **웃음이 기쁨을 대신한다**에 의거하여 웃음을 기쁨으로 표현하기도 한다.

> (270가) 유머감각이 뛰어난 그 친구와 이야기하면, 나는 늘 *배꼽을 쥐고*

웃는다.

(270나) 화술이 뛰어난 그는 말을 재미있게 해서 *허리가 끊어지도록* 웃게 만든다.

(270다) 그가 너무 웃겨서 나는 *허리를 잡고* 웃었다.

(270라) 어제 네가 하도 재미있게 이야기해서 *배꼽이 빠질* 뻔했어.

누군가가 눈물을 흘릴 정도로 많이 웃고 있으면, 우리는 그가 무척 재미있는 일이 있다고 생각한다. 이를 반영하는 (271)의 독일어 기쁨관용어 *da bleibt kein Auge trocken* '눈물이 날 정도로 웃다'는 기쁨을 눈물이 날 정도로 너무 많이 웃어서 눈이 마르지 않는 것으로 표현한다.

(271) Als der Clown auftritt, *da bleibt kein Auge trocken.*
　　　'광대가 등장하자 모든 사람들이 눈물이 나도록 웃었다.'

그러므로 (271)의 독일어 기쁨관용어의 의미도 환유적 개념구조 결과가 원인을 대신한다의 하위개념구조 웃음이 기쁨을 대신한다로 설명된다.

8.2.5. 눈물이 기쁨을 대신한다

(271)의 독일어 기쁨관용어에서 표출되는 눈물은 너무 많이 웃어서 나는 것이지만, 사람들은 무엇에 깊은 감동을 받을 때에도 눈물을 보인다.[3] 이는 독일어 기쁨관용어보다는 한국어 기쁨관용어에서 나타난다. 예를 들면 (272가)의 한국어 기쁨관용어 눈물이 *나다* '감격하다'는 무엇

---

3) 이는 뇌의 활동과 관련이 있는데, 특히 신경계의 일부인 교감신경이 자극을 받아서 나타나는 생리적 현상으로서 애노애락의 감정에서 흘리는 정서적 눈물이다. 그 밖에 인간의 눈물에는 눈에 들어 있는 기본적 눈물과 이물질 침입이나 양파 깔 때 등 특정한 외부자극에 의해 반사적으로 흘리게 되는 반사적 눈물이 있다.

에 감동을 받아 눈물이 나는 것을 감동의 기쁨으로 표현한다.

> (272가) 나를 정성껏 키워주신 할머니의 은혜를 생각하면 고마워서 지금
>   도 눈물이 납니다.
> (272나) 남북한 응원단은 서로를 격려하며 감격에 겨워 눈시울을 붉혔다.
> (272다) 부모의 반대에도 불구하고, 10년간 조용하게 이루어낸 그들의 사
>   랑에 사람들의 눈시울이 뜨거워졌다.

(272나)의 기쁨관용어 눈시울을 붉혔다 '(눈물을 흘릴 만큼) 감동하다'
도 감동의 기쁨으로 인해 복받쳐 나오는 울음 때문에 눈시울(눈 가장자리)
을 따라 속눈썹이 난 곳이 붉은 색으로 변하는 것을 표현하다. (272다)
의 기쁨관용어 눈시울이 뜨거워지다 '(눈물을 흘릴 만큼) 감동하다'는 감
동의 눈물로 인해 눈시울이 붉어지는 것으로 기쁨을 표현한다. 그러므
로 (272가,나,다)의 한국어 기쁨관용어들의 의미는 환유적 개념구조 결과
는 원인을 대신한다의 하위개념구조 눈물은 기쁨을 대신한다로 설명된다.

8.2.6. 기쁜 행동이 기쁨을 대신한다

기쁠 때 하는 행동을 보고 사람들은 그가 이런저런 일로 기분이 좋다
는 것을 감지한다. 예를 들면 (273가)의 한국어 기쁨관용어 발걸음/발길
이 가볍다 '(마음의 부담이나 거리낌이 없어져) 상쾌하다'는 기분이 좋
아서 몸이 하늘로 날아갈 것 같듯이 발의 움직임이 날쌔고 경쾌하고 가
뿐한 것을 표현한다. (273나)의 기쁨관용어 무릎을 치다 '문득 좋은 생각
이 떠올라 감탄하다'는 몰랐던 사실을 갑자기 알게 되거나 되살리려고
했던 희미한 기억이 갑자기 떠오를 때 손으로 신체의 아래 부분에 있는
무릎을 치면서 기뻐하는 행동을 나타낸다. 그러므로 이미 (72가)와 (78

나)에서 각각 방향은유적 개념구조 기쁨은 위쪽이다와 기쁨은 아래쪽이다로 설명한 바 있는 한국어 기쁨관용어 (273가)와 (273나)의 의미는 환유적 개념구조 결과가 원인을 대신한다의 하위개념구조 기쁜 행동이 기쁨을 대신한다로도 설명된다.

(273가) 도서관에서 늦게 까지 공부하고 집에 가는 날은 *발걸음/발길이 가볍다*.
(273나) 얽혔던 문제를 풀어 낸 순간 나는 나도 모르게 *무릎을 치며* 벌떡 일어났다.
(273다) 많은 사람들이 너의 진솔한 의견에 *손뼉을 쳐주었다*.

(273다)의 기쁨관용어 *손뼉을 치다* '찬성하다'는 누군가의 의견에 손뼉을 치며 기쁜 마음으로 기분 좋게 찬성해 주는 행동을 나타낸다. 그러므로 (273다)의 한국어 기쁨관용어의 의미는 (83)에서 방향은유적 개념구조 기쁨은 안쪽이다로 설명된 바 있지만, 환유적인 관점에서는 기쁜 행동이 기쁨을 대신한다는 환유적 개념구조로도 설명된다.

8.2.7. 기쁜 모습이 기쁨을 대신한다

사람들은 누군가가 기분 좋을 때 보여주는 신체의 모습에서 그가 기분 좋은 일이 있다고 생각한다. 이를 반영하는 (274)의 한국어 기쁨관용어 *어깨를 으쓱하다* '뽐내다'는 어떤 일에 기뻐하면서 자신 있게 뽐내며 의기양양해 하는 모습을 표현한다.

(274) 회계사 시험에 합격했다고 축하를 많이 받다보니, 나도 모르게 *어깨가 으쓱거렸다*.

그러므로 (274)의 한국어 기쁨관용어의 의미는 (71라)에서 방향은유적 개념구조 기쁨은 위쪽이다로 설명한 바 있지만, 여기서는 환유적 개념구조 결과가 원인을 대신한다의 하위개념구조 기쁜 모습이 기쁨을 대신한다로 설명된다.

걱정거리들이 해결되거나 기대하지 않았던 좋은 일들이 벌어지면, 기쁘고 좋아서 입가가 벌어진다. 이러한 신체의 모습을 기쁨으로 표현하는 (275가,나,다)의 한국어 기쁨관용어들은 입을 다물지 못할 정도로 좋아 어쩔 줄 모르는 것을 표현한다.

> (275가) 노총각 아들이 결혼해서 그런지 영재 엄마는 *입이 함지박 만해졌다.*
> (275나) 새 남자친구와 사랑에 빠진 선희는 *입시울이 함박꽃같이 벌어졌다.*
> (275다) 용돈을 많이 받으니 *입이 찢어지네.*

즉, (275가)의 기쁨관용어 *입이 함지박만하다* '좋아서 어쩔 줄 모르다'는 입이 함지박 만하게 커다랗게 벌어지는 모습을 표현하고, (275나)의 기쁨관용어 *입시울이 함박꽃같이 벌어지다*는 입술의 옛말인 입시울이 함박꽃 송이처럼 크고 탐스럽게 벌어진 모습을 표현한다. (275다)의 *입이 찢어지다* '기뻐서 어쩔 줄을 모르다'는 입이 찢어지는 고통을 이겨낼 정도로 기쁘거나 즐거워서 입이 크게 벌어지는 모습을 표현한다. 그러므로 (275가,나,다)의 한국어 기쁨관용어들의 의미는 (78가,다,다)에서 방향은유적 개념구조 기쁨은 바깥쪽이다로 설명했지만, 여기서는 환유적 개념구조 기쁜 모습이 기쁨을 대신한다로 설명된다.

(276가)의 기쁨관용어 *다리(를)/발(을) 뻗고 자다* '마음이 편하게 되다'는 다리나 발을 뻗으며 마음 놓고 편히 자는 편안한 모습으로 기쁨을 표현한다.

(276가) 군복무 마쳤다고 *다리(를)/발(을) 뻗고 자는* 아들을 보니 마음이 흐뭇하다.

(276나) 아버지가 다시 직장을 갖게 되어서, 우리 집 식구들 모두 *얼굴이 펴졌다.*

(276다) 우리 이제 빚을 다 갚았으니, *어깨/허리를/가슴을 펴고* 당당하게 세상 밖으로 나가 봅시다.

(276나)의 슬픔관용어 *얼굴이 펴지다* '근심 걱정이 없어지다'는 삶이 편안해 지면서 근심, 걱정으로 생긴 주름살이 펴지는 환하고 편안한 모습을 표현한다. (276다)의 기쁨관용어 *어깨/허리를/가슴을 펴다* '당당하다', '자신감을 갖다'는 자신감 내지는 희망이 생겨서 웅크린 어깨/허리/가슴을 자신만만하게 펴는 떳떳한 모습을 표현한다. 그러므로 (276가,나, 다)의 한국어 기쁨관용어의 의미는 (74가,나,다,라)에서 방향은유적 개념구조 **기쁨은 바깥쪽이다**로 설명되었지만, 환유적인 관점에서 볼 때 **기쁜 모습이 기쁨을 대신한다**의 개념구조로도 설명된다.

8.2.8. 기쁨관용어의 환유성

환유적인 관점에서 한국어와 독일어 기쁨관용어의 의미도 **결과가 원인을 대신한다**의 다양한 하위개념구조들로 설명된다.

즉, 한국어와 독일어 기쁨관용어에서는 춤과 웃음이 기쁨으로 환유된다. 한국어 기쁨관용어에서는 독일어 기쁨관용어에서와 달리 노래와 눈물, 기뻐할 때의 행동과 신체의 모습이 기쁨으로 환유되는데, 전자는 노래 부르기를 좋아하는 한국인들의 정서적 기질과 관련되어 보이며, 후자는 몸을 감정표현의 매개체로 삼는 한국인들의 기질과 관련되어 보인다.

8.3. 슬픔관용어

한국인들은 슬픔을 눈물, 어두운 표정, 주름살 등 신체의 생리적 변화에 비유한다. 독일인들도 한국인들만큼은 아니지만 슬픔을 눈물, 차가움 등의 신체의 생리적 변화에 비유한다. 먼저 눈물을 환유적으로 슬픔으로 표현하는 슬픔관용어들을 보자.

8.3.1. 눈물이 슬픔을 대신한다

8.2.5.에서 언급하였듯이 사람들은 감동의 기쁨에도 눈물을 흘리지만, 매우 가슴 아픈 슬픈 감정에 사로잡혀 있을 때에도 눈물을 흘린다. 이를 환유적 매개체로 하는 (277가)의 한국어 슬픔관용어 눈물이 핑 돌다 '슬프다'는 별안간 눈에 눈물이 어리는 모습으로 슬픈 상태에 처해 있는 것을 표현한다.

> (277가) 그 이야기를 들으니까 눈물이 핑 돈다.
> (277나) 나이가 드니, 가을 낙엽에도 눈시울을 적시게 된다.4)
> (277다) 우리는 피에 우는 전쟁 난민의 절규를 가슴 깊이 새겨야 한다.
> (277라) 한 많은 친구의 삶은 듣는 이의 가슴을 적신다.

(277나)의 한국어 슬픔관용어 눈시울을 적시다 '마음이 착잡하다'도 눈시울을 젖게 하는 것으로 착잡하고 슬픈 마음의 상태를 표현한다. (277다)의 슬픔관용어 피에 울다 '몹시 슬피 울다'는 피를 통해 울음의 강도가 높고, 따라서 슬픔의 강도도 높다는 것을 느끼게 해주므로, 더할

---

4) 눈시울이 적시다는 감동받는 상황에서도 사용된다.

수 없는 슬픔에 빠져 있는 것을 몹시 슬피 우는 것으로 표현한다. *가슴을 관습적 환유에 의거하여 마음으로 환유하는 (277라)의 슬픔관용어 *가슴을 적시다* '슬프게 감동시키다'는 마음(가슴)을 눈물로 젖게 하는 것으로 애절한 슬픔을 표현한다. 이렇게 누가 우는 것을 보면, 그가 이런저런 안 좋은 일로 슬퍼하는 것으로 생각하므로, (277가,나,다,라)의 한국어 슬픔관용어들은 환유적 개념구조 결과가 원인을 대신한다의 하위개념구조인 눈물이 슬픔을 대신한다로 슬픔을 표현하는 것으로 본다.

(278)의 독일어 슬픔관용어 *zum Heulen sein* '매우 슬프다'도 환유적 개념구조 눈물이 슬픔을 대신한다에 의거하여 원통한 일을 당해서 우는 모습으로 매우 괴로워하고 슬퍼하는 것을 환유적으로 표현한다.

> (278) Hans *ist zum Heulen*, dass wieder kein Lebenszeichen von ihm im Briefkasten lag.
> '우체통에 그의 생존에 관한 소식이 없어서 매우 슬프다.'

8.4.2. 어두운 표정이 슬픔을 대신한다/주름살이 슬픔을 대신한다

얼굴은 마음의 거울이다. 그래서 얼굴표정을 보면 그 사람의 기분이나 감정을 안다. 예를 들면 그늘지고 어두운 얼굴표정을 보면, 우리는 그가 좋지 않은 일이 있어서 슬퍼하는 것으로 생각한다. 이를 나타내는 (279가)의 한국어 슬픔관용어 *얼굴에 그늘이 지다* '슬프고 걱정스러운 분위기이다'와 (279나)의 *얼굴이 어둡다* '근심걱정에 가득 차다/잠기다'의 의미는 환유적 개념구조 결과가 원인을 대신한다의 하위개념구조 어두운 표정이 슬픔을 대신한다로 설명된다.

(279가) 아버지가 돌아가신 후부터는 그의 얼굴에 늘 *그늘이 져 있다.*
(279나) 김선생님의 얼굴이 어두운 것을 보니, 일이 잘 안 되어가는 것
　　　　같다.

　(280가,나)의 한국어 슬픔관용어 *주름살이 늘어나다* '걱정이 더 많이
생기다'와 *주름살이 지다* '걱정에 찌들다'에서 주름살은 힘들게 어렵게
살아온 삶의 흔적을 나타낸다. 그러므로 전자는 걱정거리가 늘어나서
삶이 고달프게 된 것을 나타내고, 후자는 서글프고 힘들게 살아온 것을
나타낸다.

(280가) 요즈음 미친 물가상승에 주부들의 *주름살이 늘어난다.*
(280나) 자식들 교육에 *주름살이 진* 부모님을 보면 마음이 아프다.

　따라서 (280가,나)의 슬픔관용어들의 의미는 환유적 개념구조 **주름살
은 슬픔을 대신한다**로 설명된다.

8.4.3. 춥고 배고픔/차가움이 슬픔을 대신한다

　인간에게는 추우면 따뜻하게 지내고 싶고, 허기지면 배를 채우고 싶은
생리적 욕구가 있다. 이런 맥락에서 누군가가 땔감도 없이 춥게 지내고,
먹을 것도 없이 배고프게 지내면, 우리는 그를 처량하게 본다. 이를 반영
하는 (281)의 한국어 슬픔관용어 *춥고 배고프다* '처량하다'는 환유적 개
념구조 **결과가 원인을 대신한다**의 하위개념구조 **춥고 배고픔이 슬픔을 대신한
다**에 의거하여 슬픔을 서글프고 처량하고 초라한 신세로 표현한다.

(281) 지금도 *춥고 배고팠던* 학창시절을 생각하면 눈물이 난다.

사람들에게는 특별한 경우 말고는 따뜻한 물로 샤워하려는 욕구가 있다. 그런데 돈이 없어서 찬물로 샤워를 해야 한다면, 서글퍼지고 처량한 생각이 든다. 이를 반영하는 (282가)와 (282나)의 독일어 슬픔관용어 *etwas ist eine kalte Dusche für jmdn.* 와 *wie eine kalte Dusche auf jmdn. wirken*은 동일하게 '누구의 마음을 상하게 하다' 혹은 '누구를 실망시키다'의 뜻으로 사용된다.

> (282가) Die schlechte Kritik nach seinem ersten Konzert *war für ihn eine kalte Dusche.*
> '데뷔 콘서트에 대한 혹평이 그의 마음을 상하게 했다.'
> (282나) Die Versetzung in eine Kleinstadt wirkte wie eine kalte Dutsche auf ihm.
> '작은 도시로 전근되어서 그는 실망했다.'

따라서 이 두 독일어 슬픔관용어는 환유적 개념구조 결과가 원인을 대신한다의 하위개념구조 차가움이 슬픔을 대신한다에 의거하여 누군가에게 모욕감(차가움)을 주어서 마음 상하게 하는 것 또는 일이 뜻대로 되지 않아서 누군가를 실망(차가움)시켜서 슬프게 하는 것을 표현한다.

8.3.4. 슬픈 행위가 슬픔을 대신한다

사람들은 슬픔에 처하게 되면, 자기도 모르게 특이한 행동을 한다. 예를 들면 한국인들은 너무 억울한 일을 당하면 손으로 땅을 치거나 가슴을 치면서 슬피 운다. 다시 말하면 누군가가 손으로 땅을 치거나 가슴을 치면서 우는 것을 보면, 우리들은 그가 몹시 슬픈 상황에 처해 있다고 생각한다. 이런 맥락에서 (283가)의 한국어 슬픔관용어 땅을/가슴을

치다 '통곡하다', '억울해 하다'는 슬픔을 몹시 억울한 일을 당할 때 답답해서 땅이나 가슴을 치는 행동으로 형상화한다.

> (283가) 내 동료는 친구에게 당한 사기 때문에 억울해서 *땅을/가슴을 치며 통곡했다.*
>
> (283나) 불쌍하게 돌아가신 아버지 영정 앞에서 딸은 *어깨를 들먹이며 울었다.*
>
> (283다) *가슴을/머리를 쥐어뜯으며* 고민을 해도, 해결의 기미는 보이지 않는다.

(283나)의 슬픔관용어 *어깨를 들먹이다* '흐느껴 울다'는 슬픔을 슬프게 흐느껴 우는 격한 감정에서 어깨를 들었다 놓았다 하는 행동으로 형상화한다. (283나)의 슬픔관용어 *가슴을/머리를 쥐어뜯다* '안타까워하다'는 감정억제 문화권에서 살아가는 한국인들의 한(恨)을 연상케 하듯이 속상한 일을 밖으로 표현은 못하고 혼자 삭이면서 가슴이나 머리를 뜯고 쥐어박는 행동으로 속상하고 안타까워 슬퍼하는 것을 형상화한다. 그러므로 (283나,다)의 한국어 슬픔관용어의 의미도 환유적 개념구조 **결과가 원인을 대신한다**의 하위개념구조 **슬픈 행위가 슬픔을 대신한다**로 설명된다.

8.3.5. 슬픈 모습이 슬픔을 대신한다

(97가,나,바)에서 방향은유적 개념구조 **슬픔은 아래쪽이다**로 설명한 바 있는 (284가,나,다)의 한국어 슬픔관용어는 슬픔을 환유적으로 기분이 저조할 때 무겁고, 아래로 축 처진 신체의 모습으로 슬픔을 표현한다.

> (284가) 사장님은 회사가 부도난 이후 *어깨가/어깨쭉지가 처졌다/늘어졌다.*

(284나) 암투병을 하고 계시는 아버지를 면회하고 돌아올 때마다 *발걸음이/발길이 무겁다.*

(284다) 시댁 식구들과 신경전을 벌였더니 몹시 *머리가 무겁다.*

즉, (284가)의 슬픔관용어 *어깨가/어깨쭉지가 처지다/늘어지다* '풀이 죽고 기가 꺾이다'는 어깨가 축 처진 모습으로 마음(어깨) 안에 걱정거리가 가득해서 기분이 바닥으로 가라앉는 침울한 기분을 환유한다. (284나)의 슬픔관용어 *발걸음이/발길이 무겁다* '침울하다'는 발이 땅에서 잘 떨어지지 않고 땅쪽으로 끌리면서 힘들고 무겁게 걷는 모습으로 상심에 차 침울한 상태를 환유한다. (284다)의 슬픔관용어 *머리가 무겁다* '기분이 좋지 않다'는 어수선한 고민거리들로 인해 이성적인 판단을 하지 못할 정도로 머리(마음)가 무거워서 아래로 처지는 모습으로 무겁고 우울한 마음 상태를 환유한다. 따라서 (284가,나,다)의 한국어 슬픔관용어의 의미는 환유적 개념구조 **결과가 원인을 대신한다**의 하위개념구조 **슬픈 모습이 슬픔을 대신하다**로도 설명된다.

8.3.6. 슬픔관용어의 환유성

슬픔관용어에서 표현되는 슬픔은 환유적 개념구조 **결과가 원인을 대신한다**로 설명된다. 즉, 한국어와 독일어 슬픔관용어에서는 주로 눈물 그리고 춥고 배고픔이 슬픔으로 환유된다. 그러나 감정을 몸으로 표현하는 한국인들의 기질을 반영하는 한국어 슬픔관용어들에서 슬픔은 어두운 표정 내지는 얼굴의 주름살, 그리고 슬퍼할 때의 행동이나 신체의 모습으로 환유된다.

09 손 관용어

손 관용어의 의미는 신체명 손의 환유적 의미를 통해서도 설명된다. 즉, 손 관용어에서 신체명 손은 환유적 개념구조 **부분이 전체를 대신한다**에 의거하여 사람으로 환유되기도 하고, 손의 다양한 도구로서의 기능적 속성을 통해서 여러 가지 행위로 환유되기도 한다. 먼저 전자의 경우를 보자.

9.1. 부분이 전체를 대신한다

(285)의 한국어 손 관용어 *손(이) 달리다/딸리다/모자라다/부족하다* '일손이 모자라다'에서 손은 환유적 개념구조 **부분이 전체를 대신한다**에 의거하여 사람으로 환유되지만, 관습적 환유의 개념구조 **신체기관이 그것의 전형적인 기능적 속성을 대신한다**에 의거하여 손의 기능적 속성에 따라 일/노동의 도구로도 환유된다. 그러므로 이 두 환유적 개념구조에 의거하

여 (285)의 한국어 손 관용어에서 손은 일하는 사람을 환유한다.

(285) 농번기에 농촌에는 손(이) 달려서/딸려서/모자라서/부족해서 야단
이다. 그래서 부르는 게 값이다.

그러므로 (285)의 한국어 손 관용어들은 일하는 사람이 부족하다는
뜻으로 사용된다.

(286)의 독일어 손 관용어 *jmds. rechte Hand*에서도 신체명 *Hand*는 환
유적 개념구조 **부분이 전체를 대신한다**와 관습적 환유의 개념구조 **신체기관
이 그것의 전형적인 기능적 속성을 대신한다**에 의거하여 일하는 사람으로 환
유된다.[1] 여기에다 형용사 *recht* '오른쪽'의 이미지 때문에 실제로 육체
적인 일이나 노동을 할 때 없어서는 안 되는 중요한 도구의 기능이 첨가
된다. 따라서 이 독일어 손 관용어는 '같이 일할 사람으로서 없어서는 안
될 가장 중요하고 믿음이 가는 동료 내지는 부하'의 뜻으로 사용된다.

(286) Er fühlt sich schon als *die rechte Hand vom Chef.*

(286)의 독일어 손 관용어와 동일한 뜻으로 사용되는 (287가)의 한국
어 손 관용어 오른팔도 동일하게 설명된다.

(287가) 그는 자기가 사장의 오른팔이라고 생각할 거야.
(287나) 결국 주가는 큰손들이 끌고 가는 거 같아.

일이나 노동 외에 신체명 손은 특정한 분야에 돈을 투자하는 도구로

---

1) 이 환유적 개념구조에 관해서는 Lakoff/Johnson(1980 : 36/1998 : 47)을 참조할 것.

도 기능을 한다. 이를 나타내는 (287나)의 큰손 '대규모 금전거래를 하는 투자가'에도 (286)의 독일어 손 관용어에서 언급한 두 환유가 적용되지만, 형용사 큰의 이미지에 따라 돈을 투자하거나 처리하는 규모가 큰 사람, 즉 배포가 큰 사람으로 이해된다.

신체명 손은 아주 다양한 도구로 환유된다. 이를 통해 한국어와 독일어 손 관용어의 의미가 설명되기도 한다. 물론 동일한 손 관용어라고 하더라도 어떤 동사와 결합하느냐에 따라 손이 다양한 긍정적인 또는 부정적인 도구로 환유되므로, 이를 통해 손 관용어의 의미도 다양하게 설명된다.

9.2. 다양한 도구로 환유되는 신체명 손의 의미

9.2.1. 일/노동의 도구

머리를 써서 하는 일들이 멈춘다면 우리의 삶이 지속되기 어렵듯이, 손을 써서 하는 일들이 멈춘다 해도 우리의 삶은 지속되기 어렵다. 이는 많은 일상생활의 일들이 손으로 행해지기 때문이다.

일상생활에서 일어나는 여러 가지 경험들을 바탕으로 할 때, (288가, 나,다,라,마)의 한국어 손 관용어에서 손은 관습적 환유에 의거하여 삶의 지속을 위한 집안일 등을 포함하는 노동/일의 도구로 환유된다.

> (288가) 갑자기 내일 감사원 감사가 나온다고 하니, 서류 준비에 손이 열
> 개라도 모자랄 판이다.
> (288나) 집안일에 손(이) 묶여서, 미용실 갈 시간 내기도 어렵다.
> (288다) 남자 아이 셋을 키우니 손(이) 너무 많이 간다.
> (288라) 잔손이 많이 가는 드레스를 만들려면, 세심한 주의와 집중력이

필요하다.

즉, 예를 들면 (288가)의 한국어 손 관용어 손이 열 개라도 모자란다는 '매우 바쁘다', '할 일이 아주 많다'는 일할 손이 두 개가 아닌 열 개라고 해도 다 감당하지 못할 정도로 할 일(손)이 많다는 것을 나타낸다. (288나)의 손 관용어 손(이) 묶이다 '일에 매여 벗어 날 수 없게 되다'는 집안 일(손)이 너무 많아서 다른 일을 할 수 없게 되는 상황을 나타낸다. (288다)의 손 관용어 손(이) 가다 '일이 힘들고 복잡해서 품, 노력 따위가 들다'는 예를 들면 아이를 키우거나 복잡한 요리를 할 때 드는 힘이나 수고(손)가 많다는 것을 나타낸다. (288라)의 손 관용어 잔손이 가다 '자질구레하게 여러 번 손질이 요구되다'는 공정이 복잡한 일을 하는데 품이나 노동력(손)이 요구되는 것을 나타낸다.

(289가,나,다)의 한국어 손 관용어에서도 손은 일/노동의 도구로 환유된다.

> (289가) 시댁의 부엌일에 손이 설어서, 처음에는 시어머니 눈총을 몇 번 받아야 하루가 지나갔다.
> (289나) 재봉틀 일이 손에 익어서, 이제는 블라우스 하나 만드는 것은 일도 아니다.
> (289다) 손때가 먹은/묻은 이 많은 그릇들이 나에게는 삶 그 자체다.

즉, (289가)의 한국어 손 관용어 손에 설다 '익숙하지 않다'는 어떤 일을 처음 하거나 또는 익숙하지 않은 환경에서 일을 하게 되면, 일(손)이 서툴기 마련이라는 것을 반영한다. 동일한 일을 오래 하다보면 그 일에 익숙해진다. 이 경우에 사용되는 (289나)의 손 관용어 손에 익다 '오랜 기간 한 일에 또는 오래 쓴 물건에 익숙하다'는 동일한 일을 많이 한 것을 오랫동안 해온 일(손)에 익숙해지거나 또는 오랫동안 사용해서 길이 든 그릇에 익숙해지는 것으로 나타낸다. 유사한 맥락에서 (289다)의 손 관용어 손때가 먹다/묻다/먹다/오르다 '그릇 등을 오래 사용해서 길이 들거나 정이 들다'도 동일한 도구로 오래 일(손)을 한 것을 나타낸다.

(290가,나)의 한국어 손 관용어에서도 손은 노동이나 일의 도구로 환유된다.

> (290가) 부자 남편을 만나 팔자가 늘어진 손녀는 손에 물도 묻히지 않고 산다/손끝에 물 한방울 튀기지 않으면서 산다.
> (290나) 손이 빈 사람은 이리와 이 일 좀 도와주면 고맙겠어요.

즉, 살림이 넉넉하고 부유해서 도우미 등을 고용하여 고생모르고 생활하는 것을 나타내는 (290가)의 손 관용어 손에 물도 묻히지 않다/손끝에 물 한 방울 튀기지 않다 '고생을 모르고 생활하다'는 노동의 도구인 손에 물을 묻히지 않아도 된다, 다시 말해서 일을 하지 않아도 된다는 것을 나타낸다. (289다)의 손 관용어 손(이) 비다 '할 일이 없어 그냥 있다'는 손의 노동으로 이루어지는 일거리가 없다는 것을 나타낸다.

(291가,나,다,라,마)의 한국어 손 관용어에서도 손은 일/노동으로 환유된다.

> (291가) 내 친구는 벤처사업에 손(을) 댄지 5년 만에 갑부가 되었다.
> (291나) 나는 일하던 손(을) 멈추고/놓고 멍하니 먼 산을 쳐다보며 부모님 생각에 잠겼다.
> (291다) 정년퇴임한지 6개월밖에 안 됐는데, 벌써 손이 근지럽다/근질근질하다/근질거리다.
> (291라) 네가 이 일에 손(을) 털면 아마 상황은 아주 달라질 걸.

(291마) 좀 더 빨리 손을 썼으면, 피해가 그 정도는 아니었을 것이다.

즉, (291가)의 한국어 손 관용어 *손(을) 대다* '어떤 일을 시작하다'는 어떤 일(손)에 관여하여 그 일을 시작하는 것을 나타낸다. (291나)의 손 관용어 *손(을) 멈추다/놓다* '(동작을 중지하여) 하던 일을 그만두다'는 이런 저런 이유로 하던 일(손)을 중단하거나 포기하거나 방치하는 것을 나타낸다. (291다)의 손 관용어 *손(이) 근지럽다/근질근질하다/근질거리다* '어떤 일을 몹시 하고 싶어 하다'는 일은 하고 싶은데, 할 일(손)이 없어서 몹시 안타까운 상황을 나타낸다. (291라)의 한국어 손 관용어 *손(을) 털다* '어떤 일을 그만두다/중지하다'는 (174나)에서 한국의 도박문화에서 유래한 금전관용어로 설명한 바 있지만, 여기서는 농사일(손)을 그만두거나 중지하거나 마무리할 때 손에 묻은 흙을 터는 행위를 나타낸다. (291마)의 한국어 관용어 *손을 쓰다* '대책을 세워 행하다'는 사건이 터지면, 그것을 해결하기 위한 대책이 세워지면서 바로 실행(손)으로 들어가는 것을 나타낸다. 여기서 실행은 바로 손에서 시작된다.

(292가)의 한국어 손 관용어 *손을/손끝을 맺다* '할 일이 있는데도 아무 일도 하지 않다'는 일을 해야 할 손(일)이 움직이지 않고 있다는 것을 나타낸다.

(292가) 남의 일보듯 김과장은 손을 맺고 구경만 한다.
(292나) 그는 남의 일 바라보듯 *손/손톱 하나 까딱하지 않고* 있다.
(292다) *손(이) 빈* 사람이 있으면, 여기 와서 나 좀 도와주면 고맙겠다.

(292나)의 손 관용어 *손/손톱 하나 까딱하지 않다* '아무런 일도 하지 않고 가만히 있다'는 남의 일 보듯 아무런 일(손)도 하지 않고 가만히 있

는 것을 나타낸다. (292다)의 손 관용어 손(이) 비다 '할 일이 있으면 하겠는데, 할 일이 없어서 그냥 있다'는 손으로 일할 것들이 없음을 나타낸다. 그러므로 (292가,나,다)의 한국어 손 관용어에서도 손은 일/노동의 도구로 환유된다.

독일어 손 관용어 (293가,나,다,라,마)에서도 손은 삶을 유지하는 데 없어서는 안 될 손의 가장 중요한 노동의 도구로 환유된다.

(293가) In Afrika *leben* die Menschen *von der Hand in den Mund*.
'아프리카에서 사람들은 근근이 생계를 이어가고 있다.'

(293나) Im Haushalt *rührt* Maria *keine Hand*, das muss alles ihr Mann machen.
'마리아는 집안일에 손가락 하나 대지 않고 남편이 다 한다.'

(293다) Du bist noch zu jung, um *die Hände in den Schoß zu legen*.
'너는 아무 일도 하지 않기에는 아직 너무 젊다.'

(293라) Ich freue mich sehr, dass ich bald *letzte Hand an mein Buch legen* kann.
'내 책의 마무리 손질을 할 수 있어서 아주 기쁘다.'

(293마) Die Bürger haben *die Demonstration gegen die Privatisierung von langer Hand vorbereitet*.
'시민들은 민영화에 반대하는 시위를 철저히 준비하였다.'

즉, (293가)의 독일어 손 관용어 *von der Hand in den Mund leben* '근근히 생계를 이어가다'는 노동(손)으로 벌어들이는 돈이 모두 입으로 들어가는 식료품 구입비로 사용되는 것을 나타낸다. (293나)의 손 관용어 *keine Hand rühren* '손가락 하나 까닥하지 않다'는 손을 움직이지 (rühren) 않는 것을 일(손)을 전혀 하지 않는 것으로 나타내고, (293다)의 손 관용어 *die Hände in den Schoß legen* '아무 것도 하지 않다'도 손을 무릎에 올려놓고(in den Schoß legen) 있는 것을 아무 일(손)도 하지 않는 것으로 나타낸다. (293라)의 손 관용어 *(die) letzte Hand an etw. legen* '무엇을 마무리 짓다'는 출판 내지 투고하기 전에 최종적으로 원고 수정작업(손)을 하는 것을 나타내고, (293마)의 손 관용어 *etw. von langer Hand vorbereiten* '무엇을 (다른 사람에 대항해서) 철저히 준비하다'는 무엇을 위해 시간을 두고 오래(lang) 그리고 철저하게 준비 작업(손)을 하는 것을 나타낸다.

그밖에도 독일어 손 관용어 *die Hand in anderer/fremder Leute Taschen haben* '남에게 빌붙어 살다'는 스스로 일해서 돈을 벌지 않고 남에게 빌붙어 사는 것을 남의 돈이 들어 있는 주머니에 자기 손을 집어넣는 것에 비유한다. 그러므로 여기서도 *Hand*는 노동의 도구로 환유된다. 또한 독일어 손 관용어 *jmdm. freie Hand lassen* '누구를 독립적으로 일하게 하다', '누구의 재량에 맡기다'는 누구에게 자유로운 손(일)을 허락하는 것에 누구를 독립적으로 일할 수 있게 하는 것을 비유한다. 이 독일어 손 관용어에서도 *Hand*는 일/노동의 도구로 환유된다.

9.2.2. 솜씨/손재주

흥미를 갖고 어떤 일을 자주 하다보면 그 일에 관한 솜씨나 손재주를 보이게 되어, 때로는 그 분야에 장인이 되기도 한다. 예를 들면 한국어 손 관용어 (294가,나,다,라,마,바)에서 손은 일/노동의 도구의 기능에서 확장된 솜씨나 손재주로 환유된다.

> (294가) 그 사람 일 하나는 *손바람 나게* 하니, 채용해도 후회하지는 않을 거예요.

(294나) 이 중에서 손이 건 사람은 요리연구가를 엄마로 둔 김 씨이다.

(294다) *손이/손끝이 매운/여문* 사람에게 일을 부탁하면 틀림없다.

(294라) *손(이) 빨라야/싸야/재야* 무한 경쟁에서 살아남을 수 있다.

(294마) 김 씨는 너무 *손이 거칠어서/떠서/서툴러서* 채용하기가 좀 두렵네.

(294바) 일을 잘 하는 사람의 손을 *거쳐야* 제대로 된 상품으로 가치를 갖게 된다.

즉, (294가)의 손 관용어 *손바람이 나다* '일을 잘 치러나가는 솜씨나 기세가 생기다'에서 손바람은 일을 치러나가는 솜씨나 기세를 말한다. 그러므로 이 한국어 손 관용어는 바람이 일 정도로 빠르게 손을 움직일 만큼 일을 처리하는 솜씨(손)나 기세가 좋다는 것을 나타낸다. (294나)의 손 관용어 *손이 걸다* '일하는 것이 빈틈없고 야무 치다'와 (294다)의 손 관용어 *손이/손끝이 맵다/여물다* '일하는 것이 야무지다'는 일솜씨(손)가 좋다는 것을 나타낸다. (294라)의 손 관용어 *손(이) 빠르다/싸다/재다* '일처리가 빠르고 민첩하다'는 일하는 솜씨에 속도감이 함께 느껴지므로, 일 처리(손)가 빠르다는 것을 나타낸다. (294마)의 손 관용어 *손이 거칠다/뜨다/서투르다* '일하는 솜씨가 세밀하지 못하다'는 일을 아무리 해도 일하는 솜씨(손)가 세밀하지 못하는 것을 나타낸다. (294바)의 손 관용어 *손을 거치다* '경유하여 손질함을 입다'는 솜씨(손)가 뛰어난 사람의 손질을 거쳐야 하는 것을 나타낸다.

(295가,나,다,라,마)의 독일어 손 관용어에서도 *Hand*는 일/노동으로서의 손의 기능에서 확장된 솜씨나 손재주의 도구로 환유된다.

(295가) Sylvia *hat ein Händchen für das Stricken.*
'실비아는 뜨개질에 솜씨가 있다.'

(295나) Meine Kollegin *macht eine grüne Hand.* Bei ihr wachsen die Bäume gut.

'내 동료는 식물을 잘 가꾼다. 그의 집에서는 식물이 잘 자란다.'

(295다) Herr Kim *hat bei der Bilderausstellung eine glückliche Hand.*

'김선생님은 그림전시회를 개최하는 데에 능숙한 재주가 있다.'

(295라) Ich *habe bei der Pflanzenzucht eine unglückliche Hand.*

'나는 식물 재배에 재주가 없다.'

(295마) Es ist besser, dass ich das tue. Du *hast zwei linke Hände.*

'내가 이 일을 하는 것이 좋겠어. 너는 손재주가 없잖아.'

즉, (295가)의 손 관용어 *für etw. ein Händchen haben* '어떤 일에 솜씨가 있다'는 뜨개질 같은 특정한 일에서 솜씨나 재주(손)를 보이는 것을 나타낸다. 마찬가지로 (295나)의 손 관용어 *eine grüne Hand machen* '식물을 성공적으로 잘 가꾸다'는 특히 형용사 *grün*의 뉘앙스에 따라 식물 키우는 재주(손)를 보이는 것을 나타낸다. (295다)의 *bei etw./mit etw. eine glückliche Hand haben* '어떤 일에 능숙하고, 재주가 있다'와 (295라)의 *bei etw./mit etw. eine unglückliche Hand haben* '어떤 일에 능숙하지 못하고, 재주가 없다'는 형용사 *glücklich, unglücklich*에서 말해주듯이 각각 어떤 일에 재주(손)가 있고 없음을 나타낸다. 오른손잡이가 왼손으로 일할 경우 일이 서툴어진다는 점에 착안하여, (295마)의 손 관용어 *zwei linke Hände haben* '손재주가 없다'는 왼손을 한 개도 아니고 두 개를 갖고 있다는 말로 손재주(손)가 없음을 표현한다.

9.2.3. 도움의 도구

누군가에게 노동이나 금전을 통해서 도움을 주려고 할 때에도 결국 도움은 손에서 시작된다. 그러므로 손은 일/노동으로서의 기능에서 확장된 도움의 도구로도 환유된다.

예를 들면 (296)의 한국어 관용어 손(을) 빌리다 '남의 도움을 받다'는 손으로 이루어지는 노동 등의 도움을 받는 것을 나타낸다.

(296) 운전을 못하는 엄마는 병원에 갈 때마다 늘 아버지의 손을 빌린다.

(297가,나,다)의 독일어 손 관용어에서도 *Hand*는 도움의 도구로 환유된다.

(297가) Er hätte die Aufstellung nicht machen können, wenn *ihm* die Kollegen nicht *zur Hand gegangen wären*.
'그는 동료들이 도와주지 않았다면, 전시회를 할 수 없었을 것이다.'

(297나) Der Vater *hielt nicht mehr seine helfende Hand über seinen Sohn*.
'아버지는 더 이상 자기 아들을 도와주지 않았다.'

(297다) Der amerikanische Millionär haben *seine/die (helfende) Händen von den armen Afrikanern abgezogen*.
'미국의 백만장자는 가난한 아프리카 사람들에게서 도움의 손길을 뗐다.'

즉, (297가)의 독일어 손 관용어 *jmdm. zur Hand gehen* '누구를 돕다'는 누구에게 도움의 손길을 주러 가는 것을 표현한다. (297가)와 유사한 의미로 사용되는 손 관용어 *jmdm. an die Hand gehen* '누구를 돕다'에서도 *Hand*는 도움으로 환유되므로, 이 관용어는 누구에게 도움(손)을 준다는 것을 나타낸다. 유사한 의미의 (297나)의 손 관용어 *eine/die (helfende) Hand über jmdn. halten* '누구를 도와주다'도 누구를 위해 도움의 손길을 주는 것을 나타낸다. (297다)의 손 관용어 *seine/die (helfende) Hand von jmdm. abziehen* '누구에게서 도움의 손길을 떼다'는 도움의 손길을 저지하는(abhalten) 것을 나타낸다.

9.2.4. 권력/힘/영향의 도구

(298가,나,다)의 한국어 손 관용어에서 손은 힘/권력/영향력의 도구로 환유된다.

> (298가) 많은 건설회사의 부도를 구하느냐 마느냐는 정부의 손에 달려
> 있다.
> (298나) 강대국들의 손에 놀아나지 말고, 우리 힘으로 남북대화를 재개해
> 보자.
> (298다) 손 하나 대지 못할 바에야 그냥 모른 척 해라.

즉, (298가)의 한국어 손 관용어 손에 달리다 '(누구의) 힘에 의하여 좌우되다'는 누구의 권력(손)이나 힘(손)에 달려 있는 것을 나타낸다. (298나)의 손 관용어 손에 놀아나다 '남의 의도대로 움직이다'도 스스로의 힘이 아니라 다른 사람의 힘(손)에 의거하여 일이 움직이는 것을 나타낸다. (298다)의 손 관용어 손 하나 대지 못하다 '해를 입히지 못하거나 간섭을 못 하다'는 누군가에게 영향력(손)을 미치지 못하는 것을 나타낸다.

(299가,나)의 독일어 손 관용어에서도 *Hand*는 권력/힘의 도구로 환유된다.

> (299가) Die Männer *legten Hand an ihn* und schleppten ihn zum Verhör.
> '우리는 그를 붙잡아 끌고 가서 심문받게 했다.'
> (299나) Er *streckte seine Hände nach dem Parteivorsitz aus.*
> '그는 당대표직에 손을 뻗쳤다.'

즉, (299가)의 독일어 손 관용어 *Hand an jmdn. legen* '누구를 붙잡다'
에서는 죄인을 붙잡는 손에 가해지는 물리적인 힘(손)뿐만이 아니라 사
법부의 권력(손)이 느껴진다. (299나)의 손 관용어 *die Hand/die Hände*
nach jmdm./nach etw. ausstrecken '누구에게/무엇에 손을 뻗치다'는 누군
가를/무언가를 자기의 사람 내지는 자기 것으로 만들려고 하는 권력(손)
내지는 힘(손)을 뻗는(ausstrecken) 것을 나타낸다.

9.2.5. 행동의 도구

손이 몸과 마음의 연결고리 역할을 하는 의사소통의 수단임을 말해
주듯, 손으로 행해지는 여러 가지 동작이나 행동들은 마음속의 의도를
표현하는 도구가 된다. 여기서는 손 관용어에서 *Hand*의 환유적 의미를
일반적인 행동과 특정한 행위의 도구로 나누어 설명한다. 먼저 전자의
경우를 보자

9.2.5.1. 일반적 행동의 도구

(300가,나,다,라,마)의 한국어 손 관용어에서 손은 임의의 행동의 도구
로 환유된다.

> (300가) 그는 선거법 위반으로 손이 묶여 버렸다.
> (300나) 손이 맞는 사람끼리 일을 하면 훨씬 기분 좋고 행복하다.
> (300다) 그 팀은 2008년 올림픽부터 손발을 맞추어 온 환상의 복식조이다.
> (300라) 그 부부는 손발이 맞아서 그런지 결혼 4년 만에 집을 샀다.
> (300마) 사람들의 손발/수족을 묶는 독재체제는 다시 와서는 안 된다.

즉, (300가)의 한국어 손 관용어 손이 묶이다 '아무 활동도 할 수 없다'
는 손이 묶여 몸을 마음대로 움직이면서 활동을 못하는 것을 나타낸다.
(300나)의 한국어 손 관용어 손이 맞다 '행동이나 생각이 맞다'는 함께
일할 때 행동(손)이나 생각 또는 방법 따위가 서로 잘 어울리는 것을 나
타낸다. (300다)의 손발(을) 맞추다 '의견 또는 행동 등을 조정하여 일치
시키다', (300라)의 손발(이)/손이 맞다 '생각이나 행동이 일치하다' 그리
고 (300마)의 손발(을)/수족을 묶다 '꼼짝 못하게 하다'에서도 손은 임의
의 행동을 나타낸다.

(301가,나,다,라)의 독일어 손 관용어에서 신체명 *Hand*도 온 몸으로
하는 행동의 도구로 환유된다.

(301가) Sein Sohn *hat freie Hand*, egal wie man an ihn denkt.
'그의 아들은 다른 사람들이 어떻게 생각하든 상관하지 않고 자
유롭게 행동한다.'
(301나) Hans *hat reine/saubere Hände*.
'한스는 항상 예의바르게 행동한다.'
(301다) Er *hat schmutzige Hände*.
'그는 부도덕한 행동을 한다.'
(301라) *Ihm sind die Hände/Hände und Füße gebunden*.
'그는 손이/손발이 묶여 자유롭게 행동할 수 없다.'

즉, (301가)의 *freie Hand haben* '자유롭게 행동하다'는 형용사 *frei*가
주는 이미지에 힘입어 무엇에 구애받지 않고 자유롭게 행동(손)하는 것
을 나타낸다. 마찬가지로 (301나)의 *reine/saubere Hände haben* '항상 예
의바르게 행동하다', '나쁜 행동을 하지 않다'와 (301다)의 *schmutzige
Hände haben* '부도덕한 행동을 하다'도 형용사 *rein/sauber*와 *schmutzig*

의 뉘앙스에 따라 각각 예의 바른 행동(손) 그리고 좋지 않은 부도덕한 행동(손)을 하는 것을 나타낸다. (301라)의 *jmdm. sind die Hände/Hände und Füße gebunden* '손/손발이 묶여 자유롭게 행동할 수 없다'는 형용사 *gebunden*이 주는 이미지를 통해 행동의 주요 도구인 손과 발이 묶여서 자유롭게 행동할 수 없음을 나타낸다.

9.2.5.2. 특정한 행위의 도구

손 관용어에서 신체명 손은 손동작이나 특정한 행위에 관한 상상을 통해 의사표현이 담긴 구체적인 행위들을 표현하는 도구로도 기능을 한다. 늘 그런 것은 아니지만, 다음의 한국어와 독일어 손 관용어에서 신체명 손은 다양한 행위의 도구로 환유되기도 한다.

1) 약속의 도구

우리는 약속을 할 때 손가락을 건다. 이를 나타내는 (302)의 한국어 손 관용어에서 *손을/손가락(을) 걸다* '서로 약속하다'에서 *손/손가락*은 약속의 행위를 하는 도구로 환유된다.

(302) 우리는 서로 싸우지 말자고 손을/손가락을 걸었다.

(303가)의 독일어 손 관용어 *jmdm. auf etw. die Hand geben* '(악수하면서) 누구에게 무엇을 약속하다'는 우호 내지는 믿음의 표시로 누구에게 손을 주는 것(geben)으로 누구에게 무언가를 약속하는 행위를 표현한다. 그밖에 독일어 손 관용어 *etw. in die Hand versprechen* '(악수하면서) 누구에게 무엇을 굳게 약속하다'에서도 *Hand*는 동사 *versprechen*에 힘

입어 약속의 도구로 환유된다.

> (303가) Der Rektor *gab ihm die Hand darauf*, dass er eine Untersuchung
> des Vorfalls einleiten würde.
> '총장은 갑자기 일어난 사건에 관한 조사를 시작하겠다고 약속
> 했다.'
> (303나) Die ganze Stadt stand kopf, als die alternde Diva *einem dreißig*
> *Jahre jüngeren Mann die Hand fürs Leben reichte.*
> '그 늙은 프리마돈나가 30세 젊은 남자와 백년가약을 맺었을 때
> 모든 시민들은 경악을 금치 못했다.'

(303나)의 독일어 손 관용어 *jmdm. die Hand fürs Leben reichen* '백년
가약을 맺다'는 누구에게 인생을 함께 하자고 손을 내미는(reichen) 행위
를 표현하므로, 여기서 *Hand*는 결혼으로 평생을 함께하자는 남녀 간의
믿음의 언약, 즉 백년가약의 도구로 환유된다.

2) 화해의 도구

(304)의 독일어 손 관용어 *jmdm./einander die Hand zur Versöhnung*
reichen '누구와 화해할 준비가 되어 있다'에서 *Hand*는 화해의 도구로
환유된다. 따라서 이 독일어 손 관용어는 누구와 화해하자고 손을 내미
는(zur Versöhnung reichen) 행위로 분쟁이나 갈등을 멈추고 신뢰를 쌓는
화해의 행위를 표현한다.

> (304) Niemand glaubte mehr daran, dass die verfeindeten Brüder *einander*
> noch einmal *die Hand zur Versöhnung reichen* würden.
> '적대관계에 있었던 형제들이 서로 다시 화해할 준비가 되어 있음
> 을 어느 누구도 전혀 생각하지 못했다.'

손을 내밀며 화해하는 방법은 원래 서양식 예의법이라 그런지 손을 약속의 도구로 환유하는 한국어 손 관용어는 찾지 못했다.

3) 결혼허락 내지는 청혼의 도구

(305)의 독일어 손 관용어 *jmdn. um die Hand seiner Tochter bitten* '누구에게 딸과의 결혼허락을 구하다'에서 *Hand*는 결혼허락의 도구로 환유되므로, 이 관용어는 누구에게 딸의 손을 달라고 청하는 서양문화의 행위로 결혼을 허락해 달라고 청하는 것을 표현한다.

> (305가) Darf ich *Sie um die Hand Ihrer Tochter bitten*?
> '당신 따님과의 결혼을 허락해 주시겠습니까?'
> (305나) Schließlich hat der Soldat bei seiner Freundin *um die Hand seiner Gattin anhalten* können.
> '드디어 그 군인은 자기 여자친구에게 결혼신청을 할 수 있었다.'

(305나)의 손 관용어 *um jmds. Hand anhalten* '여자에게 청혼하다'에서 *Hand*는 청혼의 도구로 환유되므로, 이 관용어는 특히 여자에게 직접 손을 내밀며 청혼을 하는 것을 나타낸다.

배우자를 직접 선택하는 서양의 문화와 달리 한국의 전통사회에서는 변해가는 중이기는 하지만, 부모나 조부모 등 가족 구성원이 배우자를 선택하는 경향이 강해서인지 손을 결혼허락 내지는 청혼으로 환유하는 한국어 손 관용어는 없어 보인다.

4) 관계를 맺는 도구

손을 잡으면 관계가 형성되고, 잡았던 손을 놓으면 관계가 정리되거나 끊긴다. 이를 반영하는 (306가,나,다,라)의 한국어 손 관용어에서 손은 관계를 맺는 도구로 환유된다.

> (306가) 과거사를 진정으로 사과하면 한국과 일본은 다시 손을 잡을 수 있다.
> (306나) 그는 노름에 손을 *대더니*, 가산을 탕진하고 결국 이혼까지 당했다.
> (306다) 회사를 매각한 후 사장은 본전을 챙기고 손을 *털었다*.
> (306라) 그는 폭력 조직에서 손을 *씻고*, 이제는 새 삶을 찾기 시작했다.

즉, (306가)의 손 관용어 손을 *잡다* '제휴하다'는 없던 관계를 새롭게 만드는 것을 나타낸다. (306나)의 한국어 손 관용어 손을 *대다* '관여하다'는 예를 들면 노름이나 내기 따위에 돈을 걸면서 관여하는 것을 나타낸다.[2] (291라)에서 언급한 바 있는 (306다)의 손 관용어 손(을) *털다* '그만두다', '끝내다'는 일을 다 끝내고 손의 먼지나 흙을 터는 것을 연상하듯이, 이런 저런 이유로 맺었던 관계를 말끔히 정리하는 것을 나타낸다. (306)의 손 관용어 손을 *씻다* '관계를 아주 끊어 버리거나 깨끗하게 결말을 짓다'는 안 좋은 일에 관여했던 것을 끝내는 것을 나타낸다.

(307가,나,다,라)의 독일어 손 관용어에서도 *Hand*는 관계를 맺는 도구로 환유된다.

> (307가) Diese Maßnahme der Regierung *geht mit den Interessen der Arbeiter Hand in Hand.*
> '정부의 이 조치는 노동자의 관심과 밀접한 관계가 있다.'
> (307나) Er *hat seine Hände* überall *drin.*

---

2) 손을 *대다*의 손 관용어는 '성관계를 맺다'의 뜻으로도 사용된다. 이 경우에도 손은 관계로 환유된다.

'그는 몰래 여러 일에 참여하고 있다.'
(307다) Wenn wir *Hand in Hand arbeiten.* dann können wir viel erreichen.
'손잡고 일하면 우리는 많은 것을 이룰 수 있을 것이다.'
(307라) Wenn wir alle *mit Hand anlegen*, sind wir bald fertig.
'우리 모두 협력하면 곧 일을 끝낼 수 있을 것이다.'

즉, (307가)의 독일어 손 관용어 *mit etw. Hand in Hand gehen* '무엇과 밀접한 관계가 있다'는 무엇과 손을 잡고 가는 것으로 무엇과 관계를 맺는 것을 나타낸다. (307나)의 독일어 손 관용어 *seine Hände in etw. haben* '몰래 어떤 일에 관여/참여하고 있다'는 어떤 영역 안에 살짝 자기 손을 집어넣는 행위를 통해 어떤 일에 관여하거나 참여하는 것을 나타낸다. (307다)의 독일어 손 관용어 *Hand in Hand arbeiten* '손잡고 일하다'는 손을 잡으면서 협력 관계를 맺는 것을 나타내고, (307라)의 손 관용어 *(selbst) mit Hand anlegen* '협력하다'도 동일한 일에 손을 갖다 대면서(anlegen) 협력 관계가 형성되는 것을 나타낸다.

5) 위협의 도구

손은 몸에 달린 신체기관이지만, (308)의 독일어 손 관용어 *die Hand gegen jmdn. erheben* '누구를 때리려고 위협하다'에서는 위협의 도구로 환유된다.

(308) Im Zorn hat *er die Hand gegen seinen Vater erhoben.*
'화가 나서 그는 자기 아버지를 때리려고 위협했다.'

즉, 이 독일어 손 관용어는 불끈 쥔 손을 올리며(gegen jmdn, erheben) 누구를 위협하는 손동작을 나타낸다.

6) 기회쟁취의 도구

(309)의 독일어 손 관용어 *mit beiden Händen zugreifen* '(지체하지 않고) 기회를 이용하다'에서 *Hand*는 기회쟁취의 도구로 환유된다.

> (309) So günstig kommst du nie wieder nach Amerika, da muss man *mit beiden Händen zugreifen*.
> '너 이렇게 저렴한 가격으로는 결코 미국여행을 할 수 없어, 그러니 지체하지 말고 이 기회를 이용하는 것이 좋아.'

그러므로 이 독일어 손 관용어는 두 손으로 필요한 물건을 잽싸게 잡아채는(zugreifen) 손동작을 나타낸다.

7) 요구의 도구

(310가,나)의 한국어 손 관용어 손(을) 내밀다/벌리다 '무엇을 달라고 요구하다', 손(이) 나가다는 '금전적으로 도움을 청하거나 요구하다'와 (310다)의 손(을) 뻗치다는 '달라고 적극 요구하다'는 손을 놀려서 금전 같은 무언가를 달라고 요구하는 행동을 나타낸다.

> (310가) 자식들에게 손을 내미는/벌리는 것은 부모로서 할 짓이 아니다.
> (310나) 자존심 때문에 그에게만은 손이 나가지 않는다.
> (310다) 성공한 그 친구에게 손 뻗치는 사람들이 너무 많다.

그러므로 이 한국어 손 관용어들에서 손은 요구의 도구로 환유된다.

(311)의 독일어 손 관용어 *die/seine Hand aufhalten* '항상 금전 등을 요구하다'에서도 *Hand*는 금전 등을 요구하는 도구로 환유된다.

(311) Der König *hält die Hand auf*.
    '왕은 항상 금전을 요구한다.'

즉, 이 독일어 손 관용어는 무엇을 달라고 손을 벌리는(aufhalten) 것을 나타낸다.

8) 거절이나 저항의 도구

무엇을 거절할 때에도 특정한 손짓으로 의사표현을 한다. 그래서 (312)의 한국어 손 관용어 손을 *내젓다/젓다/흔들다* '어떤 일에 대해 거절하거나 거부하거나 부인하다'에서 손은 거절이나 부인의 도구로 환유된다.

    (312) 김선생님의 의견에 손을 *내 저었던* 최선생이 나를 회유하려고 했다.

즉, 이 한국어 손 관용어는 손을 좌우로 내젓거나 흔드는 행위를 어떤 내용을 거절하거나 부인하는 것으로 표현한다.

(313)의 독일어 손 관용어 *sich mit Händen und Füßen gegen etwas wehren/sträuben* '무엇에 대해 강하게 저항하다'에서 *Hand*는 저항의 도구로 환유된다.

    (313) Die Frauen *wehrten sich mit Händen und Füßen dagegen*, in der Parteiarbeit von den Männern an die Wand gedrückt zu werden.
        '여성들은 당 정책에서 남성들이 자기들을 궁지로 모는 것에 대해 강하게 저항했다.'

즉, 이 독일어 손 관용어는 손과 발로 무엇에 강력하게 저항하는 행위를 표현한다.

9) 결의나 결심의 도구

(314가,나)의 독일어 손 관용어에서 *Hand*는 굳은 결의의 도구로 환유된다.

> (314가) Es stimmt, was er sagt, *dafür lasse ich mir die Hand abhacken/ abschlagen.*
> '그가 말한 것이 맞다. 그것을 나는 전적으로 믿는다.'
> (314나) Ich vertraue dir. Deswegen *lege ich für dich meine Hand ins Feuer.*
> '너를 신임하기 때문에, 나는 너를 보증한다.'

즉, (314가)의 독일어 손 관용어 *sich(Dat) für jn/für etw. die Hand abhacken/abschlagen lassen* '누구를/무엇을 전적으로 믿다/신임하다'는 누구/무엇에 관한 신임 내지는 믿음을 손을 잘라내는 행위로 표현하고, (314나)의 독일어 손 관용어 *die/seine Hand für jn./für etw. ins Feuer legen* '누구를/무엇을 보증하다'는 누구/무엇을 보증하는 것을 손을 불에 집어넣는 결의에 찬 행위로 표현한다.

무엇을 강하게 결심할 때 주먹을 불끈 쥐곤 하는 행위를 나타내는 한국어 손 관용어 주먹을 불끈 쥐다 '강하게 결심하다'에서도 주먹은 강한 결심을 표현하는 도구로 환유된다.

> (315) 2012년 새해에 젊은이들은 주먹을 불끈 쥐고 새로운 꿈에 도전하기 시작했다.

그러므로 이 한국어 손 관용어는 손가락을 구부려 주먹을 갑자기 단단히 쥐면서 무엇을 결심하는 것을 나타낸다.

10) 자살의 도구

손은 사람들의 삶과 죽음을 결정하는 도구이기도 하다. 이를 반영하는 (316)의 독일어 손 관용어 *Hand an sich legen* '자살하다'에서 *Hand*는 자살의 도구로 환유된다.

> (316) Der Patient, der Jahre lang an Schlaflosigkeit gelitten hat, hat *Hand an sich gelegt*.
> '몇 년간 불면증에 시달렸던 그 환자가 자살을 했다.'

즉, 이 독일어 손 관용어는 스스로 목숨을 끊는 것을 에둘러서 자기 자신의 몸에 손을 대는 행위로 표현한다.

11) 악행의 도구

(317)의 독일어 손 관용어 *seine Hände in Unschuld waschen* '결백을 주장하다'에서 *Hand*는 악행의 도구로 환유된다.

> (317) Ich *wasche meine Hände in Unschuld*.
> '나는 결백을 주장한다.'

따라서 이 독일어 손 관용어는 예수 그리스도가 흘린 피에 대해 자신은 손(악행)을 씻었기(waschen)에 무죄라고 주장하는 빌라도를 연상케 한다.

12) 폭행/폭력의 도구

다른 도구가 없을 때 손은 폭력의 도구가 된다. 바로 (318가,나,다,라,마)의 한국어 손 관용어에서 신체명 손은 폭력의 도구로 환유된다.

> (318가) 녀석들이 손맛을 보더니 물러서는군.
> (318나) 선배가 버릇없는 후배를 손보았더니 과분위기가 심상치 않다.
> (318다) 사악한 행동을 하는 그를 그만 두고 보고만 있자니 정말 손이/주먹이 운다.
> (318라) 그들은 참을성이 많은 부부였지만 결국 버릇없는 아이들에게 손을 대고 말았다.

즉, (318가)의 손 관용어 손맛을 보다 '매를 맞다'는 손으로 맞아서 아픈 느낌을 맛보게 하는 것을 나타내고, (318나)의 손(을) 보다 '폭행하다'는 버릇을 고쳐주기 위해 누구를 때리는 것을 나타낸다. (318다)의 손 관용어 손이 울다 '치거나 때리고 싶은 감정을 억누르다'는 누구에게 폭력을 가하고 싶지만, 그렇지 못해서 안타까워하는 것을 나타낸다. (318라)의 손 관용어 손을 대다 '때리다'는 누구의 몸에 폭력의 도구인 손을 갖다 대는 것을 나타낸다.[3]

한국어 속담 (319)는 '나중에는 어떻게 되는 간에 당장에는 완력으로 해 치운다'의 뜻으로 사용된다. 그러므로 이 속담에서 주먹은 완력으로 환유된다.

> (319) 주먹은 가깝고 법은 멀다.

---

3) 손을 대다는 '관여하다', '성관계를 가지다'의 뜻으로도 사용된다. 전자의 경우 손은 일의 도구로 환유되며, 후자의 경우에는 관계를 맺는 도구로 환유된다.

(320가,나,다)의 독일어 손 관용어에서도 *Hand*는 폭력의 도구로 환유된다.

> (320가) Sein Chef *hat eine lockere/lose Hand*.
> '그의 상관은 걸핏하면 손이 올라가 폭력을 쓴다.'
>
> (320나) *Mir rutscht gleich die Hand aus*, wenn du das noch einmal machst.
> '한 번만 더 그러면 네 뺨을 때릴 것이다.'
>
> (320다) Es *zuckte ihm in den Händen*, wenn er sah, wie die beiden Burschen den Hund quälten.
> '그는 청년 두 명이 개를 몹시 괴롭히는 것을 보았을 때 그들을 가차없이 때렸다.'

즉, (320가)의 독일어 손 관용어 *eine lockere/lose Hand haben* '걸핏하면 폭력을 쓰다'는 통제되지 않음을 나타내는 형용사 *locker/los*의 이미지에 힘입어 손이 풀린 상태를 걸핏하면 누구에게 폭력을 가하려는 것을 연상하게 한다. (320나)의 독일어 손 관용어 *jmdm. rutscht die Hand aus* '누구의 뺨을 때리다'는 동사 *ausrutschen*에서 느껴지듯이 손이 미끄러지는 상황으로 누구의 뺨을 때리는 것을 연상하게 하고, (320다)의 손 관용어 *jmdm. zuckt es in den Händen* '누구를 가차 없이 때리다'는 동사 *zucken*에서 느껴지듯이 손이 무의식중에 급격히 움직이는 상황으로 누구를 때리는 것을 연상하게 한다.

13) 방해의 도구

(321)의 독일어 손 관용어 *die Hand auf die/auf der Tasche halten* '인색하다', '구두쇠이다'에서 *Hand*는 방해의 도구로 환유된다.

(321) Bitte, erwarte nicht, dass er dich einlädt. Er *hält die Hand auf die/auf der Tasche.*
'그가 너를 초대할 것이라고 기대하지 마라. 그는 구두쇠다.'

그러므로 이 독일어 손 관용어는 호주머니에 들어 있는 돈의 유출을 방해하는(halten) 행위를 나타낸다.

14) 매수의 도구

(322)의 독일어 손 관용어 *jmdm. die Hände schmieren/versilbern* '누구를 매수하다'에서 *Hand*는 매수의 도구로 환유된다.

(322) Er hat *dem Rechtsanwalt die Hände geschmiert/versilbert.*
'그는 변호사를 매수했다.'

따라서 이 독일어 손 관용어는 누구의 손에 기름을 바르거나(schmieren) 누구의 손을 은으로 씌우는(versilbern) 매수의 행위를 나타낸다.

15) 용서나 아부의 도구

누구에게 용서를 구하거나 아부를 할 때 손을 비비는 행위를 한다. 이를 반영하는 한국어 손 관용어 손(을) 비비다의 손은 (323가)에서는 용서의 도구로, 그리고 (323나)에서는 아부의 도구로 환유된다.

(323가) 아무리 손을 비벼도 이젠 소용없다. 더 이상 너의 행동을 용납하지 못하겠다.
(323나) 사장에게 손(을) 비비는데 능숙한 김과장은 아마 바로 부장으로 승진할거야.

그러므로 관용어 손(을) 비비다는 (323가)에서는 손을 비비며 용서를 구하는 행위를, 그리고 (323나)에서는 손을 비비며 아부하는 행위를 나타낸다.

16) 의사소통의 도구

말을 못할 때는 손과 발로 의사소통을 한다. 그러므로 (324)의 독일어 손 관용어 *mit Händen und Füßen reden* '손짓발짓해 가며 열심히 말하다'에서 *Hand*는 의사소통의 도구로 환유된다.

> (324) Die neue amerikalische Studentin *redet mit Händen und Füßen.*
> '새로 온 미국 여학생은 손짓발짓 해 가면서 열심히 말한다.'

그러므로 이 독일어 손 관용어는 손동작과 발동작으로 의사표현하려는 것을 나타낸다.

(325)의 한국어 관용어 손짓 발짓하다 '손짓 발짓해 가면서 의사소통하다'에서도 손은 의사소통의 도구로 환유된다. 그러므로 (325)의 한국어 손 관용어는 (324)의 독일어 손 관용어와 동일하게 설명된다.

> (325) 말이 안 통하면 손짓발짓하면 된다구.

17) 도둑질의 도구

(326가)의 한국어 손 관용어 손을 타다 '도둑맞다'와 (326나)의 손 관용어 손(이) 거칠다/검다 '훔치기를 잘하다'에서 손은 도둑질하는 도구로 환유된다.

(326가) 쉽게 손을 *타는* 지갑 같은 물건들은 각자 소지하기를 바란다.
(326나) 가정환경이 나쁘다고 해서 꼭 손이 *거친/검은* 것은 아니다.

즉, (326가)의 손 관용어는 누구의 손길이 미쳐서 물건들이 없어지는 것을 나타내고, (326나)의 손 관용어는 남의 물건을 훔치는 나쁜 손버릇을 나타낸다.

(327)의 독일어 손 관용어 *klebrige Hände haben* '무엇을 훔치는 버릇이 있다'에서도 *Hand*는 도둑질의 도구로 환유된다.

> (327) Du musst auf deine Portemonnaie aufpassen. In diesem Hotel ist jemand da, der *klebrige Hände hat*.
> '너 지갑 조심해야 해. 이 호텔에 훔치는 버릇이 있는 사람이 있거든.'

즉, 이 독일어 손 관용어는 형용사 *klebrig*의 이미지에 따라 손이 마치 자석 같아서 무엇이 닿기만 하면 착착 달라붙는 상황을 연상하게 한다.

18) 훈계의 도구

누구를 매섭게 야단칠 때 엄한 손짓을 한다. 이를 반영하는 (328)의 독일어 손 관용어 *eine feste Hand brauchen* '엄격한 훈계가 필요하다'에서 *Hand*는 훈계의 도구로 환유된다.

> (328) Heutzutage brauchen wir *eine feste Hand* für die Kindererziehung.
> '오늘날은 아이들 키우는 데 엄격한 훈계가 필요하다.'

그러므로 (328)의 독일어 손 관용어는 누구의 행실을 바르게 잡기 위해 주의를 주는 강력한(fest) 훈계의 손짓을 나타낸다.

19) 찬성이나 찬동의 도구

(329가)의 한국어 손 관용어 손뼉(을) 치다 '찬성하다'는 어떤 일에 찬성하거나 좋아하는 것을 손뼉 치는 행위로 나타낸다. 그러므로 이 한국어 손 관용어에서 손은 찬성의 도구로 환유된다.

> (329가) 그가 제안한 개혁안에 모인 사람들은 모두 손뼉을 쳤다.
> (329나) 법정은 그동안 힘든 싸움을 한 시민연대의 손을 들어 주었다.

(329나)의 한국어 손 관용어 손(을) 들어 주다 '어떤 사람에게 찬동하거나 그의 승리를 인정해 주다'는 누구의 손을 들어 주는 행위를 무엇에 또는 누구의 의견에 찬성하여 동의하는 것으로 표현한다. 그러므로 이 한국어 손 관용어에서 손은 찬동의 도구로 환유된다.

20) 세는 도구

손은 무엇을 세는 도구로도 기능을 한다. 이를 반영하는 (330가,나,다)의 한국어 손 관용어에서 손은 세는 도구로 환유된다.

> (330가) 손을 꼽아 헤아려 보니 벌써 결혼한 지 30년이 다 되간다.
> (330나) 못된 놈들이 거액의 지폐를 셀 때 손을 넘겨 금액을 속이려고 했다.
> (330다) 이 한정식집은 한국에서 손꼽히는 식당 중에 하나다.

즉, (330가)의 한국어 손 관용어 손을 꼽다 '수를 세다'는 어린아이들이 손가락을 하나씩 꼬부리면서 수를 세는 것을 연상하게 한다. (330나)의 한국어 손 관용어 손(을) 넘기다 '돈 등을 셀 때 번수를 잘못 계산하여 넘어가다'는 돈 등을 잘못 세어서 실제보다 더 많거나 또는 적은 금액이 나오게 되는 것을 나타낸다. (330다)의 손 관용어 *손(에) 꼽히다* '(재능이나 솜씨 등이) 몇 째 안 가는 높은 수준에 속하다'는 사람의 재능이나 솜씨나 능력 또는 음식점의 맛 등의 순위를 손가락을 하나씩 꼬부리면서 결정하는데, 그 중에서 높은 순위에 속하는 것을 나타낸다.

손으로 무엇을 세면 결과가 명백해 진다. 이를 반영하는 (331)의 독일어 손 관용어 *sich(Dat.) etw. an beiden Händen abzählen können* '무엇을 보지 않고도 훤히 내다볼 수 있다'는 두 손으로 무엇을 세면서 그것의 정체를 명확하게 또는 분명하게 파악하게 되는 과정을 나타낸다.

> (331) *Was die Regierung daran denkt*, kann man *sich an beiden Händen abzählen.*
> '정부가 그에 관해 무엇을 생각하는지 사람들은 보지 않고도 훤히 내다볼 수 있다.'

그러므로 이 독일어 손 관용어에서도 *Hand*는 세는 도구로 환유된다.

21) 만지는 도구

손은 무엇을 만지는 도구로 사용된다. 이를 반영하는 (332)의 독일어 손 관용어 *sich(Dat.) etw. an beiden Händen abfingern können* '손으로 무엇을 만지면서 그것의 정체를 명확하게 파악하다'에서 *Hand*는 무엇을 만지는 도구로 환유된다.

> (332) Was bei einer derartigen Veranstaltung herauskommt, *kann* man *sich an beiden Händen abfingern.*

그러므로 (332)의 독일어 손 관용어는 임의의 물체를 만지면서 그의 정체를 밝히는 것을 나타낸다.

22) 항복의 도구

항복을 할 때 사람들은 두 손을 든다. 이를 나타내는 (333)의 한국어 손 관용어 손(을)/두 손(을) 들다 '포기하다, 항복하다'에서 손은 항복의 도구로 환유된다.

> (333) 리비아 정부군이 시민군들에게 두 손을 드는 날이 빨리 왔으면 좋겠다.

그러므로 이 한국어 손 관용어는 두 손을 드는 것을 항복하는 것으로 나타낸다.

23) 파는 도구

물건을 파는 행위도 손으로 이루어진다. 손재주에 속도감이 함께 느껴지는 (334)의 한국어 손 관용어 손이 빠르다 '파는 물건이 잘 파려 나가다'에서 손은 파는 행위로 환유된다.

> (334) 어찌나 손이 빨랐는지 물건 값 계산을 정확히 했는지 모르겠다.

그러므로 이 한국어 손 관용어는 물건들이 팔리는 속도가 빠르다는 것을 나타낸다.

24) 비난이나 비웃음의 도구

남을 얕보거나 흉보거나 비웃거나 비난할 때 손가락질을 한다. 이러한 행위에 비유되는 (335가)의 손 관용어 *손가락질(을) 받다* '남에게 비웃음을 당하다/지탄을 받다/비난을 받다/뒷구멍으로 욕을 먹다'와 (335나)의 손 관용어 *손가락질을 하다* '다른 사람을 비웃거나 비난하다'에서 손은 비난의 도구로 환유된다.

> (335가) 그 사람이 하는 행동을 보니, 남의 *손가락질을* 받을 만하다.
> (335나) 모두들 그 사람에게 *손가락질을* 했다.

25) 찌르는 도구

찌를 도구가 없을 때 사람들은 손이나 손가락을 도구로 사용한다. 이를 반영하는 (336)의 한국어 속담 *손/손가락으로 하늘 찌르기* '가망 없음'에서 손 내지 *손가락*은 임의의 사물을 찌르는 바늘이나 송곳 같은 뾰족한 도구로 환유된다.

> (336) 김 씨의 아들이 사람 되기를 기대하는 것은 *손/손가락으로 하늘 찌르는 것*이다.

즉, 이 한국어 속담은 장대로 하늘을 잴 수 없듯이 손가락으로 하늘을 찌를 수 없다는 맥락에서 막연하여 이룰 가망이 없는 일을 비유한다.

26) 입장표명의 도구

손은 입장을 표명하는 도구로도 사용된다. 특히 한국인들은 누군가가 갑자기 쉽게 입장을 바꾸었다고 말을 할 때, 손바닥을 쉽게 뒤집는다고 표현한다. 이를 반영하는 (337)의 한국어 손 관용어 *손바닥(을) 뒤집다* '눈 깜짝할 사이에 태도가 변하다'에서 신체명 손 내지 *손바닥*은 입장표명의 도구로 환유된다.

(337) 자주 *손바닥을 뒤집는* 사람을 믿어서는 안 된다.

그러므로 (337)의 한국어 손 관용어는 입장을 갑자기 바꾸어서 일을 틀어지게 하는 것을 나타낸다.

9.2.5.3. 마음으로 환유되는 손의 의미

신체명 손은 그 자체로 기분. 감정. 느낌을 포괄하는 넓은 의미의 마음 내지는 마음씨를 표현하기도 한다. 이를 반영하는 (338가,나,다,라)의 한국어 손 관용어에서 손은 관습적 환유에 의거하여 마음이나 마음씨로 환유된다.

(338가) 가진 것도 없는 사람이 손이 *커서* 그의 부인은 늘 좌불안석이네.
(338나) 그 사람은 손이 너무 *작아서* 매력이 없어.
(338다) 손이 *맑은* 사람이 그 큰돈을 기부했다니, 진짜 이해가 안 가네.
(338라) 몸과 마음이 늙어가는지 요사이는 일이 손에 *잡히지* 않는다.

그러므로 (338가)의 손 관용어 *손(이) 크다*는 아량, 배포, 씀씀이 등이 넉넉하다'는 마음이 후하고 넉넉하여 남에게 베푸는 인심이 두텁다는 것을 나타내고, 반대로 (338나)의 관용어 *손(이) 작다* '물건이나 재물의 씀씀이가 깐깐하고 작다'는 마음이 후하지 못해서 남에게 베푸는 인심이 박한 것을 나타낸다. 유사한 의미로 쓰이는 (338다)의 관용어 *손(이)*

맑다 '인색하다'는 마음이 후하지 못하여 남을 동정하는 마음씨가 박한 것을 나타낸다. (338라)의 관용어 *손에 잡히다* '마음을 가라앉히고 일을 할 수 있게 되다'는 마음이 차분해져 일할 마음이 내키고 능률이 나는 것을 나타낸다.

(339가,나,다,라,마,바)의 독일어 손 관용어에서도 *Hand*는 관습적 환유에 의거하여 마음으로 환유된다.

> (339가) In unserem Projekt ist Hans der einzige, der *eine milde Hand hat*.
> '우리 프로젝트에서 한스가 유일하게 인심이 좋은 사람이다.'
> (339나) Ihr *hält* immer *Händchen*, wenn ich euch sehe.
> '너희들은 내가 볼 때마다 항상 손을 부드럽게 잡더라.'
> (339다) Hans und Peter haben *sich die Hand zum Bunde gereicht*.
> '한스와 페터는 깊은 우정을 맺었다.'
> (339라) Natürlich *reibt sich* die Konkurrenz *die Hände*, wenn unsere Firma bankrott geht.
> '우리 회사가 도산하면 경쟁자들이 정말로 고소해 할 것이다.'
> (339마) Die Fans haben *auf den Händen gesessen*, bevor der Star auf die Bühne getreten ist.
> '팬들은 그 배우가 무대에 등장하기 전에 초조해 했다.'
> (339바) Wenn meine Mutter diese Flecken sieht, wird sie *die Hände über dem Kopf zusammenschlagen*.
> '엄마가 이 얼룩을 보면 깜짝 놀랄 것이다.'

즉, (339가)의 독일어 손 관용어 *eine milde/offene Hand haben* '인심이 좋다', '관대하다'에서 *Hand*는 형용사 *mild/offen*에서 연상되듯이, 남의 딱한 사정을 헤아려 도와주고 싶어 하는 너그럽고 관대한 마음씨를 갖고 있는 것을 나타낸다. (339나)의 독일어 손 관용어 *Händchen halten* '부드럽게 손을 잡다'에서는 축소명사(오예옥 2008) *Händchen*로부터 친밀한 마음이 느껴진다. 그러므로 이 관용어는 부드럽게 누구의 손을 잡는 것을 나타낸다. (339다)의 *sich(Dat)/einander die Hand zum Bunde reichen* '(깊은) 우정을 맺다'는 손으로 묶여진 벗 사이의 따뜻한 마음을 나타낸다. (339라)의 손 관용어 *sich(Dat.) die Hände reiben* '다른 사람의 불행을 고소해하다'는 손을 비비면서 미워하는 사람의 불행을 기뻐하거나 고소해 하는 마음을 나타낸다. 배우들 사이에서 사용되는(339마)의 손 관용어 *auf den Händen sitzen* '초조해 하다'는 손을 엉덩이 아래로 집어넣고 앉아 있는 모습을 통해 배우가 무대로 등장하기 전에 초조해 하는 마음을 나타낸다. (339바)의 손 관용어 *die Hände über dem Kopf zusammenschlagen* '매우 놀라다'는 손으로 머리를 치며 놀라워하는 모습을 통해 놀라워하는 마음을 나타낸다.

9.2.6. 손 관용어의 환유성

한국어와 독일어 손 관용어의 의미는 신체명 손의 다음과 같은 두 가지 환유적 의미를 통해 설명된다.

첫째, 한국어와 독일어 손 관용어에서 손은 환유적 개념구조 부분이 전체를 대신한다와 관습적 환유에 의거하여 일할 사람으로 환유된다.

둘째, 관습적 환유에 의거하여 손 관용어에서 손은 그의 기능적 속성에 따라 다양한 도구로 환유된다. 즉, 한국어와 독일어 손 관용어에서 신체명 손은 일/노동, 솜씨/손재주, 도움, 돈, 권력/힘의 도구로 환유된다. 두 언어의 손 관용어에서 손은 일반적인 행동의 도구로도 환유되고, 약속, 결혼허락/청혼, 관계/관여, 위협, 기회쟁취, 요구, 거절/저항, 결의, 자살, 악행, 방해, 매수, 용서/아부, 의사소통, 폭행, 도둑질, 훈계, 찬성,

세기, 만지기, 항복, 팔기, 비난/비웃음, 찌르기, 입장표명 등의 특정한 행위의 도구로도 환유된다.

셋째, 손 관용어에서 손은 관습적 환유에 의거하여 기분. 감정. 느낌을 포괄하는 넓은 의미의 마음 내지는 마음씨로 환유된다.

10 전망

  세상은 정치, 경제, 사회, 문화 등 여러 분야에서 끊임없이 변한다. 동양에는 서양의 것이 들어오고, 서양에는 동양의 것이 들어감으로써, 내 것과 네 것의 경계가 모호해지고 있다. 글로벌화의 의미이기도 한 이런 끊임없는 변화 속에서 인간은 살아남기 위해 새로운 적응 방법들을 찾아내고, 새로운 사고방식과 가치판단의 기준들을 만들어가고 있다.

  이처럼 빠르게 변해가는 세상 속에서 살아가는 인간들은 자기 눈앞에서 벌어지고 있는 새 것과 헌 것, 변화하는 것과 그대로 있는 것, 혼란과 정돈 사이의 갈등을 경험하면서 자신들의 언어사용의 근간이 되는 새로운 은유적 개념체계와 환유적 개념체계들을 구축해 나가고 있다. 이것이 바로 인간의 인지론적 언어능력인 것이고, 이 언어능력은 세상의 변화가 계속 진행되는 한 인지의미론자들에 의해 계속 밝혀지게 될 것이다.

  그렇게 본다면 이 책은 바로 이 시대, 지금 이 순간에 한국인과 독일인들이 언어를 사용할 때 마음속에 갖고 있는 인지론적 언어능력을 아주 제한된 자료들을 통해 설명해 본 것에 지나지 않는다. 그런 한계를 안고 있기는 하지만, 이 책이 인간의 언어사용에서 나타나는 은유적 그리고 환유적 현상들을 설명하는 데 조금이라도 도움이 될 수 있다면, 그것만으로도 내 나름대로 의미를 부여할 수 있겠다.

참고문헌

김경욱(2004), "성구와 조어의 은유적 용법", 『독어학』 9집, 89~107.
김수남(2001), "독일어와 한국어의 신체부위 「손」 관련 관용구 비교 연구", 『독어교육』 제22집, 143~174.
김원식(1996), 『독일어 관용어 사전』, 서울 : 교본문고.
김종도(2003), 『비유와 인지』, 서울 : 한국문화사.
김향숙(2001), "'분노' 표현 관용어에 나타난 의미 연구", 『어문연구』 제29권 제2호, 93~110.
김향숙(2003), 『한국어 감정표현 관용어 연구』, 서울 : 한국문화사.
박갑수(1999), "<손> 관계 관용구의 발상과 표현 – 韓・英・日語의 비교", 『이중언어학』 제16호, 35~52.
박영준/최경봉(2005), 『관용어 사전』, 서울 : 태학사.
오예옥(2002), "축소조어의 인지적 사용", 『독일문학』 제84집, 446~467.
오예옥(2004), 『형식의미론과 인지의미론에서 본 어휘의미론』, 서울 : 역락
오예옥(2005), "관용어 사용에 나타나는 독일사람들의 인지체계", 『독일언어문학』 제29집, 75~95.
오예옥(2006), "독일어 합성어의 인지의미론적 형성과 경험론적 의미", 『독일언어문학』 제32집, 1~20.
오예옥(2007a), "한국어와 독일어의 분노관용어의 은유적 보편성과 다양성", 『독일언어문학』 제36집, 1~21.
오예옥(2007b), "한국어와 독일어의 기쁨관용어에 나타나는 은유론적 언어 능력", 『독일문학』 제104집, 245~265.
오예옥(2008a), "독일어 축소조어의 인지론적 생성 네트워크", 『독일언어문학』 제40집, 1~20.
오예옥(2008a), "한국어와 독일어 금전관용어의 은유적 형성", 『독일문학』 제108집, 365~386.
오예옥(2009a), "용기개념에 의거한 시간과 공간의 은유적 동일성", 『독일언어문

학』 제44집, 25~45.

오예옥(2009b), "한국어와 독일어에서의 시간은유", 『독일문학』 제112집, 207~228.

오예옥(2010), "한국어와 독일어 슬픔관용어의 은유·환유 표현", 『독일언어문학』 50집, 49~70.

이종열(2003), 『비유와 인지』, 서울 : 한국문화사.

임지룡(2003), "감정표현의 관용성과 그 생리적 반응의 상관성 연구", 『기호학연구』 제14권, 53~94.

임지룡(2006), 『말하는 몸』, 서울 : 한국문화사.

정영호/김태숙(1985), 『최신 독일어 숙어사전』, 서울 : 일신사.

최지훈(2007a), 『국어 관용구의 은유·환유 연구 : 인지의미론적 관점을 중심으로』, 이화여자대학교 박사학위 청구논문.

최지훈(2007b), "국어 관용구의 영상도식적 은유 연구", 『한국어 의미학』 23, 181~207.

하루야마 시게오(1994), 『腦內革命』, 반광식 역, 서울 : 사람과 책.

Ackema, P./Neeleman, Ad.(2001), "Competition between Syntax and Morphology", in Legendre, G./Grimshaw, J./Vikner, S. (eds.) *Optimality-theoretic Syntax*, Cambridge, Mass. : MIT Press, 29~60.

Aitchison, J.(2004), 『언어와 마음』, 홍우평역, 서울 : 영락.

Barcelona, A.(2003), "The Case for a Metonymic Basis of Pragmatic Inferencing : Evidence from Jokes and Funny Anecdotes," in Klaus-Uwe Panther/L.L. Thornburg (eds.) *Metonymy in Pragmatic Inferencing*, Amsterdam/Philadelphia : John Benjamins Publishing Company.

Bauer, L.(1983), *English Word-Formation*, Cambrige : Cambridge University Press.

Booih, G./R. Lieber(2004), "On the paradigmatic nature of affixal semantics in English and Dutsch", *Linguistics* 42-2, 327~357.

Burger, H.(2003), *Phraseologie : Eine Einführung am Beispiel des Deutschen*, Berlin : Erich Schmidt Verlag.

Costello, F. J./M. T. Keane(2000), "Efficient Creativity : Constraint-Guided Conceptual Combination", *Cognitive Science* Vol. 24(2), 299~349.

Dobrovol'skij, D./E. Piirainen(2005), *Figurative Language : Cross-cultural and Cross-linguistic Perpectives*, Amsterdam/Boston : Elsevier.

Downing, P. (1977), "On the Creation and Use of English Compound Nouns", *Language* 53, 810~842.

296 언어사용에서의 은유와 환유

Dressler, U. W./L. M. Barbaresi(1994), *Morphopragmatics, Diminutives and Intensifiers in Italian, German and Other Languages*, Berlin, New York : Morton de Gruyter.

Duden Band 11(1992), *Redewendungen und sprichwörterliche Redensarten : idiomatische Wörterbuch der deutschen Sprache*, Mannheim : Meyers Lexikonverlag.

Ekman, P./R.W.Levensen/W.V.Feiesen(1983) : 'Atomic nervous Activity distinguishes among Emotions', Science 221 : 1208~1210.

Geeraerts, D./Grondelaers, S.(1995), "Looking back at anger : Cultural traditions and metaphorical Patterns," in Taylor, J./R. Maclaury (eds.) *Language and the cognitive construal of the world*, 153~179, Berlin : Mouton de Gruyter.

Gentner, D./M. Imai/L. Boroditsky(2002), "A time goes by : Evidence for two systems in processing space → time metaphors", *Language and Cognitive Process*, 17(5), 537~565.

Köhler, D.(2005), "Diminutive im Deutschen und ihre Entsprechung im Hiberno-Englischen", *General Linguistics* vol.43, No. 1-4, 15~37.

Kövecses, Z.(2000), Metaphor and Emotion : Language, Culture, and Body in Human Feeling, Cambridge : Cambridge University Press.

Kövecses, Z.(2002), Metaphor : A practical Introduction, New York and Oxoford : Oxford University Press.

Kövecses, Z.(2003), 『은유 : 실용입문서』, 이정화 외 옮김, 서울 : 한국문화사.

Kövecses, Z.(2005), *Metaphor in Culture : Universality and Variation*, Cambridge : Cambridge University Press.

Kövecses, Z.(2009), 『은유와 감정 : 언어, 문화, 몸의 통섭』, 김동환/최영호 옮김, 서울 : 동문선.

Lakoff, G.(1987), Women, Fire, and Dangerous Things, Chicago : University of Chicago Press.

Lakoff, G.(1990), "The invariance Hypothesis : Is abstract Reason based on Image schemas?", *Cognitive Linguistics*, 1-1, 39~74.

Lakoff. G.(1995), 『인지의미론 : 언어에서 본 마음』, 이기우 옮김, 서울 : 한국문화사.

Lakoff, G./M. Johnson(1980), *Metaphors We live by*, Chicago : University Chicago Press.

Lakoff, G./M. Johnson(1998), *Leben in Metaphern*, übersetzt von A. Hildenbrand, Heidelberg : Carl-Auer-Systeme.

Lakoff, G./M. Johnson(1999), *Philosophy in the Flesh : The Embodied Mind and its Challenge to*

Western Thought, New York : Basis Books.

Lakoff, G./M. Johnson(2002), 『몸의 철학 : 신체화된 마음의 서구 사상에 대한 도전』, 임지룡·윤희수·노양진·나익주 옮김, 서울 : 도서출판 박이정.

Lakoff, G./Z. Kövecses(1987), "The cognitive Modell of Anger inherent in American English," in Holland, D. and N. Quinn (eds.) *Cultural Models in Language and Thought*, 195~221, Cambridge : Cambridge University Press.

Langacker, R. W.(1987), *Foundations of Cognitive Grammar, Bd.1. Theoretical Prerequisites*, Stanford : Stanford University Press.

Langacker, R.W.(1991), *Concept, Image, and Symbol : The Cognitive Basis of Grammar*. Berlin, New York : Mouton de Gruyter.

Leezenberg, M.(2001), *Contexts of Metaphor*, Amsterdam and London : Elsevier.

Lieber, R. (1992), *Deconstructing Morphology : Word Formation in Syntactic Theory*, Chicago and London : The University of Chicago Press.

Lupson, J.P.(1984), *Sprachführer zu Deutschen Idiomen*, Illinois : Passport Books.

Medin, D. L./E. J. Shoben(1988), "Context und Structure in conceptual Combination." *Cognitive Psychology* 20, 158~190.

Meibauer, J. (2003), "Phrasenkomposita zwischen Wortsyntax und Lexikon", *Zeitschrift für Sprachwissenschaft*, 22.2, 153~188.

Mercer, N. (2000), *Words and Minds : How we use language to think together*, London and New York : Routledge.

Murphy. G.(1988), "Comprehending Complex Concepts", *Cognitive Science* 12, 529~562.

Panther, K.-U./L. T. Linda(2002), "The roles of metaphor and metonymy in English *-er* Nominlas," in Dirven R./R. Pörings(eds.) *Metaphor and Metonymy in Comparison and Contrast*, Berlin; New York : Mouton de Gruyter, 279~319.

Quinn, N.(1991), "The Cultural Basis for Metaphor," in J.W. Fernandes (ed.). *The Theory of Tropes in Anthropology*, 56~93, Standford : Standford University Press.

Radden, G./Z. Kövecses(1999), "Towards a Theory of Metonymy," in Panther, K-U./G. Radden(eds.). *Metonymy in Language and Thought*, Amsterdam/Philadelphia : John Benjamins Publishing Company.

Reimann, M.(1996), *Grundstufen-Grammatik für Deutsch als Fremdsprache*, Ismaning : Max Hueber Verlag.

Safina, R.(2002), "Komponentenanalyse der Phraseologiesmen : Kontrastive Untersuchung deutsch-russisch", *Sprachwissenschaft*, Band 27, Heft 1, 55~77.

Scherer, C.(2006), "Was ist Wortbildungswandel?", *Linguistische Berichte* 205, 3~28.

Schmidt, C./M. Kerner(2002). *Und jetzt ihr : Basisgrammatik für Jugendliche*, Ismaning : Max Hueber Verlag.

Smith, E. E./D. N. Osherson(1984), "Conceptual Combination with Prototype Concepts", *Cognitive Science* 8, 337~361.

Staffeldt, S./A. Ziem(2008), "Körpersprache : Zur Motiviertheit von Körperteil-bezeichnungen in Phraseologismen", *Sprachwissenschaft* 33/4, 455~499.

Strohner. H./G. Stoet(1996), "Sind geschälte Äpfel eher weiß als rund? : Inferenzprozesse bei Adjektive-Nomen-Kompositionen", in Habel, C./S.Kannigießer/G. Rickheits(eds.) *Perspektiven der Kognitiven Linguistik*, Opladen : Westdeutscher Verlag, 233~255.

Taylor, J. R.(1995), *Linguistic Categorization*, Oxford : Clarendon Press.

Vandermeeren, S.(2004), "Polysemie bei der Wechselpräposition *IN* : Eine kognitiv-linguistische Untersuchung", *Deutsche Sprache*, 32/2, 171~193.

Weinrich, H.(1993), *Duden : Textgrammatik der deutschen Sprache*, Mannheim, Leipzig, Wien, Zürich : Dudenverlag.

Wierzbicka, A.(1999), *Emotions across Languages and Cultures : Diversity and Universals*, Cambridge : University of Cambridge Press.

Wiese, H.(2006), "Partikeldiminuierung im Deutschen", *Sprachwissenschaft* Band 31 Heft 4, 457~489.

Wisniewski, E.(1997), "When Concpets combine", *Psychonomic Bulletin & Review* 4(2), 167~183.

Wolf, N. R.(1997), "Diminutive im Kontext," in I. Barz/M. Schröder (eds.) *Nominalisierungen im Deutschen. Festschrift für Wolfgang Fleischer zum 75. Geburtstag.* Frankfurt am Main : Lang.

● 찾 / 아 / 보 / 기 ●

저자 오예옥

이화여자대학교 독어독문학과(B.A.)
이화여자대학교 대학원(M.A.)
독일 Konstanz대학교 철학박사(Ph. D.)
현 충남대학교 독어독문학과 교수

주요 논저

『Wortsyntax und Semantik der Nominalisierungen im Gegenwartsdeutsch』, 『어휘통사론』, 『형식의미론과 인지의미론에서 본 어휘의미론』, 『현대독일어 조어론』(역서), 『독일어 조어론의 새로운 이해』(역서), 『독일어 통사론』(역서)
「Erzeugungen und semantische Interpretationen der Nominalisierungen im Gegenwartsdeutsch」, 「Untersuchungen der polysemen Ableitungen in der kognitiven Semantik」, 「한국어와 독일어 분노관용어의 은유적 보편성과 다양성」, 「독일어 축소조어의 인지론적 생성 네트워크」, 「한국어와 독일어 슬픔관용어의 은유와 환유 표현」, 「독일어 '손 관용어'에 나타나는 신체명 *Hand*의 은유적 그리고 환유적 의미」 등 다수

언어사용에서의 은유와 환유

초판인쇄 2011년 11월 22일
초판발행 2011년 11월 30일
지은이 오예옥
펴낸이 이대현
편 집 박선주
디자인 이홍주
펴낸곳 도서출판 역락
　　　　서울 서초구 반포4동 577-25 문창빌딩 2층
　　　　전화 02-3409-2058(영업부), 2060(편집부) | FAX 3409-2059
　　　　이메일 youkrack@hanmail.net
　　　　등록 1999년 4월 19일 제303-2002-000014호
ISBN 978-89-5556-947-6 93700

정 가 21,000원

＊잘못된 책은 교환해 드립니다.